工业和信息化普通高等教育
"十三五"规划教材立项项目

21世纪高等学校
经济管理类规划教材
高校系列

U0747355

PRACTICE TUTORIAL FOR
SOCIAL SURVEY RESEARCH

社会调查研究实务教程

基于 SPSS 20

卢小广 编著

ECONOMICS AND MANAGEMENT

人民邮电出版社
北京

图书在版编目（CIP）数据

社会调查研究实务教程 : 基于SPSS 20 / 卢小广编著. -- 北京 : 人民邮电出版社, 2016.8
21世纪高等学校经济管理类规划教材. 高校系列
ISBN 978-7-115-43144-8

Ⅰ. ①社… Ⅱ. ①卢… Ⅲ. ①社会调查－统计分析－软件包－高等学校－教材 Ⅳ. ①C915-39

中国版本图书馆CIP数据核字(2016)第192841号

内 容 提 要

本书基于社会调查理论体系和 SPSS 20 基本框架，介绍了社会调查的发展历程、主要概念和基本理论，以及抽样技术、问卷设计、计量尺度和 SPSS 20 基础知识，从信度分析、效度分析、描述统计、列联表分析、因子分析与主成分分析、聚类分析几个方面，结合具体案例及其数据讲述了 SPSS 20 在社会调查实务中的具体应用。

本书既可作为高等院校本科生和研究生开设社会调查研究和社会调查实务及其相关课程的教材，也可作为社会学、经济学、管理学、新闻学、法学、心理学等学科教师、学生和实际工作者自学 SPSS 应用与社会调查实务的专业图书。

◆ 编　　著　卢小广
责任编辑　刘向荣
责任印制　沈　蓉　彭志环

◆ 人民邮电出版社出版发行　　北京市丰台区成寿寺路 11 号
邮编　100164　　电子邮件　315@ptpress.com.cn
网址　https://www.ptpress.com.cn
涿州市般润文化传播有限公司印刷

◆ 开本：787×1092　1/16
印张：14.5　　2016 年 8 月第 1 版
字数：282 千字　　2025 年 9 月河北第 14 次印刷

定价：36.00 元

读者服务热线：(010)81055256　印装质量热线：(010)81055316
反盗版热线：(010)81055315

前 言 Preface

为了配合相关专业开设社会调查研究以及社会调查实务课程教学，为了满足相关专业人员进行自学的需要，特编写本书。本书将 SPSS 软件的应用与社会调查研究以及社会调查实务紧密结合在一起，重在培养独立运用 SPSS 软件开展社会调查研究的实际能力，全面提升从事社会调查分析和科学研究的专业素养。

20 世纪中叶以来，实证研究和计量分析成为社会科学研究的主流。在此期间，抽样调查、多元统计等有关方法的现代理论框架的构建和完善，个人计算机及其系统软件的问世和普及，SPSS 等社会调查资料处理和统计分析软件的应用和推广，前所未有地促进了现代社会调查科学的全面发展，使社会调查的理论和方法发生了历史性的根本变革，现代社会调查的量表设计、数据采集、数据分析等日趋完备。现代社会调查研究呈现出以下三个方面的特点。一是现代社会调查研究的实证性和可证伪性；二是现代社会调查研究的标准化和数量化；三是现代社会调查的应用领域不断拓展。在现代社会调查研究的发展进程中，数据处理手段的快速发展为其变革与完善提供了重要的方法基础和技术支撑，SPSS 就是一个广泛应用于社会科学领域的专业数据处理和统计分析软件。

SPSS 曾经是一个专门为社会科学量身定做的统计软件，该软件问世之初的全称为 Statistical Package for the Social Sciences（社会科学统计软件包），表明 SPSS 是为了满足社会科学，包括社会调查研究的实际需要而推出的专业的统计软件。SPSS 的问世推动了社会调查研究方法的发展和完善，社会调查研究实务又对 SPSS 提出了具体的要求和实际课题，进而促进了 SPSS 的完善和提高。SPSS 作为一个成功的多元统计分析软件，逐步为社会科学之外的其他学科所广泛应用，为了适应产品实际服务领域的扩大和服务深度的增加，2000 年该软件更名为统计产品与服务解决方案（Statistical Product and Service Solutions），不过首字母缩写依然是 SPSS，反映了 SPSS 对于发端于社会科学软件这一历程的眷念和传承。更名之后的 SPSS 依然保留了传统的框架结构，仍然是最适合进行社会科学研究，以及开展社会调查实务的统计分析软件。

SPSS软件作为一种通用的统计分析软件，广泛地应用于社会调查、商业管理、市场研究，以及通信、医药、农学、银行、证券、保险、制造、科研教育等多个行业和众多领域。SPSS软件在科学研究领域早已被一致认可，在学术交流和科学研究中凡是采用SPSS软件完成的计量模型和统计分析，只需指明所采用的统计方法，而不必给出具体算法。SPSS软件已经成为人们进行数据分析和实证研究的利器。

社会调查面对的是缤纷复杂的现实生活、海量的数据、众多的指标，学习SPSS软件成为相关学科社会调查课程，及其进阶教学和课程设计的重要内容，掌握并熟练使用SPSS软件已经成为开展社会调查研究的基本要求，成为从事社会调查研究的专业素养和实务能力的重要标志。本书就是这样一本顺应高等院校社会调查课程对于SPSS软件实务教材的需要，密切结合社会调查理论与方法来讲述SPSS软件应用的专业教材。全书结合具体案例及其数据讲述SPSS软件在社会调查实务中的各方面的应用，讲解详尽、深入浅出、易于理解，能够满足广大高校师生和实际工作者的实际需要。

本书将SPSS 20的使用与社会调查的问卷设计、效度与信度分析、多元统计和计量模型结合在一起，一边学习SPSS 20的使用方法，一边掌握社会调查的统计分析和计量模型。本书的读者可以运用本书提供的案例和数据，通过课堂交流、课后练习、上机演练和集体讨论来学习理解，并且熟练掌握SPSS 20在社会调查实务各方面的具体应用。同时，本书提倡各类读者结合本书的学习进度，自行设计调查问卷进行实际的社会调查，运用SPSS 20对调查设计进行信度分析和效度分析，根据调查采集的数据进行列联分析、因子分析和聚类分析等具体的统计分析和显著性检验，采取“干中学”的方式来拓展和深化自身的专业水平，在实际的社会调查研究过程中，全面掌握SPSS 20的应用和相关的数据分析方法，养成自我学习勤于思考的良好习惯，培养独立分析实际问题的研究能力和专业水平，显著提升在学习和工作中的能力和才干。

本书基于社会调查理论和方法的逻辑顺序，细致而全面地讲述了基于SPSS 20的信度分析、效度分析、描述统计、列联表分析、因子分析与主成分分析、聚类分析，主要包括了以下内容。

“信度分析”讲述了重测信度、复本信度、折半信度，重点讲解了基于柯能毕曲α系数的信度分析方法，以及柯能毕曲α系数方法与重测信度、复本信度、折半信度的特点与联系；结合案例详细讲解了运用SPSS 20柯能毕曲α系数进行信度分析的过程和要点，以及如何运用SPSS 20进行折半信度分析。

“效度分析”结合案例数据讲述了基于因子分析的KMO检验和Barlett检验的效度分析、累积方差贡献率的效度分析、探索性因子分析；以及采用相关系数的效度分析、采用独立样本t检验的效度分析、采用方差分析的效度分析。并逐一讲解了SPSS 20的操作过程和分析要点。

“描述统计分析”结合案例数据讲述了采用 SPSS 20 进行的众数、中位数、均值等集中趋势分析，以及基于 SPSS 20 的异众比率、四分位差、取值范围、标准差、离散系数的离散程度分析。

“列联表分析”讲述了列联表的 χ^2 检验，以及列联表的观测分布、期望分布、频数、频率、边缘分布、条件分布等概念及其分析；讲述了 φ 相关系数、C 相关系数、V 相关系数等定类尺度的相关分析，以及 Gamma 系数、Kendall's tau-b 和 Kendall's tau-c 等定序尺度的相关分析。并结合案例数据，全面讲解了如何运用 SPSS 20 开展列联表分析和 χ^2 检验，以及定类尺度和定序尺度的相关分析进行社会调查研究。

“因子分析与主成分分析”讲述了因子分析和主成分分析的基本概念，及其两者之间的差异。结合案例数据，深入讲解了基于 SPSS 20 的因子分析和主成分分析的相关检验，主因子和主成分命名等内容和在社会调查研究中的分析应用，以及主因子得分和主成分得分的计算等。

“聚类分析”讲述了聚类分析的基本特点，以及 K-均值聚类方法和系统聚类方法及其异同；结合案例数据，讲解了基于 SPSS 20 的 K-均值聚类和系统聚类分析，重点讲述了系统聚类的树状图分析和实务应用等内容。

SPSS 20 继承和发展了几十年来 SPSS 软件的传统分析结构，加入了统计科学发展的前沿成果，构建了融合统计学、数据分析、社会计量模型等学科知识和分析方法的综合体系，成为了开展社会调查实务，进行社会调查相关课程教学的理想平台。

本书是在从事社会调查研究、社会学、统计学、SPSS 应用、计量经济学、经济管理数量分析等学科的教学和科研过程之中，长期思考不断探索逐步积累的一个总结，也是力求完善社会调查研究和社会调查实务教学及其教材建设的一次尝试。当然，种种不当和疏漏在所难免，恳请各位同行和广大读者提出宝贵意见，以便再版时修正。如有任何疑问或需要欢迎发送邮件到 hongrui@hhu.edu.cn。

卢小广

2016 年 7 月

目 录 Contents

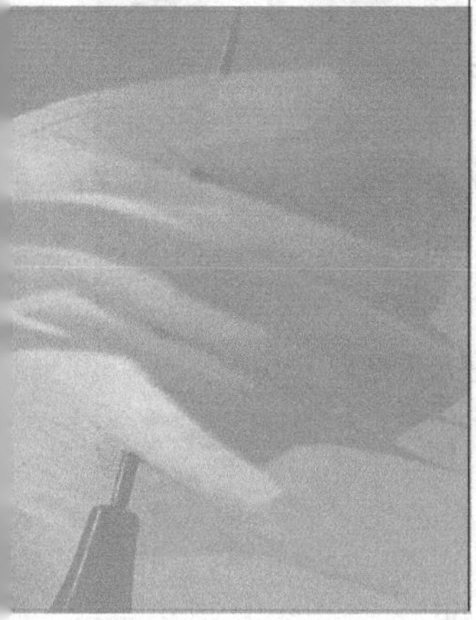

第1章 总论

第2章 社会调查研究的方案设计

第3章 抽样技术

第4章 问卷设计

第5章 SPSS 20基本知识

第6章　计量尺度与数据输入

第7章　信度分析

第8章　效度分析

第9章　描述统计分析

第10章　列联表分析

第11章 因子分析与主成分分析

第12章 聚类分析

附录

参考文献

总论 第1章

【学习目标】

学习社会调查研究的基本概念和理论体系，社会调查研究科学的历史，了解现代社会调查实务的现状。

掌握社会调查实务活动的一般过程，社会调查实务资料来源的分类及其特点，思考大数据时代对社会调查实务的影响。

学习经典测验理论，探讨经典测验理论与社会调查研究的关系。

学习信度与效度的基本概念。

掌握社会调查实务中误差的种类、来源和特点。

1.1 社会调查研究

1.1.1 社会调查研究的含义

对于“调查”一词的一般解释为“人们为了了解研究对象某一方面的情况，而进行的观察和登记”。“调查研究”则为“人们借助观察和登记所掌握的资料，进行科学的分析归纳，以达到对研究对象某一问题正确认识的活动”。“社会调查研究”则是“人们从研究目的出发，借助系统全面地搜集和采集到的有关研究对象的总体资料，进行科学的归纳分析，以达到对某一社会现象的正确认识的活动”。

社会调查研究是人们的一种有目的、有意识的社会活动，是人类认识社会，改造社会，推动社会发展主观能动性的具体表现。社会调查研究是在系统地、全面地搜集有关社会现象的经验材料基础上，通过对资料的归纳分析，科学地阐明社会现象及其规律性的一类认识活动及其理论方法体系。

社会调查研究是理论联系实践的桥梁。理论是人类以往认识客观世界的经验总结及其系统化结晶，缺乏理论指导的实践是背弃人类以往经验的实践，是盲目的实践，任何社会活动都要以一定的理论为指导。在这一过程中，社会调查研究在现有理论的指导下，将理论运用于人类的社会实践，科学地开展对社会现象和社会问题的观察和分析。通过社会调查研究活动将人类的社会实践与理论假设和理论预期联系在一起，以实践为标准，坚持真理，修正谬误，推动理论的不断完善和发展。理论是灰色的，而生命之树长青。理论一旦脱离实际，就会变成僵死的教条，社会调查研究这一理论联系实际的社会活动，将普遍真理同人类的社会实践连接在一起，成为沟通社会实践和社会科学发展的桥梁，让实践在理论指导下进行，使理论在实践检验中发展。

社会调查研究是开展社会科学研究的重要途径。理论是人类在某一特定时间上，在具体历史条件下对客观事物的规律性，即对真理的具体认识，任何理论都是人类对客观事物的规律性，即对客观真理的有限认识，所有理论都需要在实践过程中不断校正、逐步完善，这就是真理的客观性、可知性和认识发展的无限性的辩证统一。实践是检验真理的唯一标准，社会调查研究是观察、登记、整理、计量、探索、归纳人们社会实践活动的认识过程，是将人们社会实践活动的经验系统化，对现有理论进行具有可证伪性的科学研究过程。

社会调查研究是认识社会的重要工具。在实际工作中，面对纷繁复杂的具体问题，要取得对具体情况和事物发展规律的认识，就需要了解事物的现状和历史，分析其内部和外部各方面的联系；需要借助系统的、科学的、规范的社会调查研究方法，将复杂、多样的社会现象全面、准确、清晰、系统地描述出来。社会调查研究是人类认识社会现象规律性及其具体表现的重要工具。

1.1.2 古代的社会调查研究

伴随着人类文明的出现，产生了最初的社会调查研究活动。远在原始社会初期的氏族部落在安排狩猎，核计人数，分配食物时，就有了最初的结绳计数活动，孕育着社会调查研究实践的萌芽。

社会调查研究作为人类一种自觉的认识活动，随着国家的诞生而产生，随着国家的发展而不断完善。历史上有文字记载的社会调查研究活动，起源于奴隶社会初期，在奴隶主阶级治理国家中产生并发展起来。当时，奴隶主阶级为了维持自己的统治，抵御外族入侵或对外进行扩张，需要征集兵源、征调徭役、收纳贡税，产生了对土地、人口等社会情况进行全面调查的客观需要。随着社会分工的逐步深化，劳动生产率得到了显著提高，有了一定的剩余产品，为进行更加全面的人口、土地调查等社会调查研究实践活动提供了现实可能，社会调查研究也逐渐发展完善。社会调查研究的产生不是偶然的，而是一定社会经济发展阶段的历史条件下的必然产物。

据史书记载，在古巴比伦、古印度、古罗马、古埃及都做过关于人口、土地、财产的调查。例如，在公元前 3 000 年前，埃及国王为了筹建金字塔的经费和劳力，就曾经数次进行人口、土地、财产、牲畜的调查，这是人类有文字记载的最早的社会调查。古罗马帝国也有明文规定，各户的人口、土地、牲畜和奴隶，每 5 年调查一次，并根据拥有财产的多少将居民划分为贫富 6 个等级，作为征税的标准。

中国在远古时期，也进行了人口、土地等有关国情国力的社会调查。据《后汉书·郡国志》记载，在大禹治水划九州时就进行过国家人口和土地调查，当时全国人口数为“一千三百五十五万三千九百二十三人”，土地总面积为 2 000 多万顷，其中农田为 900 多万顷。在春秋战国时期，管仲在其著作《管子》中，一共提出了 60 多个进行国家治理需调查了解的具体问题，其内容广泛涉及了当时的社会、经济、政治、军事等方面，可以视为世界上最古老、最全面的社会调查提纲之一，并且明确指出“不明于计数，犹如无舟楫欲径于水，险也”，强调了社会调查研究在国家治理中的重要地位。商鞅提出了“强国知十三数”，系统地列出了治理国家必须了解的十三项社会指标，包括人口、土地、粮食等方面的内容，构成了国家社会调查研究指标体系的雏形。

1.1.3 近代的社会调查研究

欧洲进入资本主义社会到 20 世纪初是近代的社会调查研究的兴起和发展时期。在这一阶段，随着社会经济快速发展，社会调查研究作为一门科学的方法体系，得到了迅速发展和完善。

由于资本主义工业、商业、交通的迅猛发展，国家治理面临着社会经济环境的快速变革，各种新思想，新潮流的冲击，社会阶层两极分化，社会问题日益严重。一方面是物质文明的进步，财富的迅速积累，另一方面是社会的剧烈震荡，当时的社会管理机制已经明显落后于时代的发展，国家治理迫切需要更加全面和更加系统的社会、经济、人口、土地、贸易等方面的资料，以及对于这方面信息的科学分析。各国新兴的资产阶级政府逐渐重视经济和社会情况的统计调查，重视寻求解决社会经济问题可行路径。由此一来，分析和研究解决社会问题方案的社会调查就快速发展起来，推动了社会调查研究及其理论方法的发展和完善。这一时期的社会调查以实用性的国家行政统计调查和社会问题专题调查为主体。

在英国，威廉·配第（William Petty）1690 年出版了《政治算术》一书，首先明确提出了采用“数字、重量、尺度”等定量分析工具，用数量比较的方法，进行社会经济研究的观点。他在《政治算术》中分析英国的社会经济状况时，系统地运用了统计分组法、图表法和一系列统计指标对当时的英国和周围的邻国进行了比较和分析。通过数量对比和趋势分析，威廉·配第指出当时处在资本主义经济初期的英国，虽然暂时落后于周围的老牌海上强国，但是一定会后来居上，为当时居于弱势地位的英国新兴资产阶级打气鼓劲，对世界格局的发展态势做出了正确的推断。

比利时的凯特勒（Lambert Adolphe Jacques Quetelet）1835 年在其《社会物理学》中将概率论中的二项分布和正态分布等概念和方法引入社会调查研究，大力提倡采用统计方法和计量分析对社会现象的规律性进行观察研究。例如，凯特勒提出了平均的身高体重，平均的文化和智力水平，平均的道德和社交素养的社会平均人的概念；以及通过各个地区的生存环境，经济水平，生活标准等方面指标来进行犯罪统计预测和分析等。

在中国，较系统的近代社会调查研究是在 20 世纪初开始逐步发展起来的。

最初，中国的社会调查大多在国外社会学家的指导下进行。例如，1914—1915 年北京社会实进会进行的《洋车夫生活状况的调查》；1912 年清华外籍教师主持的北京西郊居民的生活调查；以及燕京大学美籍教师对北京进行的长期社会调查，将其成果汇集为《北京——一个社会调查》一书在美国出版。

20世纪二三十年代是我国社会调查研究发展最快的，最兴盛的一个时期。其中有沪江大学进行的《沈家行实况调查》，1925年陈达主持的北京海淀区的社会调查，1928年李景汉进行的北京郊外的乡村调查，以及1933年的《定县社会概况调查》。其中的《定县社会概况调查》是我国第一个以县为单位的全面调查。此外，还有费孝通到广西和江南吴江县进行的乡村调查，作为调查成果在1934年发表了《花兰瑶社会组织的调查》，1983年发表了《江村经济》。

中国共产党人在其革命实践过程中，对社会调查事业的发展也做出了重要贡献。如李大钊的《土地与农民》。在广州农民运动讲习班上，毛泽东就把社会调查列为一个重要课程。毛泽东还身体力行开展社会调查，如毛泽东对湖南农民运动的调查，在江西苏区所作的兴国调查等。20世纪40年代，党中央在延安做了关于调查研究的决定，规定每一个大区都成立一个调查研究局，党中央设立一个政治研究室，构成了一个相对完整调查研究系统，《绥米土地问题初步研究》就是当时西北局开展调查研究的产物之一。

1.1.4 现代的社会调查研究

一般将20世纪初以前的社会调查研究方法称为“近代的”或“传统的”研究方法，而把20世纪初特别是第二次世界大战以来，新采用的社会调查研究方法划归为“现代的”研究方法。在主流的社会调查研究学说体系中，将以典型调查或个案研究为主，选取少量个案或典型作为研究对象，采用定性分析为主的研究方式，定义为传统的社会调查研究；将设立研究假设，按照抽样调查要求随机选取研究对象，采用问卷或其他标准化的结构式方式搜集资料，依靠统计分析等定量分析方法，运用计算机数据分析软件处理资料，进行实证分析的研究方式称之为现代的社会调查研究。

法国社会学家杜尔克姆（Emile Durkheim）是现代实证主义社会学的奠基人之一，主要著作有《社会分工论》（1893）、《社会学研究方法论》（1895）、《自杀论》（1897）及《宗教生活的基本形式》（1912）等，为社会调查研究进入现代阶段做出了重要贡献。杜尔克姆创立了进行社会实证研究的基本程序，为基于现代统计方法建构社会调查研究的科学范式做出了杰出贡献。杜尔克姆将“多元统计分析”引入了社会学和现代社会调查研究，促进了社会研究从单变量的描述性研究转向多变量的推断性研究。

20世纪以来，实证研究和计量分析成为社会科学领域的主流。在此期间，抽样理论、多元统计等数理分析和统计方法的完善，电子计算机的问世和普及，SPSS等社会调查资料处理软件的推出和应用，促进了现代社会调查研究科学的全面发展，使社会调查研究发生了历史性的变化，现代社会调查研究的实证性特征更为明显。

综上所述，可以将现代社会调查研究的特点归结为以下3个方面。

特点之一是现代社会调查研究的实证性和可证伪性。随着社会科学的研究中规范的科学研究范式的推广，实证研究已经成为社会科学研究的主流。作为理论联系实践的桥梁的社会调查研究，一方面推动着理论在实践中的应用，另一方面借助社会调查研究的实践结果对理论进行证伪性检验，社会调查研究成为人们在社会活动中通过实践检验理论、发展理论的证伪性手段。

特点之二是现代社会调查研究的标准化和数量化。统计学、概率论、模糊数学、线性代数等数据分析和计量研究理论的发展，计算机及其社会调查专业软件的发展，有力地推动了现代社会调查的调查方法、调查手段和调查问卷的标准化，有力地促进了社会调查研究的数量分析和统计分析，现代社会调查研究具有了鲜明的标准化和数量化属性。

特点之三是现代社会调查的应用领域不断拓展。现代社会调查理论和方法已经广泛运用于社会学、政治学、经济学、管理学、心理学等众多学科领域，应用于宏观、中观和微观分析研究的各个层面场合，成为了现代社会运行过程中认识客观规律、研究现实问题的重要的工具。

1.2 社会调查研究及其资料采集

1.2.1 社会调查研究的一般过程

任何一项社会调查研究活动，无论其规模大小、时间长短都要经过确定研究目的、调查方案设计、实施资料搜集、调查资料的初步分析、反复多次的调查资料再搜集和再分析，直至得出正确研究结论的这样一个复杂的认识过程。

在社会调查研究活动过程中，从确定研究目的、设计调查方案、实施资料搜集、进行初步分析、得出中间成果，到进行再分析的每个环节都是不可缺少的，而且是按照顺序依次进行的，前一个环节是后一个环节的前提，只有完成了前一个环节的工作，才能开展下一环节的工作。这样一来，容易造成误解——社会调查研究活动中的各个环节不仅是依次进行的，而且是一维的，单调递进进行的。实际上，社会调查研究活动的各个环节虽然是依次进行，但不是简单地一维性的单调递进过程。社会调查研究活动认识对象的复杂性决定了认识过程的复杂性。社会调查研究活动需要不断地返回到出现问题的某一环节，补充信息、修正错误、进行再认识。图 1.1 是对社会调查研究活动一般过程的一个简单图解。

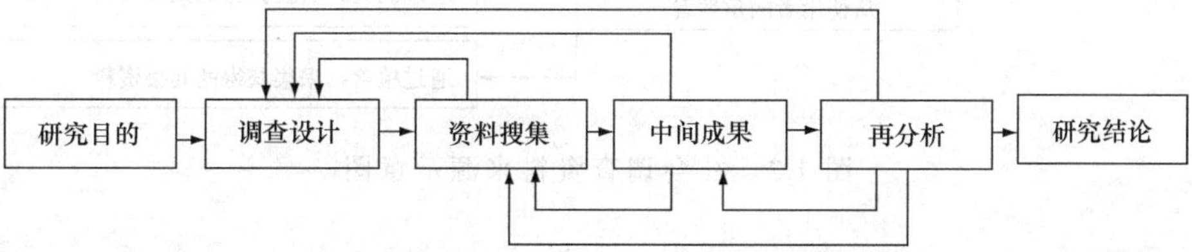

图 1.1　社会调查研究活动的一般过程简析图

在图 1.1 中，概略地描述了社会调查研究活动的一般过程，反映了社会调查研究活动各个环节的反复校正和逐步完善的要求。

例如，在资料搜集环节若发现按照原定的调查方案无法取得充分的资料，不能满足具体的社会调查研究目的时，就应返回到调查设计环节，对调查方案进行调整和完善，以获取充分的资料，满足达到社会调查研究目的要求。在中间成果和再分析环节也是同样，通过初次整理分析得到的中间成果，以及再分析环节上，若发现按照原定的调查方案无法取得充分的资料，不能满足具体的社会调查研究目的需要，仍然需要返回到调查设计、资料收集等环节，对调查方案及其具体内容进行调整和完善。

假如在社会调查研究活动的某一阶段发现问题出现在调查设计之后的某一个环节上，也可返回到调查设计之后的这个环节，重新进行资料搜集，或者再次对采集资料进行整理分析。重新进行资料搜集主要是针对调查质量问题，例如抽样框过于陈旧，登记性误差过大，无回答严重等；对采集资料再次进行整理分析主要是针对数据登记整理有误，基础计算和资料分组存在问题，需要进行补充和完善以及进行修正和纠偏等。

由图 1.1 可知，在社会调查研究活动中通过中间各个环节的反复校正和逐步完善，在一维性的单调递进的开环系统中，加入了不断修正和反复补充的反馈回路，构成了具有多重、多次和多样的信息反馈下的闭环机制，使得社会调查研究活动成为了一个具有自我学习，自我适应的稳定系统。研究对象的复杂性和多样性，决定了社会调查研究活动的一般过程存在多次反复，需要在认识活动的进程中，不断地校正和完善，反复地补充和修正。

1.2.2 社会调查研究的资料来源

社会调查资料的来源，可以通过两个视角来分析。其一是从资料采集方式的角度，其二是从资料的使用者角度。如图 1.2 所示。

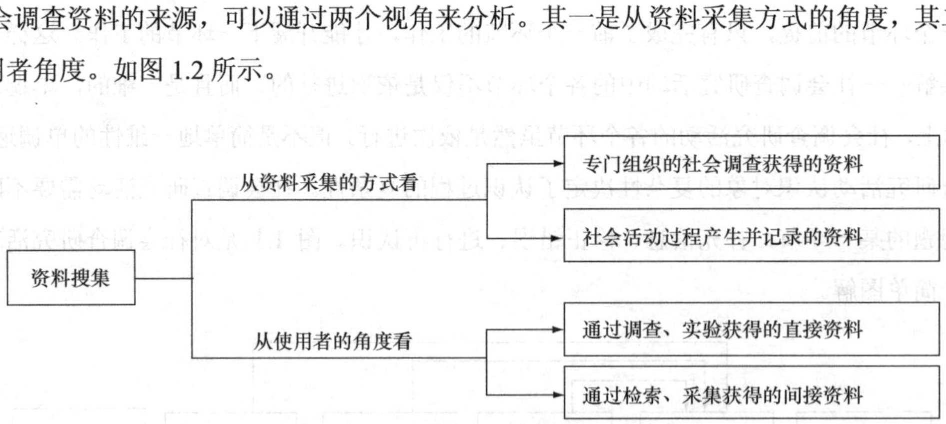

图 1.2 社会调查资料来源示意图

由图 1.2 可知，从资料采集的方式来看，社会调查资料存在着两种不同的来源：一是专门组织的社会调查获得的资料；二是社会活动过程之中产生并记录的资料。

专门组织的社会调查获得的资料是人们主动的有意识的资料调查行为，也是社会调查研究中讨论的主要内容。专门组织的社会调查是按照社会调查的需要而开展、根据社会调查的目的专门设计、需要专门的人员来实施、需要花费专门的调查费用、所获得资料的目的性非常明确，可以满足具体社会调查研究对于资料的具体要求的调查。

在人们日常的社会活动过程之中产生并记录的资料，其生成和登记与专门组织的社会调查无关，是人们在日常的社会交往、经济交易、市场活动，以及实验和实验过程中形成的。例如在超市、网络电商的买卖过程中产生的交易信息，可以反映人们的消费习惯，消费的结构及其变动的情况。随着信息社会发展，计算机和互联网的应用在社会生活各个领域不断深化，这类资料呈爆炸性增长，成为社会调查资料越来越重要的信息来源。对于社会调查资料的高效检索和科学处理，成为在社会调查研究中有效运用这类资料的关键所在。

由图1.2还可知，从资料使用者，即实施社会调查的研究者角度来看，社会调查资料可以分为两种不同的来源：一是资料使用者自己亲自进行社会调查，或者社会实验所直接获得的资料，属于第一手的社会调查资料，也称为初级资料；二是资料使用者并不亲自进行社会调查或社会实验，而是间接地采用他人进行社会调查以及社会实验时所获得的资料，属于第二手的社会调查资料，也称为次级资料。

在社会调查研究中，往往需要分析研究现实问题所处的社会环境，具体事件发生的社会经济背景，需要分析研究对象所处的区域、行业、社会阶层、生活状况等宏观和中观的状况及其发展趋势，这些分析所依据的资料大多属于第二手的次级资料。例如，各类文献资料，各类年鉴上公开出版的资料，以及有关部门、机构尚未公开出版的资料等。在社会活动过程中产生并记录的资料也属于第二手的次级资料。因此，在现代社会中开展社会调查研究，离不开对于第二手的次级资料应用。如何科学地检索，有效地运用第二手的次级资料，始终是社会调查研究的一项重要课题。

在现实的社会调查研究中，第二手的次级资料不可能完全满足社会调查研究所需，资料使用者则要进行专门调查方案设计，亲自进行社会调查或社会实验，以直接获得有针对性的第一手资料。资料使用者亲自进行社会调查或社会实验，则是社会调查实务所讨论的基本内容。在社会调查研究中，一般的社会调查研究都需要开展专门组织的社会调查，以得到第二手的次级资料不能提供的专项资料，专门组织的社会调查获得的第一手资料构成社会调查研究中的核心信息。

另外，任何第二手的次级资料，归根到底都是来自于他人亲自进行观测登记所获得的第一手初级资料。了解第二手的次级资料是采用什么方法，在什么情况下观测登记的，资料的质量如何，是正确使用第二手的次级资料的基础。因此，对于所采用的第二手的次级资料的方案设计，问卷设计，抽样设计，误差控制等方面的了解和掌握，也是科学开展社会调查研究的要求之一。

1.2.3 大数据与社会调查研究

所谓大数据（Big Data）是指体量特别大，数据类别特别多的一类数据集。维克托·迈尔-舍恩伯格及肯尼斯·库克耶在他们的《大数据时代》中提出大数据是指采用所有数据进行分析处理的超大数据集。大数据具有 Volume（大量）、Velocity（高速）、Variety（多样）、Value（价值）、Veracity（真实性）的 5V 特点。

大数据是一场革命，庞大的数据资源使得各个领域开始了信息处理的量化分析进程，几乎所有领域都不约而同开始了这一进程。尤其是随着云时代的来临，大数据的分析和运用必然和云计算联系到一起。在以云计算、云存储为代表的技术创新下，一些原本很难收集和分析的数据开始容易被利用起来了。通过各行各业的不断创新，大数据将会为人类不断地认识世界，将会为人类创造更多的价值。

那么，大数据时代的到来会对社会调查研究产生什么影响，或者说大数据与社会调查研究之间存在什么关系呢？

（1）大数据时代的到来为社会调查研究提供了海量的第二手间接数据，极大地丰富了社会调查研究的资料来源，同时又对社会调查研究的资料检索提出了更高的要求，资料来源极大丰富了，问题就集中体现在如何从浩瀚的资料中，快速准确地检索到满足社会调查研究所需的内容。

（2）大数据时代的到来为社会调查研究的资料收集方法提供了新的渠道。社会调查研究的资料不仅可以通过传统的专门组织的专题调查，或者专门的实验检测获得，还可以更多地通过人们的日常社会活动所产生和记录的方式获得，进一步丰富了社会调查资料的来源，降低了获取社会调查资料的成本。

（3）大数据时代的到来对社会调查研究的现代资料处理能力提出了更高的要求，要求社会调查研究运用现代信息处理手段进行资料的处理、分析和研究。社会调查研究的传统资料分析方法，尤其是各种统计分析方法，例如显著性检验、相关分析、方差分析、回归分析、因子分析、聚类分析、主成分分析等，仍然是大数据分析的基本方法；SPSS 等统计分析软件，依然是大数据分析的基本手段。

（4）大数据所提供的是人们日常社会活动所产生和记录的资料，往往存在隐含的系统性偏误和登记性误差，抽样调查依然是获取社会调查资料，纠正社会调查资料偏误的必要手段。提起大数据，人们就会提到它的非抽样数据特征，指出大数据是一种全面的调查，不会存在抽样所导致的随机性误差。但是，一方面，大数据不是人们主动实施的社会调查活动，尤其不是某一项专门的社会调查活动有意识实施的调查行为，大数据的实际总体与社会调查实务研究的总体往往存在显著的差异。当大数据的实际总体与社会调查研究的总体不一致时，就会由于总体偏倚而产生系统性偏误；另一方面，大数据不是由专业人员实施的专门调查，在其资料采集和登记过程中，难免受到环境、心理、技术和专业水准等众多因素的干扰，使得记录下来的资料与实际状况产生偏差，形成显著的登记性误差。因此，在实施社会调查研究时还需要采用抽样调查方法，通过专门的调查设计，借助专业人员的现场调查来获得某项社会调查研究所需的资料。并且，还需要利用抽样调查，来修正大数据全面资料中的系统性偏误和登记性误差。

（5）大数据有效地扩大了社会调查研究的信息来源，进一步提高了社会调查研究的效率。但是，在本质上大数据属于社会活动过程之中产生并记录的资料的第二手的次级资料，不可能完全取代专门组织的社会调查。实施社会调查研究还需要依靠专门组织的社会调查所获得的第一手的调查资料，需要从具体的研究目的和调查总体出发，科学地进行调查方案设计，由研究人员亲自进行社会调查或社会实验，以直接获得系统的、全面的、准确的第一手资料。

1.3 社会调查研究的质量评价

1.3.1 经典测验理论

经典测验理论（Classical Test Theory，CTT）是以真分数理论为核心假设的测量理论，也称真分数理论。

经典测验理论将观测值的数学期望称为真分数。即对某一研究对象的社会特征，采用同一量表进行充分多次的反复观测并记录，将所获得的观测值的数学期望定义真分数。由此可见，所谓的“真分数”并不是社会调查研究对象某一社会特征客观数值的“真实”度量，“真分数”只是借助数学期望的计算，剔除了观察值中的随机性测量误差，而不能剔除非随机性的系统性误差。因此，在观测值存在系统性误差的场合，真分数是社会调查研究对象某一社会特征的真实度量与系统性误差之和。

经典测验理论将通过社会调查对某一具体研究对象的社会特征的观测记录所获得的观测值称为观测值或观察分数，将观测值或观察分数与真分数之间的测量误差称为误差分数，即将观测值或观察分数定义为真分数和测量误差之和。真分数的误差分数实质上就是随机性误差。

经典测验理论认为要获得对真实分数的值，就必须将测量的误差分数从观察分数中分离出来，即将测量的随机性误差从观察值中分离出来。因此，经典测验理论存在着三个基本假设。

假设一，观测分数是真分数与误差分数的和，即

$$X = T + E \tag{1.1}$$

其中，X 表示观测分数，T 表示真分数，E 表示误差分数。

假设二，误差分数 E 为服从于数学期望为 0 正态分布的随机变量，对式（1.1）取数学期望，则有观测分数 X 的数学期望为真分数 T 。

$$E(E) = 0 \tag{1.2}$$

$$E(X)=T \tag{1.3}$$

由假设二，即式（1.2）和式（1.3）可知，在对某一研究对象的社会特征进行充分多地反复观测并记录，其误差分数 E 的数学期望为 0，观测分数 X 的数学期望即为真分数 T。

由此，可知经典测验理论中的误差分数 E 仅仅为一随机误差，不包含系统性误差，系统性误差依然包含在真分数 T 之中。在社会调查研究中进行充分多的反复观测并记录，只能消除误差分数 E 的随机误差，不能消除包含在真分数 T 之中的系统性误差。

假设三，真分数 T 和测量误差 E 之间相互独立，各次平行的测量误差 E 之间相互独立。

$$\rho(T,E)=0 \tag{1.4}$$

$$\rho(E_i,E_j)=0 \tag{1.5}$$

其中，ρ 表示相关系数。

在假设三，即式（1.4）和式（1.5）的基础上，有观测分数 X 的方差等于真分数 T 的方差与误差分数 E 的方差之和，即

$$S_X^2=S_T^2+S_E^2 \tag{1.6}$$

经典测量理论在真分数理论假设的基石上构建起了社会调查研究的相关概念，其中最重要的有信度和效度。

1.3.2 信度

信度（Reliability）是测量理论中的核心概念之一。信度是指社会调查活动测量的一致性程度或稳定程度，也称之为可靠性程度。信度可以具体表示为对某一研究对象的社会特征，采用同一量表反复观测并记录，包括在不同时间上的多次反复观测记录或者不同调查研究人员的多次反复观测记录，所获得的资料结果之间的一致性。

例如，在一次社会调查中，同一个问题，相隔 7 天对同一个被调查者进行 3 次调查。第一次调查时，被调查者选择 A；第二次调查，被调查者选择了 C；第三次调查，被调查者选择了 D。这就说明该问题调查结果的信度低，因为多次重复调查结果的差异较大，假如这 3 次相隔 7 天的重复调查，同一被调查者都选择相同的答案，可以说该社会调查或者调查结果的信度较高。

信度的大小用信度系数 r_{XX} 来表示，一般采用以下 3 种定义。

定义 1：同一量表反复观测真分数方差与观察分数方差之比。

$$r_{XX}=S_T^2/S_X^2 \tag{1.7}$$

定义 2：同一量表反复观测真分数与观察分数的相关系数的平方。

$$r_{XX}=\rho^2(T,X) \tag{1.8}$$

定义 3：同一量表反复观测下不同观察分数之间的相关系数的平方。

$$r_{XX}=\rho^2(X_i,X_j) \tag{1.9}$$

信度的估计方法一般有重测信度（Test-retest Reliability），复本信度（Alternate-form Reliability）、

分半信度（Split-half Reliability）、同质性信度（Homogeneity Reliability），和评分者信度（Scorer Reliability）等。

显然，信度建立在观察分数和真分数基础之上，所考量的是社会调查活动测量的随机误差，即误差分数的相对大小。

1.3.3 效度

效度（Validity）是指社会调查测量的有效性程度，即对社会调查研究对象测量的精确程度，即社会调查活动测量的准确性。在一定程度上反映了社会调查活动测量的系统性误差。因此，效度即准确度，是指社会调查测量工具或社会调查测量手段能够准确、真实地度量所要测量的研究对象某一社会特征的程度。

效度既是对一个社会调查研究活动的有效性程度的度量和评价，也是对该社会调查成果，即调查资料准确性和正确性程度的评价标准。

任何一项社会调查研究的测量都不可能达到百分之百的准确，只能达到某种程度的准确。因此，效度只能是个相对的概念。

效度的估计方法一般有内容效度（Content Validity）、表面效度（Surface Validity）、结构效度（Construct Validity）和实证效度（Empirical Validity）。

1.3.4 信度与效度的关系

如果将社会调查研究活动过程及其研究结果达到了预期的目标，实现了对于某一社会现象的正确认识，结论具有科学价值，称为社会调查研究的有效性，则信度是社会调查研究有效性的必要前提，没有信度，社会调查研究有效性就不可能存在。但是，信度只是社会调查研究有效性的必要条件，而非充分条件。若社会调查研究有效则一定拥有信度，但有信度并不意味社会调查研究一定有效。效度则为社会调查研究有效性的充分条件，在社会调查研究既具有信度，又具有效度时，该社会调查研究则必然具有有效性。

因此，在社会调查实务中，应该把信度和效度两者结合起来进行考察，信度和效度是度量任意一项社会调查研究活动过程及其研究结果的综合测度。

图 1.3 以直观的图示方式，粗略地描述了信度与效度的意义和关系。

在社会调查实务中，一项社会调查研究活动过程及其研究结果的信度高，社会调查研究的有效性未必高；信度是社会调查研究的有效性的必要条件，但不是充分条件。

结合真分数理论来观察，信度所反映的是随机性偏误，是指可以借助充分多的观察值的数学期望将其分离出来的，不包含在真分数之中的误差；效度所反映的是非随机的偏误，是指不可以借助充分多的观察值的数学期望将其分离出来的，不包含在真分数之中的系统性误差。相对而言，信度的度量是直观的、容易的；效度的度量是复杂的、困难的。

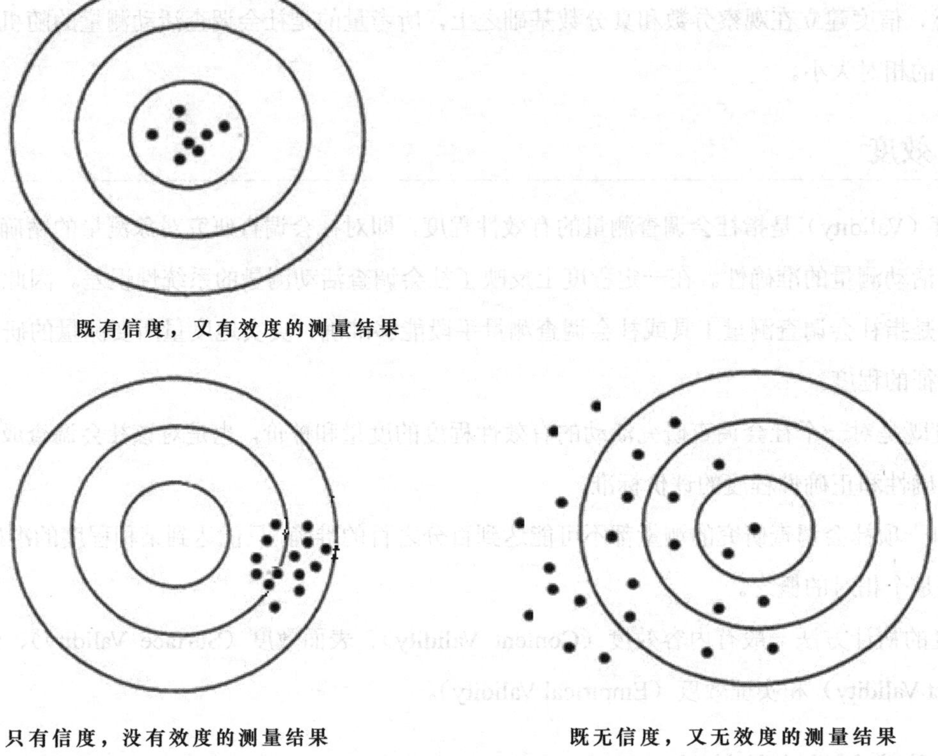

既有信度，又有效度的测量结果
只有信度，没有效度的测量结果
既无信度，又无效度的测量结果

图 1.3 信度与效度的意义和关系示意图

1.3.5 社会调查的误差

社会调查研究对于客观世界的认识过程建立在具体的调查资料基础之上，调查资料的质量直接制约着社会调查研究的可信性和有效性。调查资料的误差是指社会调查资料与研究对象客观事实之间的差距，可以分为系统性误差和随机误差两类。

1. 系统性误差

系统性误差是指非随机因素导致的系统性的偏倚，不会随样本容量的增大而减小，不会随重复进行多次调查测量而减小。因此，即使在全面调查场合，在反复多次的重复调查中也会存在系统性误差。因此，系统性误差也称为系统性偏倚，它是一种具有确定性偏误倾向的误差。

系统性误差主要由以下一些原因所导致。

（1）调查测量的总体与研究对象不一致，这是导致系统性误差的主要成因。通常由于调查的方案设计时的疏忽，调查测量总体的界定与研究对象的内涵存在差异；调查中出现的无回答；抽样调查中抽样框过于陈旧等形成的抽样框偏误；采取了随意抽样，街角调查等非随机抽样方法，等等。

（2）非随机性的登记性误差。例如，在调查测量时，被调查者或调查者为了规避隐私，追求利益，提供虚假信息等原因导致的主观有意所为的登记性误差；以及由于调查者专业性水平欠缺等原因导致的非主观有意所为的登记性误差。

（3）量表偏倚导致的系统性误差。例如，调查问卷存在明显的倾向性和导向暗示；调查问卷和测量量表具有明显的缺陷等。

从理论上来说，一方面，系统性误差是由于社会调查方法或者社会调查设计不当，由于人为的原因所导致的，属于可以消除的调查误差。但实际上，在任何一项社会调查研究中都不可能完全消除系统性误差。例如，按照调查对象在理论上的概念内涵确定具体调查测量总体外延界定，要做到完全吻合，不重不漏是难以实现的；按照社会调查研究有关调查项目确定的指标来选择具体的代理指标或测量量表，与抽象的理论界定之间总是存在这样那样的差异；在实施调查时无回答问题或多或少总会出现；在抽样调查中，采用早先全面调查采集的数据构成的抽样框不可避免地会与实际的调查总体存在不同之处。总而言之，社会调查研究活动中系统性误差是始终存在的，只是大小程度不同而已。

另一方面，系统性误差是一种偏倚，在出现系统性误差的场合，不能够通过重复进行多次调查测量，或者增大样本容量，直至采用全面调查来减小系统性误差数值水平，更不可能彻底消除系统性偏误。

在经典测验理论中的误差分数仅仅为一随机误差，不包含系统性误差。系统性误差遗留在真分数T之中。因此，不能将误差分数E等同于调查资料的误差，在社会调查研究中仅仅考虑随机误差的误差分数E；更不能将真分数T视同于研究对象客观事实的真实特征，忽略系统性误差。

2. 随机误差

随机误差是指由随机因素导致的调查误差，随机误差会随重复进行多次调查测量而减小，在抽样调查中会随样本容量的增大而减小。在一般场合，随机误差的数学期望为 0，主要由抽样调查中的抽样误差和随机性的登记性误差所导致。

（1）抽样调查中的抽样误差，是指在进行抽样调查时，由于使用样本信息估计总体参数所产生的抽样误差。抽样误差是最典型的随机误差，也是社会调查中最主要的随机误差。在抽样调查中，可以依据调查对象的分布特征，所采用的抽样方法，估计出抽样误差数值水平；还可以依据抽样调查的要求，通过计算出必要的样本容量，将抽样误差控制在一定数值水平之内。采用抽样调查不仅可以节省人力、物力和时间；还可以采用专业的调查人员进行资料的采集，降低系统性误差，因此抽样调查是开展社会调查研究的基本方法。

（2）随机性的登记性误差，是指在调查测量时，被调查者和调查者由于一些随机性的扰动因素干扰所形成的误差就是随机性的登记性误差。例如，个体情绪的波动，外界环境的差异，计量和测量误差，登记过程中调查单位缺失、记录失误、抄录错误、录入差错、汇总差错等非主观意识所导致的误差。

在经典测验理论中，采用误差分数 E 表示随机误差，认为误差分数 E 服从于数学期望为 0 的正态分布，这一假定构成了经典测验理论对于调查误差分析的主要内容。

随机误差是由于随机性原因形成的误差，它是服从于某一概率分布的随机变量。根据中心极限定理，在大样本场合，样本均值趋于正态分布，当利用样本信息推断总体均值时，可以用样本均值的标准差来度量这一随机性误差，并且进行区间估计，以及必要样本容量的计算。

关键术语

社会调查研究	初级资料	次级资料	经典测验理论	真分数	观测分数
误差分数	信度	效度	随机误差	系统性误差	

思考与练习

1. 什么是社会调查研究？
2. 简述社会调查研究活动的一般过程。
3. 简述社会调查资料来源的分类及其特点。
4. 分析大数据时代对社会调查研究的影响。
5. 什么是经典测验理论？
6. 简述信度与效度。
7. 举例说明社会调查研究中的系统性误差。
8. 分析随机误差与系统性误差的区别。

社会调查研究的方案设计 第2章

【学习目标】

学习社会调查研究基本框架的主要内容，了解社会调查研究基本框架的总体思路。

按照社会调查研究基本框架的要求，确定一个自己熟悉的简单选题，试拟定研究大纲，完成社会调查实施方案。

了解社会调查的一般方法，掌握普查和抽样调查的特点及其相互联系。

了解个案研究的特点。

了解实验研究的特点。

2.1 社会调查研究的基本框架

2.1.1 确定研究选题

在社会调查设计中，首先需要解决的问题就是正确地确定适宜的研究选题，所谓“千里之行，始于足下”，确定研究选题具有导向作用，研究题目的正确合理是有效进行社会调查设计的前提。

1. 正确合理的研究选题必须具有明确的理论意义

从具有理论意义的研究选题出发，基于相关的基础理论和理论框架，通过科学严谨的社会调查设计，采用来自社会实践的经验数据，对有关研究假设进行实证分析，根据实证分析的结果得出具有一定普遍意义的研究结论，进而提出有关观点和学说。

2. 正确合理的研究选题必须具有明确的实践意义

从具有实践意义的研究选题出发，借助社会调查研究所得到的经验数据，对现实社会现象及其相互之间内在联系进行解释和说明，得出现实社会问题产生的动因及其运动发展态势的相关结论，用来指导人们的社会实践活动。

3. 正确合理的研究选题必须具有明确的可行性

正确地确定适宜的研究选题，需要研究人员具备社会调查研究的理论素养，掌握社会调查研究的专业方法，以及开展社会调查研究的实践经验。在此基础上，还需要进行全面深入的文献检索，了解课题有关的研究现状及其最新进展，据此对研究选题进行深化和完善。

同时，需要从具体的人力、物力和时间出发，从自身的学术水平和方法能力出发，实事求是因地制宜地选择适宜的研究选题。一般而言，确定社会调查的研究课题不要贪大求洋，不要选择“大而无当”的课题，而应该选择小而专的课题。选择研究范围明确，针对性强，有一定专业研究深度的选题，更具有可操作性，更容易达到研究的目的。

综上所述，一个恰当的社会调查的研究选题应该是理论性、实践性和可行性三个方面的辩证统一。

2.1.2 拟定研究大纲

在确定了社会调查研究的具体选题之后，便进入拟定研究大纲环节。一般的社会调查研究的研究大纲由以下内容构成。

（1）从具体选题出发，依据有关理论、确定研究的具体对象，研究的假设和推论，确定社会调查研究的基本内容、关键思路、研究逻辑和主要观点。

（2）按照具体的研究对象，确定调查对象和调查个体。研究的具体对象也称为研究总体，是社会调查研究在理论上界定的总体，是抽象的总体概念；调查对象也称为调查总体，是根据研究总体确定的在调查实践活动中的现实总体，是具体的总体概念。调查总体必须尽量与研究总体相吻合，否则将产生较大的系统性误差。

（3）设定调查指标。调查指标一般由一级指标和二级指标组成。先要根据研究的假设或推论的要求，来确定一级指标，再根据一级指标来设计二级指标。因此，一级指标的设定一定要满足研究的假设和推论需要，满足社会调查研究的需要。必须是确定研究的假设和推论在先，而不能是先确定调查指标，再来设计研究的假设和推论，更不能使研究的内容与调查的指标两张皮，互不相关。在问卷设计中，二级指标可以构成调查问卷上的具体问题。因此，一级指标数值由二级指标汇总计算得到。

设定调查指标不仅要考虑自身专门进行的社会调查，采集一手的初级资料，还要考虑充分利用现有的，他人采集的次级资料。

（4）选择调查方法。根据调查对象和调查个体、调查指标的特点，选择合适的调查方法以及问卷设计。在进行抽样调查时要科学地确定抽样方法、抽样框和样本容量。

（5）确定分析方法。根据研究的目的，研究的假设和推论的要求，以及所采集资料的计量尺度，采用适当的方法和模型，进行深入细致的分析研究。

（6）研究成果的具体形式。包括科研论文、专题报告、咨询报告等。

（7）拟定实施方案。

【案例】以“A市市民公共交通评价研究”为例，对拟定研究大纲的过程做一说明。

****

“A市市民公共交通评价研究”这一社会调查研究的目的是通过A市市民对A市公共交通现状的主观评价，以及对于A市公共交通近期发展的心理预期，来研究A市公共交通的实际效率和社会效益，并对A市公共交通的完善和发展提出相关建议。

第一，从“A市市民公交车服务状况评价研究”选题出发，确定课题研究的具体对象为A市全体市民；依据公共产品理论、马斯洛需求层次理论等基本理论，认为公交车是具有准公共产品属性的公共交通工具，不同的社会群体，对公交车具有不同的需求和评价；根据A市社会经济发展的现状，以及A市市民的生活水平和出行习惯，提出该项研究的基本假设和相关推论为：

假设1：不同层次的社会群体对于公共产品有不同的需求

推论1.1 不同收入水平的A市市民对于公交车有不同评价

推论1.2 不同文化程度的A市市民对于公交车有不同评价

推论1.3 不同年龄的A市市民对于公交车有不同评价

……

假设2：不同需求特征的社会群体对于公共产品有不同的需求

推论2.1 不同居住地区的A市市民对于公交车有不同评价

推论2.2 不同职业的A市市民对于公交车有不同评价

推论2.3 不同乘坐频率的A市市民对于公交车有不同评价

……

第二，按照研究的具体对象为A市市民，确定调查对象为A市的常住人口中14岁以上的人群，具体以最近一次人口普查资料为准，调查个体即为A市的最近一次人口普查资料中的到本次调查时已满14岁及以上人口。

第三，设定调查指标。调查指标一般由一级指标和二级指标组成。“A市市民公交车服务状况评价研究”共设置4个一级指标，分别为公交车的便捷性、舒适性、普惠性和被调查者的个体特征。一级指标及其二级指标的设置示意如下。

一级指标1：公交车的便捷性

二级指标1.1 公交车的站牌及路线标识

二级指标1.2 公交车的站点间距离

二级指标1.3 寻找公交车站点的时间

二级指标1.4 您家距离最近的公交车站

二级指标1.5 公交车的营运的起止时间

二级指标1.6 公交车发车的时间间隔

二级指标1.7 等候公交车的时间

二级指标1.8 公交车线路网点设置

……

一级指标2：公交车的舒适性

二级指标2.1 公交车上的座位情况

二级指标2.2 公交车上的清洁状况

二级指标2.3 公交车上的乘坐状况

二级指标2.4 公交车上的驾乘服务

二级指标2.5 公交车的故障情况

二级指标2.6 公交车上的设施状况

二级指标2.7 公交车上的空调设施

二级指标2.8 公交车停靠站台情况

……

一级指标3：公交车的普惠性

二级指标3.1 你对设置公交车专用道的观点

二级指标3.2 你对公交车专用道分时使用的评价

二级指标3.3 你对普通大型客车使用公交车专用道的观点

二级指标3.4 你对出租车使用公交车专用道的观点

二级指标3.5 你对降低乘坐公交车价格的评价

二级指标3.6 你对公交车的学生优惠的评价

二级指标3.7 你对增大公交车的财政补贴的评价

二级指标3.8 你对公交车的老年人优惠的评价

……

一级指标4：个体特征

二级指标4.1 你的职业

二级指标4.2 你的年收入

二级指标4.3 你居住的城区

二级指标4.4 你每月大约乘坐几次公交车

二级指标4.5 你家庭购买了小型汽车吗

二级指标4.6 你的年龄

二级指标4.7 你的学历

二级指标4.8 你在A市生活的年数

……

第四，选择调查方法。根据“A市市民公交车服务状况评价研究”课题研究中调查对象和调查个体、调查指标的特点，选择抽样调查方法实施调查，采用调查问卷方式采集数据。

抽样调查采用随机起点等距抽样方法抽取样本，以A市的最近一次人口普查资料作为抽样框，结合考虑经费水平、课题时间等因素，确定样本容量为800人。

调查问卷以李克特量表（Likert Scale）为基本量表，制定标准化问卷。公交车的便捷性、舒适性、普惠性3个一级指标下的二级指标均采用李克特5级量表和结构化的备择答案，供被调查者选择，以提高该项调查的效度和信度，方便数据的录入和处理。

有关问卷设计的详细内容，请参阅本教程的“第4章问卷设计”。

第五，确定分析方法。根据“A市市民公交车服务状况评价研究”课题研究的目的，研究的假设和推论的要求，主要采用列联表分析、因子分析、独立样本*t*检验、相关分析、方差分析和聚类分析等方法来研究相关假设和推论的显著性；同时，基于本课题研究成果，结合A市的城市公共交通建设发展规划，人口发展及其结构变动模型，将本课题的有关计量模型作为A市公共交通事业发展动态模型中公交车子模型的一个组成部分，构建和完善A市公共交通事业发展动态模型，为A市公共交通的发展与完善提供参考。

第六，“A市市民公交车服务状况评价研究”课题研究成果的具体形式。主要包括向A市政府及有关部门提供有针对性的专题报告，参加相关国际会议，在国内外专业期刊发表科研论文，在课题报告和科研论文的基础上编纂专著。

****

2.1.3 拟定实施方案

拟定实施方案就是在社会调查课题研究大纲的指导下，为了保障社会调查研究顺利进行，所进行的具体的操作方案和计划安排。社会调查研究是一项具有诸多环节，需要多学科专业人士协同合作，需要有关社会团体协调参与，错综复杂的社会认识过程。这一社会认识过程需要在指定的区域内，特定的时间里，运用有限的人力、物力和财力资源，依照相关的法律法规，完成整个社会调查研究，并且实现预期目标的过程。这样一个复杂的系统工程，必须借助细致全面的实施方案进行认真筹划，统一步调，协调资源，提高效率。

拟定实施方案需要逐一细化社会调查课题研究大纲提出的任务要求，逐项落实社会调查研究所需的人力、物力和财力资源，以及将有关资源和调查任务相结合，落实在具体的时间节点上，确保现有资源能够满足社会调查研究任务的需要，确认实施进度的关键路线满足社会调查研究在时间上的限制和衔接。

拟定实施方案应包括以下一些内容。

（1）经费的预算、筹集、分配与管理。

（2）人员的召集和培训。

（3）文件和问卷的打印与发放。

（4）与有关协作方面的联系与协调。

（5）实施问卷调查。

（6）问卷调查质量的检查与校正。

（7）有关次级资料的检索和获取。

（8）资料的录入和处理。

（9）问题的分析、讨论与研究。

（10）报告的起草和修改。

2.2 一般的调查方法

本节介绍的一般的调查方法不是社会调查研究特有的专业调查方法，而是普遍运用于社会经济领域，尤其是政府统计工作的一般调查方法。社会调查采用的次级资料大多采用此类一般调查方法搜集，为了有效地正确使用有关的次级资料，有必要全面了解这类一般的调查方法。

2.2.1 普查

普查（Census）是为了特定目的而专门组织的一次性或周期性的全面调查，调查在某一标准时间上的社会经济现象的总量。普查具有以下特点。

1. 普查是一种全面调查

普查对总体中所有个体都进行调查登记，直接获得总体参数的具体数值。普查是一种需要耗费大量人力、物力和时间的全面统计调查方式。普查对总体中所有个体进行调查，因此普查不存在由部分样本推断总体参数的估计误差；普查往往需要临时征用大量调查人员，同时进行大规模的实地调查登记和数据处理工作，由于调查人员专业素质参差不齐，调查任务过于繁重，调查时间比较紧张，普查容易导致各类登记性误差。

2. 普查是一种一次性或周期性的全面调查

这是由普查全面调查的性质决定的。全面调查耗费大量人力、物力和时间不可能经常性连续进行，只能按照需要采取一次性或周期性的方式开展。周期性普查是我国政府统计调查工作的基础。我国统计制度规定，在每逢年份的末尾数字为“0”的年份进行全国人口普查，每逢末尾数字为“6”的年份进行全国农业普查，每逢末尾数字为“3”和“8”的年份进行全国经济普查。

3. 普查是一种调查在某一标准时间上的社会经济现象总量特征的全面调查

普查通过设定标准时间来保证普查数据在时间上的一致性。例如，我国历次全国人口普查的标准时间均定为11月1日0时。

普查的目的在于搜集那些不能够或不适宜用其他统计调查方式搜集的社会经济现象总量特征的调查资料，以搞清重要的国情、国力，以及为经常性的抽样调查提供抽样框和其他辅助数据。

抽样框（Sampling Frame）是进行抽样调查时抽取样本的有序数据库。为了降低抽样调查的系统性偏误，抽样框数据与总体的客观状况应尽量保持一致。抽样框的原始数据只能来自于对总体的全面调查，需要借助周期性的普查来不断更新抽样框数据，才能满足科学地实施抽样调查的要求。

在社会调查实务活动中，普查资料是最重要的次级资料之一，普查资料提供的抽样框信息更是实施社会调查时不可或缺的基础资料。

2.2.2 抽样调查

抽样调查（Sampling Survey）是根据随机原则，采用具体的抽样技术，从总体中抽取部分个体构成样本，并依据样本信息推断总体数量特征的非全面调查。

1. 抽样调查是一种按照随机原则抽取样本的调查

抽样调查的随机原则，就是在抽样时，使总体中的每个单位具有一定的被抽中概率。只有遵循随机原则，确保样本的随机性，才能满足抽样理论对估计量的精确度和可靠度进行数理推算的要求。随机抽样是保证抽样调查科学性的先决条件。

2. 抽样调查是一种可以事先估计和控制抽样误差的调查

基于抽样调查的随机原则，运用样本信息估计总体参数时所产生的抽样误差，可以事先估计出来，并且通过确定恰当的必要样本容量对抽样误差加以有效控制。

3. 抽样调查是一种非全面调查

抽样调查仅对总体中部分被随机抽中的个体进行调查登记，因此可以显著地提高调查的时效性，降低调查的人力、物力、财力投入，抽样调查是一种经济的调查方法。

4. 抽样调查是一种准确性高的调查

基于抽样调查的随机原则，可以事先估计和控制抽样误差；同时抽样调查仅对总体中被随机抽中的部分个体进行调查，调查工作量大幅减少，可以选用具备丰富经验的专业人员，在相对充裕的调查时间里，高质量地进行数据采集和数据处理，有效地降低调查的系统性误差。抽样调查是对普查等统计调查中存在的登记性误差进行检查和校正的主要方法。

5. 抽样调查是一种具有广泛适用性的调查

抽样调查可以用于破坏性检验场合的调查和推断。对于具有破坏性的调查，例如对一些产品的使用寿命，抗压，防震等能力的检验，以及对一次性使用物品的检验等，只能采用非全面调查方法。

抽样调查可以用于较大规模总体或无限总体的调查和抽样。在总体单位数无限或虽然有限却无法一一观察的情况下，要研究总体的数量特征，就难以进行全面调查，而只能以抽样调查方法推断总体。

抽样调查可以用于检查和补充全面调查数据。全面调查涉及的范围广，参加的人员多，往往存在着较大的登记性误差。为了提高数据的准确性，常在全面调查后，再抽取一部分单位进行一次抽样调查，利用抽样调查的数据估计全面调查的误差，并据此对全面调查数据进行调整和补充。在两次全面调查之间，尤其是在周期性普查的间隙期间，可以采用抽样调查方法来反映总体数量特征在此期间的变动情况。

抽样调查可以用于企业的全面质量控制。在全面质量控制中最基本的方法就是抽样调查。例如，抽样调查广泛运用于产品生产和销售过程中的原料检验、工序控制、误差控制、在制品检验、产品验收，以及产品的售后服务等方面。

抽样调查在社会调查研究中得到了广泛应用。抽样调查在社会调查研究中的应用，使得采集的资料，以及计算的结果具备了推及全面的属性，使得社会调查的结论具备普适性，促进了实证研究的科学范式在社会调查研究中的快速发展。

抽样调查方法与技术的详细介绍，请参阅“第 3 章抽样技术”。

2.2.3 统计报表

统计报表（Statistical Report Forms）是指按照统一的表式，统一的报送时间和报送程序，自上而下统一布置，自下而上逐级上报，逐级汇总，提供基本资料的统计调查方式。

统计报表分为国家正式报表和企业内部报表。国家正式报表是指按照国家有关法规规定，由统计主管部门正式核准的，所有单位和公民都必须依法填写和报送的统计报表。企业内部报表是现代企业管理信息采集和经营决策分析的重要工具之一，由企业按照内部核算要求和填报国家正式报表需要，自行制定，自我管理。

各个企业、机构通过统计报表获得的资料，国家政府统计部门通过统计报表采集的资料，也是社会调查研究次级资料的主要来源。

当在有关企业、机构开展社会调查研究时，也可以利用该企业、机构内部的统计报表系统，来发放调查表格或调查问卷，实施社会调查，采集第一手的初级资料。

2.2.4 重点调查

重点调查（Key-point Investigation）是指在全体调查对象中选择一部分重点单位进行调查的一种非全面调查方法。重点调查的重点单位是指在总体中具有举足轻重作用的单位，这些单位个数值占总体单位总数的极少比重，但其标志值之和占总体标志总量的绝大比重。对这部分重点单位进行调查所取得的社会调查资料能够反映社会经济现象发展变化的基本趋势。

调查对象中具有这类重点单位是开展重点调查的先决条件。

重点调查的优点是投入的人力、物力少，而又能够较快搜集到统计信息资料。一般来讲，在调查任务只要求掌握基本情况，而部分单位又能比较集中反映研究项目和指标时，就可以采用重点调查。与抽样调查不同，重点调查不是随机抽取样本进行的概率抽样，而是有意识选择少数重点单位进行的非随机调查，重点调查取得的数据只能反映总体发展的基本趋势，不能用以推断总体，因而也只是一种补充性的调查方法。

在进行社会调查研究时，当调查对象存在重点单位特征，并且是作为补充性的辅助调查时，可以考虑采用重点调查方法进行。

2.2.5 典型调查

典型调查（Typical Investigation）是根据调查目的和要求，在对调查对象进行初步分析的基础上，有意识的选取少数具有代表性的典型单位进行深入细致的调查研究，以认识同类事物的发展变化规律及其特征的一种非全面调查。典型调查通过搜集大量的第一手资料，搞清所要调查各方面的具体情况，进行深入细致的解剖，从中得出用以指导工作的结论和办法。

典型调查的基本特征是定性调查。典型调查依靠调查者深入基层进行调查，掌握丰富的第一手资料，对调查对象直接剖析，可以在一些具体问题上做局部性的细致和深入研究，但不能获得研究总体的全面信息。

因此。典型调查不具有推断总体的属性。典型调查是根据调查者的主观判断，选择少数具有代表性的单位进行的非全面调查。典型调查也是一种非随机抽样，调查者的个人专业素养，个人价值取向和偏好，以及对调查对象的熟悉程度，对选择典型的代表性起着决定作用。所以不能采用典型调查的资料推断总体。

典型调查方便、灵活，调查的对象少，调查时间快，反映情况快，运用灵活，可以节省时间和人力、财力。在进行社会调查研究时，在对调查对象总体进行全面分析研究的基础上，可以考虑采用典型调查方法，采集一些个性资料，进行辅助性调查。

2.2.6 询问调查

询问调查是调查者与被调查者通过某种方式和某种工具进行信息交流，以采集和登记调查数据的方法。因此，询问调查并不是一种独立的调查方法，而是调查活动中信息采集的一个具体方法，是各种调查方法都不可缺少的一个重要环节。询问调查是社会调查实务中经常采用的资料采集和登记调查方法。

根据在方式和工具上的差异，可以将询问调查分为以下几类。

1. 访问调查

又称入户调查，或派员调查。访问调查是专门派出调查人员，前往被调查对象所在地，直接进行的面对面的信息交流和当场登记的一种调查方法。

2. 电话调查

调查人员通过电话与被调查对象进行的信息交流和数据登记的一种调查方法。

3. 邮寄调查

邮寄调查是指通过邮政系统邮寄，以及大众传播媒介发布、专门场所派发和部门单位内部系统分发等方式将标准化的调查表递送至被调查对象，由被调查对象按照填表说明自行填写，然后按照要求寄回到指定的调查数据回收地址，或投放到指定的调查数据回收场所，以实现数据采集的一种调查方法。

4. 计算机辅助调查

计算机辅助调查是指采用计算机技术进行问卷设计、样本抽取、调查登记、数据录入和数据处理的一种调查方法，多用于与现代信息技术相结合的场合。例如电话自动应答调查系统，网络调查系统、短信调查系统，以及电子邮件调查系统等。

5. 座谈会调查

座谈会调查是通过召集一组被调查者集中进行，调查者与被调查者，以及被调查者之间的面对面的信息交流和当场登记的一种调查方法。座谈会所召集的被调查者一般为有针对性的特征人群，例如某方面专业人士，某领域专家学者，某行业实际工作人员，某产品直接消费者或使用者等。

2.3 个案研究

2.3.1 个案研究的概念

个案研究（Case Study）是社会调查研究中对有意选择的单一研究对象，所进行深入而细致的调查研究方式，这个单一的研究对象即所谓的个案。个案研究的对象可以是单一的个人，可以是某一个别团体、区域、组织、群体或机构，还可以是某一单独的事件、过程，某一社会活动的片段，等等。在社会调查研究活动中，个案研究的对象通常是研究者主观上认为具有研究价值的某一典型的社会研究对象，个案研究对象的确定依赖于研究者的个人理论水平和对该类社会现象的认知程度。个案研究方法在社会调查研究活动中曾经占有重要地位。

根据个案研究理论，个案研究建立在同类社会现象是一个有机整体、具有同质性的假设之上，认为通过详尽深入的个案分析能够得出具有一定普适性的结论，能够概括地解释该类社会现象的影响因素、内部构成，以及发展过程，可以在一定程度上应用于同类社会问题。显然，个案研究这一关于同类社会现象的同质性假设过强，与现实社会现象的多样性、差异性和复杂性偏离太大，以至于人们在进行个案研究，以及使用个案研究结论时，普遍存在着忽略社会现象的复杂性和差异性，过分地强调同类社会现象的同质性的问题。

个案研究的基本逻辑就是基于“麻雀虽小五脏俱全”的观点，通过对具体个案的深入细致分析，认真解剖某一只“麻雀”，形成对某一类社会现象共性特征的详细认识。在个案研究中的任何个案，都具有共性和个性，是共性和个性的统一。共性通过个性而存在，并通过个性表现出来。如果某一具体的个案能较好地体现某类社会现象的共性，这个共性就构成了个案研究的基础，个案研究就是通过对具体个案的个性研究来探索和揭示该类社会现象的共性特征的研究过程和认识活动。

显然，个案研究是一种建立在这种单一被调查单位构成的调查对象基础上的，极端的非全面调查。个案研究是一种极端的简单枚举逻辑推理，不具有推断总体的属性。在现实社会生活中的每一个“个案”都是具体的，具有特殊性的个体，每一个“个案”都既包含了某一同类社会现象的共性属性，又具有其特有的个性特征。问题在于个案研究本身并不能提供区分，或者识别所得出的结论究竟是某一同类社会现象的共性属性，还是所研究“个案”的个性特征，个案研究本身并不能回答其结论在什么范围内具有普适性，个案研究只能作为社会调查实务的辅助性方法。

那么，个案研究所得出的结论能够在多大程度上，多大范围内反映某类社会现象的同类问题呢？这个边界往往是模糊不清，个案研究本身无法解答这个问题。只有在把握了社会现象总体特征，了解了社会事物全貌的基础上，才能判断某一具体的个案处在这一总体中什么位置，相对社会现象总体特征而言，具体个案的特征中有哪些共同点，哪些不同点，差异有多大。这样才能解答通过这个个案研究所得出的结论能够在多大程度上，多大范围内反映某类社会现象的同类问题，得出正确使用其结论的范围。

一方面，要认识到个案研究是一种典型的有限信息的社会调查研究方法，在逻辑上属于简单枚举。假如不了解所研究对象的全面状况和共性特征，不掌握具体个案在研究对象中的位置和特点，以及与研究对象一般特征和普遍水平的差异，仅仅采用个案研究方法来进行社会调查，无异于“盲人摸象”，极容易以偏概全，以点为面。假如简单地将具体个案的个性特征错误地视同为研究对象的共性特征，认为个案研究获得的结论具有普遍的指导意义，简单地演绎为研究对象相关结论，则容易导致生产错误的判断。

另一方面，个案研究简便易行，仍然是社会调查研究中的一种常用的辅助性研究方法。个案研究有助于对某一类社会现象进行深入的分析研究，在社会调查研究中常常用于探索性和解释性研究。个案研究的目的不是为了掌握研究对象的一般特征和普遍水平，而是在已经掌握研究对象的共性特征及其相互联系的基础上，所进行深入的探索性研究，以洞察研究研究对象某一方面或某一层面上的深层联系及其发展动向。

2.3.2 个案研究的步骤

个案研究的特点是可以对具体个案进行深入、系统的调查研究，可以用于细致地探索研究对象，深入追踪其发展变化的情况，作为社会调查实务的辅助方法。个案研究的各个环节往往需要研究人员的专业判断和主观选择，因此对调研人员的素质要求较高，要求调研人员具备一定的专业知识和实际经验。

实施个案研究的具体步骤可以归纳如下。

1. 确定调查个案

根据社会调查研究的目的，按照探索性和解释性研究的需要，在系统掌握研究对象的共性特征及其相互联系，以及作为备择方案的所有个案的具体特征的前提下，有的放矢地进行典型案例的选择，确定进行调查研究的具体对象。

2. 进行资料收集

个案研究要收集一切能反映社会调查研究目的，开展探索性和解释性研究需要的所有信息。包括个案所有个性特征、行为方式、运营过程、社会背景等等的所有资料，哪怕是一些琐碎的零星资料，也要尽量搜集登记，以备用于深入分析和再分析。例如要掌握尽可能多的历史资料，诸如自传、回忆录、著作、日记、信函、报刊、会议记录、档案、地方志等。收集资料要深入细致，要使所得的资料真实可信，并相互印证。

3. 进行个案分析

个案分析是个案研究的核心环节。

这里将个案分析作为个案研究的第三个环节，紧接在资料收集之后，指的是在开展个案研究之后，采用新搜集的资料，进行的个案分析。但是，并不意味着个案研究中的个案分析是一次性的，同样也不说明个案研究中的资料收集是一次性的。在个案研究中资料收集，进行个案分析；然后在个案分析的基础上进行资料再收集，进行个案研究的再分析，直至达到开展该项社会调查研究的目的。

实际上，一般意义的个案分析在进行个案研究选择个案之前就已经进行，依据对个案的分析，才能正确地选择个案，进行调查。在实施个案研究的每个节点上，都离不开对个案的分析，个案分析贯彻于个案研究的全过程。

4. 得出研究结论

通过反复的资料收集和个案分析，基于丰富的一手资料，运用适宜的资料处理和分析方法，对研究个案进行深入细致的剖析，得出相应的研究结论。

2.4 实验研究

2.4.1 实验研究的基本概念

实验研究（Experimental Research）是指基于心理学、社会学、管理学的有关理论，按照问题研究的目的，有意识地控制测试的条件，或创设一定的测试情境，或预先选定某一日常生活情境，或者有意营造的某一特定的社会事件环境，以引起被测试者的某些心理活动和外显行为，并借助专门的实验仪器，或者专业的测量量表，来度量现象之间相关关系的一种调查研究方法。一般也称之为实验法。

社会调查的实验研究并不是专门指在实验室内的实验，而是包括了实验室之外，在预先选定的某一实际社会生活情境下进行的调查研究。实验研究又可以分为实验室实验研究和自然实验研究。

（1）实验室实验研究是指在实验室内借助专门的实验设备，在严格控制实验条件的情况下进行的调查研究方法。采用实验室实验研究进行调查研究，便于严格控制各种影响因素，尽量排除干扰因素，通过专门仪器，或者专业的测量量表，进行测试和记录实验数据，对实验条件和被试活动作出精确的记录，因此具有较高的信度。通常多用于研究有关主观感受、心理评价等方面的社会研究问题。其缺点是实验条件与实际生活差别较大，所获得的研究结论过于抽象，往往难以在实际社会生活中推广运用。此外，实验室的特殊环境和情境不当设定，直接干扰或影响被试者的心理反应，导致系统性调查误差。

（2）自然实验研究是指通过预先选择某一日常生活情境，以及对这一情境加以适当控制和调整的条件下，对具体社会过程的调查研究方法。即在日常生活的社会过程中，按照社会调查研究的要求，有目的、有计划地控制和调整相关的条件和情境，通过专门仪器，或者专业的测量量表，进行的测试、观察和研究。自然实验研究贴近人们实际的社会生活，兼有实验法和观察法的特点，所获得的研究成果便于解释和容易推广，在社会调查研究中得到更为广泛的应用。

2.4.2 实验研究的要素构成

从实验类型的角度，实验研究的实验多种多样，有定性实验、定量实验、直接实验、模型实验等。所有实验研究的构成都是相同的，都由以下 3 个基本要素组成。

1. 实验的主体

即采用实验研究进行社会调查研究中组织设计和具体实施实验研究的调查研究人员及其团队。

2. 实验的对象

即实验的客体，是指采用实验研究进行社会调查研究中接受测验和观察的人员及其群体。

（1）选择实验对象的基本原则。

正确选择实验的对象有两条基本原则。

第一是“概化”的原则，即要求所选择的实验的对象具有代表性。这里的代表性指的是实验的对象应该是调查对象总体的一个概略的缩影，具有高度贴近的一致性的样本。

第二是“相似”的原则，即研究的实验组和控制组应尽可能做到相似。

（2）选择实验对象的方法。

按照正确选择实验对象的两条基本原则，在实验过程中，一般是通过配对法和随机法来进行实验的对象选择。其目的是力求调查对象总体中的每一个体，都有相同的机会，均匀地进入样本成为实验的对象，并且均匀地分配到实验组和控制组。

① 配对法是调查研究人员，依据已经掌握的相关辅助信息，力求使实验与控制两组的实验对象在各方面条件尽量相等，采取一一配对的方式，来挑选实验组和控制组，构成实验样本。配对法看似简单易行，实际操作时却会遇到种种困难。因为，社会调查研究对象的特征相当复杂，如何综合协调就是一大难点，调查研究人员因此顾此失彼，难以进行恰当的搭配。另外，配对法的实验对象依赖调查研究人员的主观挑选，具体调查研究人员的专业素养，对调查对象的熟悉程度，个人的价值偏好，都会影响到配对法的有效性。

② 随机法是采用概率的原理，以随机的方式从调查总体中抽取个体，随机地形成实验组和控制组，构成实验样本。随机法不依赖调查研究人员形成的实验对象，不会受到任何人为的主观因素干扰，并且可以通过随机抽取，来实现一个具有与调查总体分布相对应的随机样本。从而满足正确选择实验的对象的“概化”的原则和“相似”的原则。与配对法相比，随机法具有明显的优越性，但是与一般的随机抽样一样，随机法需要具备“新鲜的”完备的抽样框资料，并且严格按照随机的原则抽取个体。在拥有抽样框资料，可以实施随机法的场合，应该首选随机法来随机抽取实验对象。

3. 实验的手段

即联系实验主体和实验对象的中介。

2.4.3 实验研究的实施步骤

实验研究作为社会调查研究的一种方法，其实施步骤与一般的社会调查研究方法类似，有准备阶段、实施阶段、分析阶段和总结阶段。

1. 准备阶段

实验研究的准备阶段一般包括三方面的工作。首先是确定研究问题和研究目的。其次提出研究假设。研究假设是实验设计的依据。再次是实验设计。这包括选择实验场所，配备各种实验设备，准备测量量表，制定实验的工作日程进度表。

2. 实施阶段

实验研究的实验阶段是实验的具体操作阶段，即进行样本抽取、实验观测、测量和记录的阶段。实验研究的实验阶段一般又可分为抽取实验对象和进行实验两个相对独立的部分进行。

3. 分析阶段

实验研究的分析阶段包括资料整理，数据处理，统计分析，实证研究，得出阶段性成果，进行再分析等内容。

4. 总结阶段

对分析阶段得出的成果进行系统化研究，给出理论解释，撰写研究报告和学术论文等。

关键术语

研究大纲　调查对象　调查指标　调查问卷　普查

抽样调查　重点调查　典型调查　个案研究　实验研究

思考与练习

1. 什么是社会调查研究的基本框架？
2. 简述如何正确地确定研究选题。
3. 分析研究大纲的内容和要求。
4. 简述个案研究的特点。
5. 简述实验研究的特点。
6. 分析普查和抽样调查之间的相互联系。
7. 完成一个简单的社会调查研究选题。
8. 拟定一个简单的社会调查研究大纲。

第3章 抽样技术

【学习目标】

学习抽样技术的基础知识，重点学习概率抽样与非概率抽样，等概抽样和不等概抽样的基本概念，以及在社会调查实务中的应用。

掌握简单随机抽样方法以及重复和不重复简单随机抽样的特点。

学习系统抽样，分层抽样和整群抽样方法。

掌握必要样本容量和费用函数的计算方法。

3.1 抽样技术的基本问题

3.1.1 抽样技术的基本概念

1. 总体

总体（Population）是指由所调查研究对象的全部个体所构成的集合。在抽样技术里，有着两个相互联系的总体概念，即目标总体和抽样总体。

（1）目标总体（The Target Population）是指所要了解和研究的客观对象的全体构成的集合。目标总体是客观存在的现实，所以也称为客观总体。构成目标总体的个体称为总体单位（Population Units）。

（2）抽样总体（The Sampling Population）是指从中抽取样本进行数据采集的具体对象的全体构成的集合，抽样总体由已经搜集的数据构成，抽样总体是对目标总体客观存在的现实映射。构成抽样总体的个体称为抽样单位（Sampling Units）。当抽样单位与总体单位一一对应时，抽样总体与目标总体之间具有完整的一致性；若抽样单位与总体单位存在差别，就意味着抽样总体和目标总体存在差别，这时通过抽样所得到的数据推断的总体参数就必然存在偏误，这种偏误为系统性偏误。

2. 抽样框

抽样框（Sampling Frame）是按照抽样的目的和抽样方法的要求，为了实施样本的抽取而专门构造的，对构成抽样总体的具体数据进行编码和排序所构成的有序的数据库。

构造抽样框要与具体抽样设计中所采取的抽样技术相适应。例如，我们要根据分层抽样、整群抽样、多阶段抽样等不同的抽样方法，以及抽样后分层技术，回归估计技术等数据处理和参数估计方法的具体特点和要求来科学地构造抽样框。

构造一个有效的抽样框的基础是拥有能够如实反映目标总体现实状况的抽样总体数据。在已掌握的抽样总体与目标总体存在较大差异时，则需要及时进行有关的全面调查，搜集新鲜的全面资料，为构造有效的抽样框提供目标总体的真实数据。在无法获得有效的全面调查资料时，可以采用二相抽样方法，利用第一相抽样资料来构造抽样框，消除由此造成的系统性偏误。

3. 样本

样本（Sample）为从抽样框抽取部分的抽样单位的观测值所构成的集合。在样本这一集合中个体的数量，称为样本容量（Sample Size）。

4. 参数

参数（Parameter）为描述总体特征的概括性数字度量，有均值、标准差、总体比例、相关系数、回归系数等，通常用希腊字母表示参数，例如均值用μ、标准差用σ、总体比例用π、相关系数用ρ、回归系数用β等。参数一般为待定的未知常数，社会调查的目的就是为了搜集或推断这一总体数值。

5. 统计量

统计量（Statistic）是描述样本特征的概括性数字度量。统计量是根据统计推断理论和方法，在样本数据基础上计算出来的用以推断参数的数值。所以统计量同样包括了关于研究对象特征的综合数值，统计量通常用小写的英文字母表示，例如均值用$\bar{x}$、标准差用s、体比例用p、相关系数用r等。抽样调查的目的就是通过样本信息计算得到的统计量，来推断总体参数。

6. 抽样平均误差

抽样平均误差（Sampling Error）是根据样本计算的统计量推断总体参数时产生的随机误差，是样本统计量与总体参数真值之间误差的测度，通常用样本标准差来度量，一般也简称为抽样误差。

3.1.2 概率抽样与非概率抽样

按照在样本抽取阶段是否严格遵循随机原则，可以将社会调查研究的样本抽取区分为概率抽样（Probability Sampling）和非概率抽样（Nonprobability Sampling）两类。

（1）概率抽样是指在完备的抽样框基础上，严格按照随机原则抽取样本进行调查的科学方法。概率抽样以大数法则和中心极限定理为主要理论依据，可以预先计算和控制抽样误差，能够科学地推断总体参数。概率抽样是进行现代社会调查实务的主要方式。

（2）非概率抽样缺乏完备的抽样框，也不按照随机原则抽取样本，而是采用随意抽样的方式抽取，随意抽样的样本往往由总体中易于调查的单位构成；或者按照调查研究人员的主观意识有意选样的方式抽取，有意选样的样本不可避免地会受到调查者专业水平和价值评价偏好影响。非概率抽样不具备推断总体参数，研究总体全貌的功能。

在社会调查研究中随意抽样通常有街角调查，网络调查等方式；有意选样通常有典型调查，个案调查等方式。相对概率抽样来说，非概率抽样是一种简便易行、费用低廉的调查方法。对于不具备抽样调查理论基础，不掌握抽样技术的调查人员，都可以采用非简捷的非概率抽样方式，随意地抽取样本进行社会调查。在社会调查实务中大量存在着各种各样的非概率抽样。

对于社会调查研究而言，非概率抽样只能作为补充性和试探性的调查方式，在一些辅助性调查研究和预备性调查研究场合，进行某些简单的分析补充性和试探性的调查分析。不能以非概率抽样作为社会调查研究的基本调查方法，不能以非概率抽样采集的资料为依据，进行任何具有证伪性的实证研究。也就是说，基于非概率抽样资料得到的研究结论不具有推及总体的普适性。

在社会调查研究中，往往混淆概率抽样和非概率抽样这两种本质不同的调查方法，尤其是将非概率抽样混同于概率抽样，将非概率抽样资料混同于概率抽样资料。运用非概率抽样资料推断总体特征，进行相关的分析研究。在社会调查实务中，需要纠正混淆概率抽样和非概率抽样的这类错误。

3.1.3 等概抽样和不等概抽样

在概率抽样中，根据不同样本单位被抽中的可能性是否一致，又可将抽样调查区分为等概抽样（Equal Probability Sampling）和不等概抽样（Unequal Probability Sampling）两大类。顾名思义，所谓等概抽样即不同样本单位被抽中的可能性是完全相等的，每一样本单位具有同等可能的被抽取概率；所谓不等概抽样即不同样本单位被抽中的可能性不是完全相等的，每一样本单位具有不同可能的被抽取概率。

等概抽样由于不同样本单位被抽中的概率相等，决定其代表性的权重相等，即每一样本单位的权重均等于样本容量分之一，因此也称为自加权样本，等概抽样也称为自加权抽样（Self-Weighting Sampling），由等概抽样样本计算出来的估计量则称为自加权估计量（Self-Weighting Estimator）。等概抽样的样本均值即为样本单位数值的简单算术平均数。简单随机抽样就是一种最基本的等概抽样，不需要辅助信息，样本抽取简便，样本统计量计算简单。

等概抽样具有实际操作简便，数据处理直观，有利于抽样技术方案设计等特点，但对抽样框提出了更为严格的要求。等概抽样的抽样框不仅仅提供了一个进行样本抽取的基础，同时它还是一个计算抽样统计量的加权结构。一旦抽样框有偏倚，直接导致参数估计的加权结构有偏倚，进而引起统计量的系统偏误。

不等概抽样由于不同样本单位被抽中的概率不相等，决定其代表性的权重也不相等，不等概抽样的样本均值需要采用总体分层之后各层总体单位数作为权数，运用加权平均数公式计算。Neyman最佳配置的分层抽样就是一种最典型的不等概抽样。不等概抽样利用了样本单位的有关标识进行分层，利用了各层的离散程度和总体容量等信息来分配样本，提高了抽样调查的效率。不过，不等概抽样在进行分层，在各层之间分配样本容量时，需要辅助信息，同时还需要调查人员具有一定的抽样调查理论水平和实际经验。

在社会调查研究实践中，大多数随机抽样采用了操作简便、对调查人员专业要求相对较低，不需要辅助资料的等概抽样，采用简单算术平均方法计算样本均值，推断总体特征。在这样的抽样调查场合，若出现了抽样框偏倚、无回答问题时，就会对计算出来的样本估计量造成显著的系统性误差。因为这时不仅仅是样本的数值有偏差，而且样本估计量的加权结构也出现了偏倚。而不等概抽样不是自加权抽样，而是采用总体分层之后各层总体单位数作为权数，即使出现无回答等问题，其加权结构仍然不会受到样本分布偏倚的影响。

所以，在社会调查实务中必须区分清楚等概抽样和不等概抽样，必须知道等概抽样的自加权特征，尽量消除抽样框偏倚、无回答问题对等概化抽样加权结构的偏倚影响，降低社会调查资料的系统性误差。

3.2 简单随机抽样

简单随机抽样（Simple Random Sampling）也叫纯随机抽样，是指没有利用任何辅助资料，对抽样总体不作任何分组或分类（在抽样理论中一般称为分层），直接从抽样总体的 N 个抽样单位中随机抽取 n 个抽样单位构成样本，并以这 n 个抽样单位组成的样本数据对总体参数进行推断的抽样方法和过程。

简单随机抽样是最基本和最简单的抽样技术组织形式，简单随机抽样也是其他抽样技术方法的基础。在被调查对象数量特征的离散程度不是很大，并且分布比较均匀的情况下，常常采用简单随机抽样。简单随机抽样具有保证每个抽样单位进入样本的机会相等的特征，因此简单随机抽样是一种典型的等概抽样。

3.2.1 简单随机抽样的参数估计

在简单随机抽样场合，假设从抽样总体中随机抽取样本，其数值分别为 $x_1,x_2,\cdots,x_n$，所有样本均值为总体均值的无偏估计量，其计算公式为

$$\overline{x}=\frac{1}{n}\sum_{i=1}^{n}x_i \tag{3.1}$$

样本均值的方差为

$$V\left(\overline{x}\right)=V\left(\frac{1}{n}\sum_{i=1}^{n}x_i\right)=\frac{1}{n^2}\sum_{i=1}^{n}V\left(x\right)=\frac{\sigma^2}{n} \tag{3.2}$$

式（3.2）中的总体方差σ^2未知时，需要采用样本方差s^2作为它的估计量，即

$$v(\bar{x})=\frac{s^2}{n}=\frac{1}{n}\cdot\frac{\sum_{i=1}^{n}(x_i-\bar{x})^2}{n-1} \tag{3.3}$$

其中，$v(\bar{x})$为样本均值的样本方差。

则有简单随机抽样的样本均值的标准差，即简单随机抽样的抽样平均误差为

$$s_{\bar{x}}=\frac{1}{\sqrt{n}}\cdot\sqrt{\frac{\sum_{i=1}^{n}(x_i-\bar{x})^2}{n-1}} \tag{3.4}$$

其中，$s_{\bar{x}}$为样本均值的样本标准差。

3.2.2 不重复抽样的简单随机抽样

以上介绍的简单随机抽样属于重复抽样，即抽取每一样本个体的抽样总体是一致的，样本容量和样本单位都是相同的，这是简单随机抽样的基本形式。从严格的意义上讲，只有重复抽样的简单随机抽样才属于真正的具有等概抽样性质的简单随机抽样，这种重复抽样的简单随机抽样保证了所抽取的样本具有独立同分布特征，为统计量的计算提供了便利条件。

重复抽样（Sampling With Replacement）是从抽样框中抽取一个抽样单位作为样本的一个个体之后，又将这个抽样单位放回抽样框中，以保持抽样框和抽样总体的不变，即不受所抽取的样本的影响，在相同的抽样框中重复进行样本抽取的一种抽样设计。因为它将抽中的抽样单位再放回抽样框中进行重复抽取，所以也称为放回抽样。

在采用重复抽样时，同一抽样单位在被抽中又放回抽样框后存在再次被抽中的可能，然而若样本中包含两个或者两个以上的同一抽样单位，必然会降低样本的信息量，降低抽样的效率。所以，在实际的抽样中更多地采用了不重复抽样。

不重复抽样（Sampling Without Replacement）是从抽样框中抽取一个抽样单位作为样本的一个个体之后，不再将这个抽样单位放回抽样框中的一种抽样设计，以避免同一抽样单位被多次抽中的情况出现。因为它不将抽中的抽样单位再放回抽样框中进行重复抽取，所以也称为不放回抽样。

在不重复抽样的场合，由于被抽取的单位在抽中之后是不放回的，相对重复抽样而言，不重复抽样的效率较高。对于这个区别，可通过有限总体校正系数（Finite Population Corrections，FPC）来近似地体现出来。

有限总体校正系数为不重复抽样的统计量方差与重复抽样统计量方差所相差的一个数量测度，反映了与重复抽样相比不重复抽样效率提高的程度。有限总体校正系数一般用$1-f$表示，其中$f=n/N$又称为抽样率。对于有限总体而言，抽样率是一个小于1的正数，因此有限总体校正系数总是小于1，不重复抽样的抽样平均误差总是小于重复抽样，即在样本容量相等的情况下，不重复抽样总是比重复抽样的效率高，不重复抽样的推断结果总是比重复抽样的更为精确。

重复抽样的样本均值计算公式同不重复抽样的样本均值计算公式一样，均为式（3.1），重复抽样的样本均值方差的计算公式为不重复抽样的样本均值方差计算公式乘以有限总体校正系数，即

$$v(\bar{x})=\frac{s^2}{n}=\frac{1}{n}\cdot\frac{\sum_{i=1}^{n}(x_i-\bar{x})^2}{n-1}(1-f) \tag{3.5}$$

则有重复抽样的样本均值标准差为

$$s_{\bar{x}}=\frac{1}{\sqrt{n}}\cdot\sqrt{\frac{\sum_{i=1}^{n}(x_i-\bar{x})^2}{n-1}\left(1-\frac{n}{N}\right)} \tag{3.6}$$

由于有，当 $N\to\infty$ 时，抽样率 $f=n/N\to 0$，有限总体校正系数 $(1-f)\to 1$。为了计算简便，当样本容量 n 相对于 N 很小时，可以将有限总体校正系数忽略不计，采用重复抽样的抽样平均误差计算公式来近似计算不重复抽样的抽样平均误差。

3.3 系统抽样

系统抽样（Systematic Sampling）又称为机械抽样或等距抽样，它是将抽样总体中的所有抽样单位按照一定的顺序排列，每隔一定的间隔抽取一个抽样单位的一种抽样框设计和样本抽取的抽样技术。

3.3.1 系统抽样的操作步骤

（1）将调查总体中的所有单位按照一定的顺序排列，构造抽样框。

（2）计算抽样距离 k。

$$k=\frac{N}{n} \tag{3.7}$$

（3）随机起点，或半距起点，按照抽样距离抽取随机样本。所谓半距起点即以 1/2 的抽样距离 $k/2$ 处为第一个样本抽取点，开始抽取样本。

（4）要防止抽样距离与总体某种周期性波动相吻合，导致样本包含系统性偏误。为了防止出现此类情况，可以采用随机起点对称等距方式抽取系统抽样的随机样本。

3.3.2 系统抽样的抽样框排序

按照排序的标志不同，系统抽样分为按照有关标志排序和按照无关标志排序两大类。

（1）按照有关标志排序是指利用与抽样目的有联系的标志对抽样框中的所有抽样单位进行排序。例如，在农产量抽样技术中，按照上年平均单位产量指标进行排序；对城市人均生活水平的抽样中，按照前一期工资水平指标进行排序等，都属于按照有关标志排序。

按照有关标志排序的系统抽样，由于利用了相关的辅助信息，具有较高的抽样效率。通过这样的排序，赋予抽样框某种有序性，使得从中抽取的样本相对调查标志而言具有更强的均匀性和代表性，从而提高抽样的效率。系统抽样可以使所抽取的抽样单位在抽样总体中分布均匀，提高样本的代表性。若采用与调查指标有着较高相关关系的标志进行排队，还会显著地提高这种抽样方法的抽样效率。因此，按照有关标志排序系统抽样的抽样效率近似地等同于按照同样标志分层的分层抽样。

（2）按照无关标志排序是指利用与抽样目的没有任何联系的标志对抽样框中的所有抽样单位进行排序。这时的系统抽样具有类似简单随机抽样的特征，一般可用简单随机抽样的抽样平均误差计算公式来计算按照无关标志排序系统抽样的抽样平均误差。按照无关标志排序抽样的抽样效率近似地等同于简单随机抽样。

3.3.3　系统抽样的特点

系统抽样简便易行，便于操作，一般调查人员能够较快地掌握运用。在社会调查实务中，系统抽样方法得到了广泛应用。

（1）系统抽样有利于保证样本的随机性。由于这一方法在抽样框、抽样距离和第一个样本的抽取起点确定之后，整个样本的抽取过程就是一个简单和机械的操作，从而有效地避免了具体抽样人员为了简单了事，采取随意方式抽取样本，从而破坏样本的随机性；以及防止人为地有意识选择样本，破坏样本随机性的问题发生。

（2）系统抽样便于利用计算机数据库资料构造抽样框，使用专门的计算机软件进行样本的抽取，并且便于检验抽样过程的随机性。所以，在大规模的抽样调查中大量采用了系统抽样设计，以保障抽样过程的随机性和规范性。

3.4　分层抽样

分层抽样（Stratified Sampling）也称为分类抽样或类型抽样，是将抽样总体按某一标识分层，然后从每层中抽取样本单位构成样本进行数据采集和参数估计的方法和过程。

3.4.1　分层抽样的特点

分层抽样将抽样总体的 N 个抽样单位划分为没有遗漏和互不重叠的 L 层，其中第 h 层有 N_h 个抽样单位，则有 $N=\sum_{h=1}^{L}N_h$。设从第 h 层中抽取 n_h 个抽样单位，则分层抽样的样本容量为 $n=\sum_{h=1}^{L}n_h$。

分层抽样是社会调查实务中经常用的抽样技术，它具有以下特点。

（1）分层抽样按层进行调查，便于操作、方便管理。

（2）分层抽样中各层的抽样相对独立，可以分别估计出各层总体参数数值。

（3）当抽样总体各层之中各单位标识变异程度较小，且各层之间的标识变异程度较大时，分层抽样可以显著提高抽样效率。

$$\begin{aligned}\sum_{h=1}^{L}\sum_{j=1}^{N_h}\left(X_{hj}-\bar{X}\right)^2&=\sum_{h=1}^{L}\sum_{j=1}^{N_h}\left[\left(X_{hj}-\bar{X}_h\right)+\left(\bar{X}_h-\bar{X}\right)\right]^2\\&=\sum_{h=1}^{L}\sum_{j=1}^{N_h}\left(X_{hj}-\bar{X}_h\right)^2+\sum_{h=1}^{L}N_h\left(\bar{X}_h-\bar{X}\right)^2\end{aligned}\tag{3.8}$$

式（3.8）表明，抽样总体的总离差平方和可以分解为层间离差平方和，与层内离差平方和两个部分。在分层抽样场合，每层都抽取样本进行调查，即在各层之间进行的是全面调查，不存在层间抽样误差，只存在层内抽样误差。当层间离差大，层内离差小时，分层抽样具有较好的抽样效率。因此，在采用分层抽样方法进行抽样时，应通过抽样框的分层设计，尽量扩大抽样框中各层之间的层间离差，相应减小层内离差，以获得理想的抽样效率。

3.4.2 分层抽样的参数估计

分层抽样样本均值 $\bar{x}_{st}$ 的计算公式为

$$\bar{x}_{st}=\sum_{h=1}^{L}\bar{x}_h W_h\tag{3.9}$$

式（3.9）中，$W_h=\dfrac{N_h}{N}$

式（3.9）中的 $\bar{x}_h$ 表示第 h 层样本均值；W_h 表示第 h 层的权数，为第 h 层总体单位数 N_h 占总体单位总数 N 的比重。由分层抽样的参数估计公式可知，分层抽样需要总体在各层的单位数，或者总体单位数在各层中的分布结构作为各层样本估计量的权数作为辅助资料，来计算样本估计量。

分层抽样样本均值 $\bar{x}_{st}$ 方差的计算公式为

$$\begin{aligned}v\left(\bar{x}_{st}\right)&=V\left(\sum_{h=1}^{L}\bar{x}_h W_h\right)=\sum_{h=1}^{L}W_h^2\cdot V\left(\frac{1}{n_h}\sum_{j=1}^{n_h}x_{hj}\right)\\&=\sum_{h=1}^{L}\frac{W_h^2\sigma_h^2\left(1-f_h\right)}{n_h}\end{aligned}\tag{3.10}$$

式（3.10）中的总体方差 σ_h^2 未知时，采用样本方差 s_h^2 作为它的估计量，即

$$v\left(\bar{x}_{st}\right)=\sum_{h=1}^{L}\frac{s_h^2 W_h^2(1-f_h)}{n_h}\tag{3.11}$$

式（3.11）中 $1-f_h$ 表示第 h 层有限总体校正系数，其中 $f_h=n_h/N_h$ 为第 h 层抽样率。

在这里，假定在各层层内采用简单随机抽样，式（3.11）中第 h 层样本方差 s_h^2 为

$$s_h^2=\frac{\sum_{j=1}^{n_h}\left(x_{hj}-\bar{x}_h\right)^2}{n_h-1}\tag{3.12}$$

由分层抽样估计量方差的计算公式可知，分层抽样样本均值的方差仅由层内方差组成，当组间方差不为零时，分层抽样总是具有比简单随机抽样更高的抽样效率。当各层估计量之间的差异越大，其组间离差平方和的取值也就越大，分层抽样的优越性也就越显著。

分层抽样总体均值的样本估计量的抽样平均误差为

$$s_{\bar{x}}=\sqrt{\sum_{h=1}^{L}\frac{s_h^2W_h^2\left(1-f_h\right)}{n_h}} \tag{3.13}$$

当式（3.13）中各层的有限总体校正系数均趋向于 1，可以忽略不计时，这一抽样平均误差计算公式可以近似地简略为

$$s_{\bar{x}}=\sqrt{\sum_{h=1}^{L}\frac{s_h^2W_h^2}{n_h}} \tag{3.14}$$

3.4.3 分层抽样的样本配置

在分层抽样中，不仅抽样总体的分层关系到抽样效率，样本容量在各层之间的分配也影响到抽样的效率，因此需要在抽样总体分为若干层之后，再按照某一样本配置原则，将样本容量合理地分配到各层之中。常用的分层抽样样本容量的分配方法有比例配置和 Neyman 最佳配置。

1. 比例配置

按第 h 层总体单位数 N_h 占总体单位总数 N 的比重，来确定第 h 层样本容量 n_h 的样本配置方法称为比例配置，相应的分层抽样方法称为比例分层抽样，其样本容量配置公式为

$$n_h=\frac{N_h}{N}n \tag{3.15}$$

采用式（3.15）的比例配置方法进行的分层抽样属于等概抽样，其样本具有自加权的特征。

由分层抽样比例配置公式可知，分层抽样的样本配置需要总体在各层的单位数，或者总体单位数在各层中的分布结构作为辅助数据，来实施样本在各层中的分配。

2. Neyman 最佳配置

Neyman 最佳配置是既考虑各层单位数占总体单位数的比重大小，又同时考虑各层的总体标准差差异的分层抽样技术。Neyman 最佳配置的样本容量的分配公式为

$$n_h=\frac{N_hs_h}{\sum N_hs_h}n \tag{3.16}$$

采用式（3.16）的 Neyman 最佳配置方法进行的分层抽样属于不等概抽样。

由式（3.16）可知，分层抽样的 Neyman 最佳配置不仅需要总体在各层的单位数，还需要各层的总体标准差作为必要的辅助数据，来进行样本在各层中的分配。

同时，由式（3.16）可知，当各层的总体方差都相等时，Neyman 最佳配置退化为比例配置。

因此，可以将比例配置视为 Neyman 最佳配置在各层的总体方差都相等时的特例。只要各层的总体方差不等，通过 Neyman 最佳配置总可以获得优于比例配置的抽样效率。所以，在具备有关辅助资料的情况下，应该首选 Neyman 最佳配置方法来进行分层抽样的样本配置。

【案例】某市准备对全市人均收入水平进行一次抽样调查，现进行抽样设计和抽样误差的试算，对各种抽样方法的效率进行分析。若已知总体的有关数据如表3.1所示。

表 3.1　某市人均收入水平情况表

按收入水平分组	N_h/万人	$\overline{x}_h$/元	s_h/元
高收入	10	3 000	400
中收入	80	2 000	250
低收入	410	1 000	150
合计	500	—	—

取样本容量为250，试算

（1）分层抽样的样本均值。

（2）比例配置分层抽样的抽样平均误差。

（3）Neyman最佳配置分层抽样的抽样平均误差。

（4）简单随机抽样的抽样平均误差。

计算分层抽样的样本均值。由式（3.9），有

$$\overline{x}_{st}=\sum_{h=1}^{L}\overline{x}_h W_h=\sum_{h=1}^{L}\overline{x}_h\frac{N_h}{N}=1\,200\text{（元）}$$

详细的计算过程见表3.2。

表 3.2　某市人均收入水平计算表

收入水平	N_h/万人	$\overline{x}_h$/元	W_h	$\overline{x}_h W_h$ 元
高收入	10	3 000	0.02	60
中收入	80	2 000	0.16	320
低收入	410	1 000	0.82	820
合计	500	—	1.00	1 200

计算比例配置分层抽样的抽样平均误差。由于样本容量仅为250，与总体单位数500万相比是微不足道的，其抽样率趋于0，有限总体校正系数可以忽略不计，所以可以采用式（3.14）计算抽样平均误差。具体计算过程和结果如表3.3所示。所以，先采用式（3.15）配置样本，然后根据式（3.14）计算抽样平均误差。

表 3.3　某市人均收入水平比例配置分层抽样的抽样平均误差计算表

收入水平	N_h/万人	W_h	$n_h = 250W_h$	s_h/元	$\frac{s_h^2 W_h^2}{n_h}$
高收入	10	0.02	5	400	12.8
中收入	80	0.16	40	250	40.0
低收入	410	0.82	205	150	73.8
合计	500	1.00	250	—	126.6

得到比例配置分层抽样的抽样平均误差为11.25元。

计算Neyman最佳配置分层抽样的抽样平均误差。先采用式（3.16）配置样本。然后采用式（3.14）计算抽样平均误差。具体计算过程和结果如表3.4所示。

表 3.4　某市人均收入水平 Neyman 最佳配置分层抽样的抽样平均误差计算表

收入水平	N_h/万人	W_h	s_h/元	$N_h s_h$	$\frac{N_h s_h}{\sum N_h s_h}$	$\frac{250 N_h s_h}{\sum N_h s_h}$	$\frac{s_h^2 W_h^2}{n_h}$
高收入	10	0.02	400	4 000	0.046 784	12	5.472
中收入	80	0.16	250	20 000	0.233 918	58	27.360
低收入	410	0.82	150	61 500	0.719 298	180	84.132
合计	500	1.00	—	85 500	1.000 000	250	116.964

得到Neyman最佳配置分层抽样的抽样平均误差为10.82元。

可知在样本容量相同，均为250的条件下，Neyman最佳配置分层抽样的抽样平均误差要小于比例配置的分层抽样的抽样平均误差。其原因在于各层之间的标准差 s_h 不等，Neyman最佳配置考虑了总体分布的离散状态，在离散程度大的“高收入”组中适当增加了样本分配的比重，该组的样本容量 n_h 由比例配置的5个，增加到12个；相应地减少了总体分布的离散程度小的“低收入”组的样本容量 n_h，由比例配置的205个，减少到180个。

计算简单随机抽样的抽样平均误差。要根据式（3.2）计算出简单随机抽样下的样本均值的方差。具体计算过程和结果如表3.5所示。

表 3.5　某市人均收入水平总体方差计算表

收入水平	N_h/万人	$\bar{x}_h$/元	s_h/元	$N_h(\bar{x}_h - \bar{x})$	$\sum_{j=1}^{N_h}(x_{hj} - \bar{x}_h)^2$
高收入	10	3 000	400	32 400 000	1 600 000
中收入	80	2 000	250	51 200 000	5 000 000
低收入	410	1 000	150	16 400 000	9 225 000
合计	500	—	—	100 000 000	15 825 000

可得到该市人均收入水平总体方差为231 650，简单随机抽样的抽样平均误差为30.44元。约为分层抽样的3倍。

由表3.5可知，本例中层内离差平方和为15 825 000，而层间离差平方和为100 000 000；层内离差平方和仅为总离差平方和的13.66%，层间离差平方和为总离差平方和的86.34%。层间离差平方和占了总离差平方和的绝大比重，分层抽样可以明显地提高抽样效率。

3.5 整群抽样

3.5.1 整群抽样的特点

整群抽样（Custer Sampling）是先将总体划分为由抽样单位组成的若干群，以群为单元进行样本的抽取，然后对抽中群中的全部抽样单位进行观测和登记，并用以推断总体参数的一种抽样方法。一般整群抽样将抽样总体分为 R 群，采用随机抽样方式抽取其中的 r 群，并将抽中的 r 群中的全部抽样单位构成样本进行调查。整群抽样亦称为分群抽样。

整群抽样中的“群”，可以是自然形成的，也可以是人为划分的，整群抽样确定“群”的原则与分层抽样中的“层”存在本质的差别。分层抽样中划分“层”的目的是通过分层，体现出“层内的同质性，层间的差异性”，以提高抽样效率；整群抽样中对所抽中的群中的全部单位进行全面调查，所以整群抽样的抽样平均误差只与群间的差异有关，而与群内的差异无关。所以，整群抽样中“群”的划分原则与分层抽样中“层”的划分恰恰相反，需要体现出“群内的差异性，群间的同质性”，才能提高的抽样效率。

这里仅介绍各群抽样单位数（即群的大小）相等，并采用简单随机抽样方式抽取样本的整群抽样。

3.5.2 整群抽样的参数估计

假定每群的抽样单位数皆为 M，有第 i 个被抽中群的样本均值 $\overline{x}_i$ 为

$$\overline{x}_i = \frac{\sum_{j=1}^{M} x_{i,j}}{M} \tag{3.17}$$

用 $\overline{x}_{cl}$ 表示整群抽样的样本均值，有

$$\overline{x}_{cl} = \frac{\sum_{i=1}^{r}\sum_{j=1}^{M} x_{i,j}}{rM} = \frac{\sum_{i=1}^{r}\overline{x}_i}{r} \tag{3.18}$$

在整群抽样中，由于抽样总体所划分的群数 R 和构成样本的群数 r 都较小，因此需采用不重复

抽样方法抽取样本，以提高抽样效率。并且，正是由于整群抽样的抽样总体群数 R 和样本群数 r 都较小，整群抽样的有限总体校正系数明显地不趋于 1，因此不能忽略不计，必须加以考虑。所以，整群抽样的抽样平均误差计算公式为

$$s_{\bar{x}} = \sqrt{v(\bar{x}_{cl})} = \sqrt{\frac{\sum_{i=1}^{r}\left(\bar{x}_i - \bar{x}_{cl}\right)^2}{r-1}\left(1-\frac{r}{R}\right)} \tag{3.19}$$

由于整群抽样比较方便和节省调查登记费用，它也是实际中常用的组织形式。但由于其样本单位相对集中，降低了样本的代表性，其抽样效率一般低于同等样本容量的简单随机抽样。

假如以嵌套的方式，多次采用整群抽样的方式来抽取样本，即在抽中的群内在进行整群抽样，则称为多阶段抽样。多阶段抽样便于组织实施，但是会导致抽样效率的进一步损失，其抽样效率低于整群抽样。

3.6 必要样本容量

必要样本容量（Necessary Sample Size）是指将样本统计量估计总体参数时的误差程度控制在一定范围以内的所必须抽取的最小的样本容量。从费用的角度来看，必要样本容量是保证抽样所获得的总体参数估计量的误差程度在一定范围以内的最经济的样本容量。科学地确定这一必要样本容量是提高抽样效率的基本要求。

3.6.1 必要样本容量的依据

由抽样平均误差计算公式可以知道，决定某一抽样平均误差大小的因素，即决定抽样估计量精确程度的因素，有以下 4 个方面。

1. 总体方差 σ^2

总体方差反映了总体内部各个单位数值水平的变异程度。当总体方差数值较大时，说明总体内部各个单位数值水平的变异程度比较大，这时需要较大的样本容量才能保证所估计的数值具有一定的精确程度；反之，当总体方差数值较小时，说明总体内部各个单位数值水平的变异程度比较小，这时只要较小的样本容量就能保证样本估计量具有一定精确程度。

一般可以采用近期的总体方差 σ^2，或者是样本方差 s^2 来度量总体方差水平。

2. 样本容量 n

一般而言，抽取的样本容量越大，抽样所获得的信息量越多，估计量的精确程度越高，抽样平均误差越小。

3. 采用的抽样技术

抽样技术包括抽样框设计、样本配置、样本抽取、参数估计等方面，抽样技术的应用是与辅助数据的条件紧密联系的，效率高的抽样技术往往需要相应的辅助数据的支撑，例如按照有关标识排序的系统抽样，需要具备与调查内容联系密切的有关数据；分层抽样需要拥有各层的总体单位数数据，其中采用 Neyman 最佳配置的分层抽样还需要各层的总体方差数据等。在不同的辅助数据的基础上，不同的抽样技术的抽样，具有不同的抽样效率。

4. 抽样推断的概率度

在抽样过程中，需要预先确定置信水平的概率度，抽样技术中的概率度一般用 t 表示。该概率度反映总体真值落在某个数值区间之内的概率水平，表明误差范围的可靠程度。

因此，当已知总体方差、所采用的抽样技术以及要求的概率度时，就可以计算出实施这一抽样所必需的最小的样本容量，即必要样本容量。

在抽样技术中，一般将预先提出的抽样估计量精确程度用“允许误差”来表述，并记为 $\Delta_{\bar{x}}$。允许误差的计算公式为

$$\Delta_{\bar{x}}^2 = t^2 s_{\bar{x}}^2 \tag{3.20}$$

在式（3.20）中有三个因素，一个是允许误差 $\Delta_{\bar{x}}$，一个是概率度 t，这两个因素都是按照抽样的目的和要求人为确定的；还有一个就是抽样平均误差的平方，通常为样本均值的方差 $\sigma_{\bar{x}}^2$。因此，依据事先确定的允许误差 $\Delta_{\bar{x}}$ 和概率度 t 的水平，以及构成统计量的方差 $\sigma_{\bar{x}}^2$ 数值水平的总体方差 σ^2 和具体的抽样方法，可以推导出在不同的抽样方法下的必要样本容量计算公式。

3.6.2 必要样本容量的计算

1. 简单随机抽样

由式（3.20）出发，将重复抽样的简单随机抽样样本均值的方差 $\sigma_{\bar{x}}^2$ 计算公式代入到允许误差的计算公式中，即可解出在重复抽样的简单随机抽样场合的必要样本容量的计算公式，有

$$n = \frac{t^2 s^2}{\Delta_{\bar{x}}^2} \tag{3.21}$$

同样，可以得到在不重复抽样场合的简单随机抽样的必要样本容量的计算公式，有

$$n = \frac{t^2 s^2 N}{N\Delta_{\bar{x}}^2 + t^2 s^2} \tag{3.22}$$

2. 分层抽样

在分层抽样场合，当有限总体校正系数趋向于零，可以忽略不计时，有

$$\Delta_{\bar{x}}^2 = t^2 \frac{1}{N^2} \sum_{h=1}^{L} \frac{N_h^2 s_h^2}{n_h} \tag{3.23}$$

在比例配置时，各层的抽样率一致，即 $\frac{n_h}{N_h}=\frac{n}{N}$，有 $n_h=\frac{nN_h}{N}$，则可得到在比例配置下，并且将有限总体校正系数忽略不计时的必要样本容量计算公式，为

$$n=\frac{t^2\sum_{h=1}^{L}N_h s_h^2}{N\Delta_{\bar{x}}^2} \tag{3.24}$$

3. 整群抽样

各群的单位数（即群的大小）相等的情况下，并且采用简单随机抽样进行整群抽样时，先要计算出必要的抽取群数 r

$$r=\frac{t^2s^2R}{R\Delta_{\bar{x}}^2+t^2s^2} \tag{3.25}$$

然后再计算出必要样本容量，有

$$n=Mr \tag{3.26}$$

仍然采用表 3.1 所示的某市对全市人均收入水平进行一次抽样调查的有关数据。

计算在允许误差 $\Delta_{\bar{x}}$ 为 20 元，置信程度为 95.45%，即 $t=2$ 时的

（1）重复抽样场合的简单随机抽样的必要样本容量。

（2）不重复抽样场合的简单随机抽样的必要样本容量。

（3）比例配置分层抽样的必要样本容量。

计算重复抽样场合的简单随机抽样的必要样本容量。根据式（3.21），$\Delta_{\bar{x}}$ 为 20 元，$t=2$ 和样本方差为 231 650，有

$$n=\frac{t^2s^2}{\Delta_{\bar{x}}^2}=\frac{2^2\times 231\,650}{20^2}=2\,317\text{（人）}$$

计算不重复抽样场合的简单随机抽样的必要样本容量。根据式（3.22），$\Delta_{\bar{x}}$ 为 20 元，$t=2$，$N=5\times10^6$ 和总体方差为 231 650，有

$$n=\frac{t^2s^2N}{N\Delta_{\bar{x}}^2+t^2s^2}=\frac{2^2\times 231\,650\times 5\times 10^6}{5\times 10^6\times 20^2+2^2\times 231\,650}=2\,315\text{（人）}$$

由于式（3.22）的分母中包含不具有以万人为量纲的数据，所以总体单位数中的万人不能约去，必须计入公式之中。

显然，由于本例的总体单位数很大，有限总体校正系数趋于 1，可以忽略不计。在这种情况下，不重复抽样和重复抽样的简单随机抽样必要样本容量相差无几，可以使用重复抽样的简单随机抽样必要样本容量来计算不重复抽样场合下的简单随机抽样必要样本容量。

计算比例配置分层抽样的必要样本容量。根据式（3.24），$\Delta_{\bar{x}}$ 为 20 元，$t=2$ 和总体单位数 N，以及在表 3.5 中计算得到的层内方差 $\sum_{h=1}^{L}\sum_{j=1}^{N_h}\left(X_{hj}-\bar{X}_h\right)^2=\sum_{h=1}^{L}N_h s_h^2$ 数值为 15 825 000，有

$$n=\frac{t^2\sum_{h=1}^{L}N_h s_h^2}{N\Delta_{\bar{x}}^2}=\frac{2^2\times 15\,825\,000}{500\times 20^2}=317 \text{（人）}$$

式（3.24）的分子和分母中均包含以万人为量纲的数据，所以总体单位数中的万人可以约去。

计算结果表明，分层抽样明显优越于简单随机抽样。

3.6.3 根据费用函数确定样本容量

根据费用函数确定样本容量是在总费用一定的前提下，计算出能够抽取的最大的样本容量，以最大限度地提高抽样估计量精确程度。也可以将必要样本容量数据代入相应的费用函数，计算出满足必要样本容量所必需的最低调查费用。

我们用C表示抽样的总费用，它由抽样的固定费用和可变费用两部分组成。其中，用C_f表示抽样的固定费用；用C_v表示抽样的单位可变费用，即某一抽样平均调查每一调查单位的直接费用。

1. 简单随机抽样

在简单随机抽样场合，费用函数的计算公式为

$$C=C_f+nC_v \tag{3.27}$$

根据费用函数确定样本容量的计算公式为

$$n=\frac{C-C_f}{C_v} \tag{3.28}$$

2. 分层抽样

分层抽样的费用函数计算公式为

$$C=C_f+\sum_{h=1}^{L} n_h C_{v,h} \tag{3.29}$$

在采用样本比例配置的场合，由于有各层的抽样率一致，有

$$n_h=\frac{n\,N_h}{N} \tag{3.30}$$

所以，比例配置分层抽样根据费用函数确定样本容量的计算公式为

$$n=\frac{\left(C-C_f\right)N}{\sum_{h=1}^{L}N_h C_{v,h}} \tag{3.31}$$

若每层的单位变动成本都相等时，即$C_{v,1}=C_{v,2}=\cdots=C_{v,L}=C_v$时，比例配置分层抽样根据费用函数确定样本容量的计算公式与简单随机抽样相同。

3. 整群抽样

整群抽样的费用函数计算公式为

$$C=C_f+\sum_{i=1}^{r}M_i C_{v,i} \tag{3.32}$$

在各群的单位数（即群的大小）相等的情况下，有

$$C = C_f + M\sum_{i=1}^{r} C_{v,i} \tag{3.33}$$

每群的单位变动成本都相等时，即 $C_{v,1} = C_{v,2} = \cdots = C_{v,r} = C_v$ 时，可以利用费用函数来计算能够抽取的最大群数 r

$$r = \frac{C - C_f}{MC_v} \tag{3.34}$$

其样本容量为

$$n = M_r = \frac{C - C_f}{C_v} \tag{3.35}$$

3.6.4　样本容量的最终确定

在抽样调查中，样本容量的大小直接影响到抽样调查的精确程度，决定着抽样调查所需的费用、人员和时间。因此，因地制宜地科学计算样本容量是有效地实施抽样调查的重要内容。

（1）根据允许误差计算出来的必要样本容量是保证抽样数据精确程度所必需的最小样本容量，这是进行抽样必须抽取的样本容量的下限。

（2）根据费用函数计算出来的样本容量是在抽样总费用一定的情况下，能够抽取的最大样本容量。这一样本容量是进行抽样时可以抽取的样本容量的上限。

（3）为保证抽样数据在空间上和时间上的可比性，同时尽量节省调查费用，一般只需要按照允许误差计算出来的必要样本容量进行抽样。

（4）当出现根据费用函数计算出来的样本容量小于根据允许误差计算出来的必要样本容量时，说明调查总费用不能满足此次抽样的需要。这时，应调整抽样设计，或申请追加费用，以保证抽取必要的样本容量，确保抽样数据的质量。

（5）在计算样本容量时，由于尚未进行调查，公式中所采用的总体方差资料大多为历史数据，与实际的总体方差存在一定的误差，在具体计算时必须考虑这一因素，应适当地增大样本容量，保证对抽样平均误差的有效控制。

（6）在进行抽样费用预算时，要留有一定的余地，要考虑不可预见的费用支出，不能按照费用函数计算的结果满打满算地进行抽样调查费用的计算。这样才能使抽样调查工作拥有可靠的资金支持，得以顺利开展。

关键术语

抽样技术　　概率抽样　　非概率抽样　　等概抽样
不等概抽样　　简单随机抽样　　重复抽样　　不重复抽样
系统抽样　　分层抽样　　整群抽样　　必要样本容量　　费用函数。

思考与练习

1. 什么是概率抽样与非概率抽样？
2. 简述采用非概率抽样进行社会调查研究时应注意的问题。
3. 什么是等概抽样和不等概抽样？
4. 简述重复抽样、不重复抽样下简单随机抽样的特点，及其抽样平均误差的计算。
5. 简述什么是系统抽样。
6. 简述分层抽样的特点，及其抽样平均误差的计算。
7. 简述整群抽样的特点，及其抽样平均误差的计算。
8. 什么是必要样本容量，及其在不同抽样方法下的计算？

第4章 问卷设计

【学习目标】

掌握问卷结构、封闭性问题、备选答案，以及问题排列等问卷设计技术。

学习问卷的标准化设计。

掌握李克特量表的基本内容。

运用李克特量表进行问卷设计。

学习敏感问题的随机化处理。

4.1 问卷设计的基本问题

在社会调查研究专门组织的调查活动中，大量进行的是各类中小规模的专题调查，这类调查大多采用问卷调查方式进行，问卷调查是社会调查实务调查设计中的基本内容。

顾名思义，问卷调查就是采用调查问卷进行资料采集的社会调查，问卷设计是问卷调查的主要内容，科学的问卷设计是提高社会调查效率，保证社会调查资料质量的重要环节。

4.1.1 问卷结构

问卷结构由问卷的开始、主体和结束三个部分组成。

1. 问卷的开始部分

主要包括识别信息、问候语和填写说明三项内容。

识别信息一般由问卷编号、调查者和被调查者编码构成，用于问卷的识别，便于问卷数据的录入、检验、核对和校正。

问候语的内容包括简要介绍调查者的情况、调查的目的和意义，以及对被调查者合作表示感谢。有的问卷还要告知被调查者填写问卷后的信息反馈、报酬和奖励等情况。问候语一定要亲切、自然、诚恳，文字表述必须通俗易读、简洁清晰。问候语的目的就是消除被调查者的疑惑和顾虑，争取被调查者的认可和认同，进而积极主动地参与和配合问卷调查。

填写说明的目的是介绍正确填写问卷的方法。例如，对于问题类型的说明，对于封闭性问题中单选题和多选题的回答方式，对于开放性问题的回答方法等。

2. 问卷的主体部分

问卷的主体部分是调查问卷的核心内容，包括所有封闭性问题及其备择答案和开放性问题。

3. 问卷的结束部分

问卷的结束部分一般由被调查者的背景数据构成。例如调查者的性别、年龄、收入状态、受教育水平、职业类别、家庭人口、居住地区等，以便按照研究目的进行分类比较分析。被调查者的背景数据放在问卷的结束部分提出是一种规避被调查者的过度顾虑的设计技巧，以避免被调查者在没有对问卷的全面了解情况下，从自我保护的潜意识出发，排斥问卷调查，拒绝回答问卷，或提供虚假的回答。

4.1.2 封闭性问题及备选答案

问卷的主体由若干问题组成，其中主要形式为封闭性问题。封闭性问题及备选答案的设计是问卷设计的核心内容。

1. 封闭性问题的 6W 原则

封闭性问题的表达要准确，内容要完整。一般可以按照 6W 原则检查。即按照 Who（谁）、Where（何处）、When（何时）、Why（为什么）、What（是什么）、How（如何）6 个方面来判断。

2. 备择答案的完备性和周延性

封闭性问题备择答案要不重不漏。针对所提出的问题，备择答案要覆盖所有可能出现的状态，并且各项备择答案之间不能存在任何的遗漏、交叉或重叠，即保证封闭性问题备择答案的完备性和周延性。

3. 封闭性问题的中性语言和陈述句式

封闭性问题必须使用中性语言和陈述句式。要力求杜绝任何可能干扰被调查者的价值判断和真实状态的表述，问卷的问题里不应包含任何的情绪和倾向，不能使用任何具有感情色彩和价值判断的表述，也不能使用否定句、反问句、感叹句等，可能引发某种暗示和诱导效应的封闭性问题构造方式。例如，以下这两项封闭性问题，就不太恰当。

您反对这项规定吗？（1）坚决反对（2）反对（3）弃权（4）支持（5）坚决支持

您认为该饮料太甜了吗？（1）太甜（2）比较甜（3）适中（4）不够甜（5）很不甜

拟改为以下中性语言和陈述句式。

您对这项规定的态度（1）坚决反对（2）反对（3）弃权（4）支持（5）坚决支持

您认为该饮料的甜度（1）太甜（2）比较甜（3）适中（4）不够甜（5）很不甜

4. 封闭性问题表述的简洁和通俗

封闭性问题的表述要简洁、通俗。为了提高问卷的回答率和数据的准确性，封闭性问题表述要简洁，做到一目了然。同时，封闭性问题表述通俗易懂，尽量避免专业词汇，提高问卷的适用性。

5. 封闭性问题中敏感性问题的处理

在一般问卷调查中必须避免任何的敏感性问题，以免造成被调查者顾虑或反感，影响到整个问卷调查的质量。敏感性问题的调查必须通过专门的调查技术，对敏感问题进行随机化处理之后，专项组织进行，方可以取得可信的调查数据。（问卷的随机化处理方法请参见本章的“4.3 敏感问题的随机化处理”）。

4.1.3 问卷中的问题排列

问题排列也是问卷设计中的一个基本的技术。

1. 问题排列的层次性和逻辑性

问题的排列应具有层次性和逻辑性，符合人们思维习惯。前后相继的问题应力求反映事物的因果关系和递进的思维层次。问题排列的层次性和逻辑性也是“过滤”性问卷设计的基本要求。

2. 问卷设计的“过滤”排列

“过滤”性问卷设计的问题排列。原先“过滤”性问卷设计主要用于对被调查者的身份甄别，随着网络的迅猛发展，网上调查日益普及，借助计算机信息技术支撑，越来越多的网上调查采用了“过滤”性问卷设计，提高了调查的效率，改善了问卷调查的人机对话环境，强化了个性化色彩。“过滤”性问卷设计要求问题排列构成逻辑的树状结构。

3. 问题排列的先易后难

将简单、容易、直观的问题放在问卷的前面，降低被调查者的可能的抗拒，使被调查者比较容易地进入答题角色，快速地开始答题，顺利完成问卷中所有问题的回答。

4. 开放性问题的排列

开放性问题属于非标准化问题，其数据需要调查人员事后进行人工分类整理，才能进行数据的录入和处理，增加了问卷处理的工作量。由于开放性问题的非标准化特征，被调查者不能简单地选择已有的备择答案的方式完成问卷调查，而是需要自行组织语言回答，增加了调查的难度。因此，在问卷调查中开放性问题处在配角的地位，作为封闭性问题的补充，并且尽量不用或者少用。

开放性问题的排列要从属于封闭性问题的要求，一般有两种方式，有关全局性的开放性问题放在整个问卷主体部分的末尾；相对某类具体封闭性问题的开放性问题，放在这类封闭性问题的末尾。

4.2 问卷的标准化设计

4.2.1 主观评价问题与定序尺度量表

在社会调查的调查问卷设计中，对于主观评价问题，应尽量采用定序尺度量表设计。主观评价问题本身就具有好坏、高低、优劣的差异，属于定序尺度度量的对象；定序量表是比定类尺度量表高一个层次的计量尺度（参见6.1数据的计量尺度与度量标准），假若采用定类尺度设计就会白白损失信息量，同时定序尺度是过渡到定距尺度的基础要求，是在社会调查实务中采用参数统计分析的基本要求。

社会调查中的主观评价问题本身就具有定序尺度量表的属性，假若在问卷设计中忽略了这一属性，封闭性性问题的备选答案不具有明确的顺序特征，就违背了这类主观评价问题的基本属性，使得后续的社会调查分析及其数据处理面临困扰。例如，面对不具有定序尺度量表属性的社会调查资料的分类整理，需要依赖调查研究人员的专业水平和个人评判，难以做到完全的一致，由此而产生的调查误差同样不可避免了。

【案例】以“A市市民公交车服务状况评价研究”案例中的第一项一级指标“1：公交车的便捷性”之下的第一个二级指标“1.1 公交车的站牌及路线标识”为例。不具有确定顺序的不合适的备选答案为：

公交车的站牌及路线标识（1）清晰（2）不清晰（3）说不清楚（4）其他

备选答案的“(3）说不清楚”和“(4）其他”就不好确定其顺序等级，应改为具有明确顺序的5级量表形式的备选答案。

公交车的站牌及路线标识（1）很不清晰（2）不清晰（3）一般（4）清晰（5）很清晰

这样的备选答案就具有清晰的顺序特征，使得所采集的数据具有定序尺度的属性。

李克特量表就是一种典型的定序尺度量表，可以很好地满足社会调查实务中对于主观评价问题的问卷设计需要。

4.2.2 李克特量表

李克特量表（Likert Scale）是一种评分加总式量表。在社会调查研究中得到广泛应用。李克特量表将社会调查研究的基本问题（即一级指标）分解为充分多的（一般为20个以上），相互联系的次级问题（即二级指标），并且这些次级问题的备选答案都具有可以排序的属性，并采用5级或者7级量表，来获得具有定序尺度属性的被调查者个体主观评价的原始数据，并以加总的方式来计算社会调查研究的基本问题的综合数值。

在李克特5级量表中，对应每一问题，有5项备选回答，按照具体特征依序排列，以实现定序尺度的要求，分别记为1、2、3、4、5。必须强调，这5个数字只是一个对应于被调查者主观评价的有序代码，因此称为定序量表，所采集资料的为定序尺度数据。

【案例】以“A市市民公交车服务状况评价研究”案例中的第一项一级指标“1：公交车的便捷性”之下的二级指标“1.1 公交车的站牌及路线标识”、“1.2 公交车的站点间距离”、“1.3 寻找公交车站点”等为例，采用李克特5级量表设计。

公交车的站牌及路线标识（1）很不清晰（2）不清晰（3）一般（4）清晰（5）很清晰

公交车站点的间距（1）很不合适（2）不合适（3）一般（4）合适（5）很合适

寻找公交车的站点（1）很不容易（2）不容易（3）一般（4）容易（5）很容易

……

李克特量表直接得到的只是定序尺度资料，但是其最终目标是要使得加总计算获得的综合数值具有定距尺度属性，可以采用参数统计方法、计算平均数、标准差、Pearson 矩相关系数、*t* 检验量、*F* 检验量等数值，构建相关的社会研究计量模型，深入地开展社会调查研究。所以，希望每一个二级指标的备选答案不仅具有明晰的有序特征，还要求有序的备选答案之间的间隔力求一致，尽量趋于等距。

因此，可以采用视觉化量表的形式来强化李克特量表设计，将备选答案表现为一条平均分为 5 等份（或 7 等份）的水平线，在水平线的两端给出两个极端的备选答案，中间的备选答案则删去。通过视觉化量表中均等划分的水平线，暗示被调查者在进行回答时要考虑到定序量表的有序的代码，即备选答案的 1、2、3、4、5 这 5 个数字之间的间隔是相等的，进而进行选择回答。仍然以“A 市市民公交车服务状况评价研究”为例，其李克特 5 级量表，就可以采用视觉化量表的形式来进行设计。

【案例】公交车的站牌及路线标识　（1）很不清晰（2）　（3）　（4）　（5）很清晰

公交车站点间距　（1）很不合适（2）　（3）　（4）　（5）很合适

寻找公交车站点　（1）很不容易（2）　（3）　（4）　（5）很容易

……

还可以通过调整问题的表述，使得备选答案表述简约化、同一化，进一步强化视觉化量表的等距暗示。例如

很不满意　非常满意

您对公交车的站牌及路线标识的评价　（1）　（2）　（3）　（4）　（5）

您对公交车站点间距的评价　（1）　（2）　（3）　（4）　（5）

您对寻找公交车站点的评价　（1）　（2）　（3）　（4）　（5）

……

李克特量表是一种具有标准规范的调查问卷设计方法，调查人员依照该量表的要求，就可以规范地进行基于李克特量表的问卷设计，得到符合要求的调查问卷。李克特量表等距分级的定序尺度

模式，简洁明了，被调查者容易理解量表的要求，能够方便地在调查量表上给出与本人评价一致的选择。因此，采用李克特量表设计调查问卷有助于提高信度。

李克特量表还是一种高效的量表，能够通过二级指标评分加总的方式，得到具有定距尺度的一级指标综合数值，充分地满足社会调查研究计量分析和实证研究对于数据量表尺度精确程度的要求。

4.2.3 标准化问卷

标准化问卷是指在社会调查研究实践中，统一对调查问卷的每个环节进行规范的设计，按照科学的统一标准，来规划和实施问卷设计。

封闭性问题及备选答案的设计不仅是问卷设计的核心内容，更是标准化问卷设计的核心内容。标准化问卷的主体部分必须采用标准化的封闭性问题及备选答案构成。因此，狭义的标准化问卷指的就是问卷的主体部分的标准化。

标准化问卷设计的目的是降低调查中的调查误差，提高社会调查研究的效度和信度，为科学的量化分析和实证研究奠定基础。其基本要求有以下几点。

（1）问卷标准化要求测量量表的标准化。在同一个调查问卷中只采用，或者基本只采取一种形式的测量量表，可以显著降低被调查者对于调查问卷的认知难度，方便问卷调查的开展，获得被调查者的真实状况。

（2）问卷标准化要求备选答案的标准化。在同一个调查问卷中统一备选答案的表述形式。即要统一每一备选答案的备选项数，是5项还是7项要统一起来，不要有的是5项，有的是7项，不利于被调查者选答，以及后续的调查资料整理处理。

（3）问卷标准化要求计量尺度的标准化。在同一个调查问卷中要统一主观问题的量表尺度，要采用定序尺度进行主观评价问题的问卷设计。

（4）问卷标准化要求视觉化形式的标准化。在同一个调查问卷中要统一视觉化量表的表现形式，以便于被调查者适应调查问卷备择答案的样式，引导被调查者如实有效地给出自己真实的评价。

李克特量表符合问卷标准化的一般要求，是构建标准化问卷的理想工具。

4.2.4 一个简化的示例

为了方便读者的阅读和学习，以及跟随本书的进度运用SPSS 20进行同步试算，学习和掌握相关的数据分析方法，给出了一个简化了的社会调查实务具体案例——“A产品问卷调查”。在后续的数量分析中，本书基本采用该实务案例进行试算，结合试算来深入讲述相关的概念和理论。在学习有关章节时，可以采用该案例的数据使用SPSS 20进行试算，强化读者的自学能力，通过自我预习和课外复习来深刻理解和全面掌握SPSS 20在社会调查实务中的运用，提高独立从事社会调查的专业素养和实际能力。

为了方便读者的学习和试算，该“A产品问卷调查”是一个简化了的社会调查实务示例。该简化示例设置了“产品营销”“产品品质”“产品价格”和“个人特征”共4项一级指标。其中，“个人特征”属于客观数据，即所谓事实性数据；其他3项为主观数据，即所谓评价性数据，这3项主观数据的一级指标各设置了5项二级指标，均采用李克特量表设计。

【案例】以下即为“A产品问卷调查”（简化示例）调查问卷的基本框架。其中4项。一级指标名称在实际的调查问卷中是不用出现的，这里只是为了说明示例中二级指标与对应的一级指标的相互关系。

****

对A产品的消费者调查问卷（简化示例）

亲爱的用户朋友，您好！

为了更好地满足您的需求，特邀请您参加此项调查。您宝贵的意见将帮助我们进一步提高A产品品质，完善A产品服务。

本问卷的题目均为单选题，在您认为合适的选项后的“(　)”中，打上“√”即可。

本调查不记名，您不要有任何顾虑，请按照您心中的评价填写。

谢谢您的大力支持！

A产品提供商

某社会调查机构

（1 产品营销）

（1）您对A产品的产品包装的评价

1很不满意（　）2不满意（　）3一般（　）4满意（　）5非常满意（　）

（2）您对A产品的货架摆放的评价

1很不满意（　）2不满意（　）3一般（　）4满意（　）5非常满意（　）

（3）您对A产品的产品广告的评价

1很不满意（　）2不满意（　）3一般（　）4满意（　）5非常满意（　）

（4）您对A产品的导购服务的评价

1很不满意（　）2不满意（　）3一般（　）4满意（　）5非常满意（　）

（5）您对A产品的系列设计的评价

1很不满意（　）2不满意（　）3一般（　）4满意（　）5非常满意（　）

（2 产品品质）

（6）您对A产品的分切方式的评价

1很不满意（　）2不满意（　）3一般（　）4满意（　）5非常满意（　）

（7）您对A产品的营养成分的评价

1很不满意（　）2不满意（　）3一般（　）4满意（　）5非常满意（　）

（8）您对A产品的保质时间的评价

1很不满意（　）2不满意（　）3一般（　）4满意（　）5非常满意（　）

（9）您对A产品的产品口味的评价

1很不满意（　）2不满意（　）3一般（　）4满意（　）5非常满意（　）

（10）您对A产品的清洁卫生的评价

1很不满意（　）2不满意（　）3一般（　）4满意（　）5非常满意（　）

（3 产品价格）

（11）您对A产品价格水平的评价

1很不满意（　）2不满意（　）3一般（　）4满意（　）5非常满意（　）

（12）您对A产品的组合优惠的评价

1很不满意（　）2不满意（　）3一般（　）4满意（　）5非常满意（　）

（13）您对A产品的节日优惠的评价

1很不满意（　）2不满意（　）3一般（　）4满意（　）5非常满意（　）

（14）您对A产品的会员优惠的评价

1很不满意（　）2不满意（　）3一般（　）4满意（　）5非常满意（　）

（15）您对A产品的限时打折的评价

1很不满意（　）2不满意（　）3一般（　）4满意（　）5非常满意（　）

（4个人特征）

（16）您是　1男士（　）　0女士（　）

（17）您居住在　1甲区（　）　2乙区（　）　3丙区（　）　4丁区（　）

（18）您学历是　1高中及以下（　）　2中专和大专（　）　3本科及以上（　）

****

本“A产品问卷调查”简化示例调查给出了110位被调查者的资料，原始数据和有关中间计算数据，请参见附录1、附录2和附录3中的相关表格。

实际的“A 产品问卷调查”（简化示例）调查问卷采用了视觉化量表的设计，进一步突出备选答案的定序量表特征，强化备选答案对被调查者的等距暗示，来提高问卷设计的信度和效度。该视觉化量表的“A产品问卷调查”（简化示例）调查问卷，参见附录4。

4.3 敏感问题的随机化处理

4.3.1 随机化处理的基本公式

在社会调查研究中，所谓敏感问题是指一些涉及个人隐私问题，触及社会道德规范，关系个人利益和人际关系的一些问题。例如家庭收入水平，考试作弊现象，偷逃税款行为、个人感情状态，两性问题、吸毒问题、对领导和同事的个人评估、对所在单位制度改革的评价等等。在进行敏感问题调查时，人们出于自我保护的自然反应，不是拒绝回答，就是给予虚假回答，难以达到社会调查的目的，这时就需要对敏感问题进行随机化处理。

敏感问题的随机化处理是使这类调查中的回答在随机状态下进行，调查者无法识别具体被调查者对于敏感问题的具体倾向，但可以计算出该调查总体中对于所调查的敏感问题次数分布的估计量。在敏感问题的随机化处理下，被调查者在其个人真实观点和具体回答得到完全屏蔽，并让被调查者得知这种完全屏蔽是确实有效的，从而打消被调查者的顾虑，真实地回答问卷调查中的敏感问题。因此，随机化处理的问卷调查可以真实有效地获得普通调查方法无法取得的敏感问题数据。

敏感问题的随机化处理的基本形式为沃纳（Warner）于 1965 年提出的沃纳模型。沃纳模型在进行调查之前需要准备好 N 个备择答案，并将这 N 个备择答案分为“对”和“不对”两类，具体形式可以是两类不同的卡片、两种颜色不同的彩球等。其中为“对”的备择答案数目为 N_A 个，“不对”的备择答案数目为 $N-N_A$ 个。由被调查者当场随机抽取其中一个，然后针对具体的敏感问题和抽中的备择答案回答“是”或“不是”。由于调查人员不知道被调查者随机抽取的备择答案为“对”还是“不对”，因此不可能仅凭回答“是”或“不是”得知被调查者的具体倾向和选项，以此来保护被调查者的权益和隐私，激励被调查者如实回答。

设总体中 A 类特征人数的比重为 π_A，B 类特征人数的比重为 $1-\pi_A$，样本容量为 n，回答“是”的人数为 n_1；随机抽取的备择答案中为“对”的比重为 $P=N_A/N$，备择答案中为“对”的比重为 $1-P=\left(N-N_A\right)/N=1-N_A/N$。在两种情况下被调查者回答应为“是”。第一种情况，被调查者具有 A 类特征，抽中“对”的备择答案，其比重为 $P\cdot\pi_A$；第二种情况，被调查者具有 B 类特征，抽中“不对”的备择答案，其比重为 $(1-P)(1-\pi_A)$。合并这两种情况，则有回答“是”的人数比例为

$$\frac{N_Y}{N}=P_A\cdot\pi_A+\left(1-P_A\right)\left(1-\pi_A\right)=\pi_A\left(2P_A-1\right)+\left(1-P_A\right) \tag{4.1}$$

由样本容量为 n，回答“是”的人数为 n_1，根据式（4.1）可解出总体中 A 类特征人数的比重 π_A 估计量的计算公式

$$\hat{\pi}_A=\frac{n_1}{n}\cdot\frac{1}{2P-1}-\frac{1-P}{2P-1}\left(P\neq\frac{1}{2}\right) \tag{4.2}$$

4.3.2 随机化处理的一个示例

【案例】假定在某大学校园对在校本科学生进行一次随机化处理的敏感问题问卷调查，调查问卷中包括了5个敏感问题。采用随机抽取卡片的方式进行了随机化处理，事先准备好的卡片注有“对”与“不对”两种，其为“对”的卡片占卡片总数的比例为0.4。该次调查一共随机抽取了100个被调查者，针对5个敏感问题和所随机抽取的卡片回答“是”和“不是”，来表明自己的态度。调查结果回答“是”的人数分别为50、48、44、53、57。

在这个示例中，有样本容量$n=100$，回答“是”的人数n_i分别为 50、48、44、53、57；随机抽取备择答案“对”的比重$P=0.4$。则可以基于沃纳模型，采用式（4.2）计算出每个敏感问题为“对”的总体比例π_i的估计量。

可以采用Excel，根据式（4.2）来构造相关函数进行计算。

第一步建立一个Excel计算表。进入Excel打开一个活动窗口，按照数据处理的要求建立一个6行乘3列的表格，将敏感问题的“题号”和“回答‘对’的人数”数据填入到相应的表格里，为计算估计量做好准备。如图4.1所示。

	A	B	C	D	E	F
1						
2			敏感问题随机化处理的例题的计算			
3			题号	回答“对”的人数	“是”的比例	
4			1	50		
5			2	48		
6			3	44		
7			4	53		
8			5	57		
9						

图 4.1 建立一个敏感问题随机化处理的 Excel 计算表

第二步构造敏感问题随机化处理估计量计算公式。即在选中的活动单元键入敏感问题随机化处理估计量计算公式。假若，选中对应于第一个敏感问题的活动单元为E4，则在E4中键入公式“=((D4/100)/(2*0.4−1)−(1−0.4)/(2*0.4−1))”，公式的D4为第一个敏感问题中回答“是”的人数n_i的所在单元，其具体数据为50。这时，在Excel应用窗口上端的公式条内，也会同步显示出在活动单元E4中所键入的公式。这样即可计算出第一个敏感问题为“对”的总体比例π_i的估计量为50%。如图4.2所示。

Excel中的公式遵循一个特定的语法或次序：最前面是等号（=），后面是参与计算的元素（运算数），这些参与计算的元素又是通过运算符隔开的。每个运算数可以是不改变的数值（常量数值）、单元格或引用单元格区域、标识、名称或工作表函数。

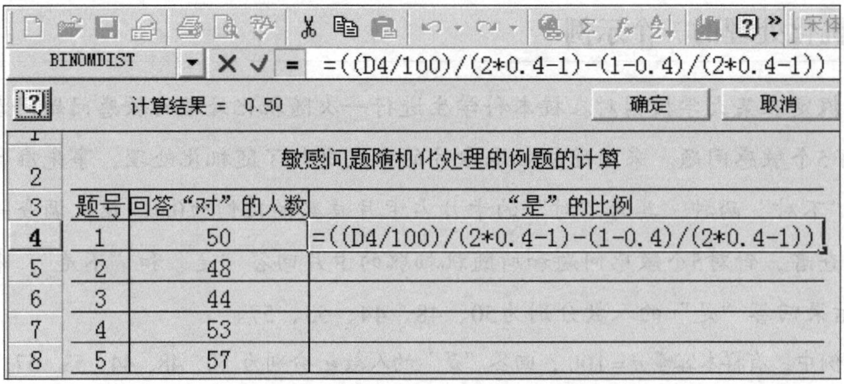

BINOMDIST =((D4/100)/(2*0.4-1)-(1-0.4)/(2*0.4-1))

计算结果 = 0.50 确定 取消

2	敏感问题随机化处理的例题的计算		
3	题号	回答“对”的人数	“是”的比例
4	1	50	=((D4/100)/(2*0.4-1)-(1-0.4)/(2*0.4-1))
5	2	48	
6	3	44	
7	4	53	
8	5	57	

图 4.2 构造敏感问题随机化处理的计算公式

Excel从等号（=）开始（根据运算符优先次序）从左到右执行计算。可以使用括号组合运算来控制计算的顺序，使用括号括起来的部分将先执行计算。

第三步用Excel复制公式的方法完成所有估计量的计算。Excel的数据和公式的复制功能为简化运算，避免计算错误和数据录入差错引起的登记性误差提供了有效的技术支持。

首先，选定包含需要复制的公式所在的单元格，在本例中为E4。然后将鼠标的十字标记移向该单元格的右下端，当鼠标的十字标记由空心转为实心时，按鼠标左键，用鼠标拖动填充柄经过需要填充数据的单元格，在本例中为E5至E8，然后释放鼠标左键。如图4.3所示。

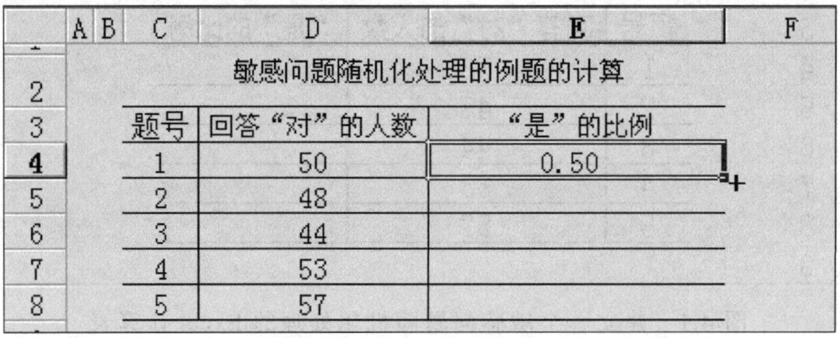

	C	D	E
2	敏感问题随机化处理的例题的计算		
3	题号	回答“对”的人数	“是”的比例
4	1	50	0.50
5	2	48	
6	3	44	
7	4	53	
8	5	57	

图 4.3 用复制的方法完成估计量的计算

这样，就完成了全部5个敏感问题估计量的计算，结果如图4.4所示。

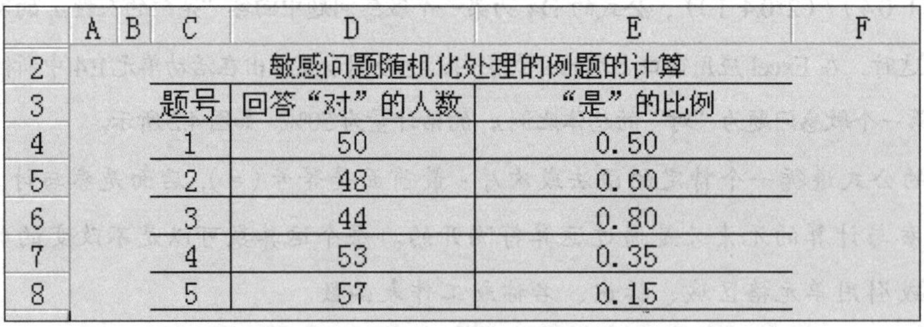

	C	D	E
2	敏感问题随机化处理的例题的计算		
3	题号	回答“对”的人数	“是”的比例
4	1	50	0.50
5	2	48	0.60
6	3	44	0.80
7	4	53	0.35
8	5	57	0.15

图 4.4 估计量的计算结果

关键术语

问卷设计　问卷结构　封闭性问题　备选答案

李克特量表　敏感问题　标准化问卷　随机化处理

思考与练习

1. 简述问卷设计的基本问题。
2. 说一说封闭性问题及其备选答案对于问卷设计的重要性。
3. 简述问卷的标准化设计。
4. 简述李克特量表的特点。
5. 简述什么是敏感问题的随机化处理。
6. 试使用Excel进行敏感问题的随机处理。
7. 在第2章的“独立拟定一个简单的社会调查研究大纲设计”基础上，进行问卷设计。
8. 运用李克特量表完成问卷的标准化设计。

第5章 SPSS 20基本知识

【学习目标】

了解SPSS软件推出及其发展的历程。

学习并掌握SPSS 20的安装和启动。

学习并掌握SPSS 20的菜单和输出。

随着统计学的发展和计算机的普及运用，各种用于社会调查研究的统计分析软件，例如 SAS、SPSS、EViews 等不断涌现，为人们借助统计方法和数据分析认识世界提供了更加便捷的工具和手段，将人们从复杂的数据计算中解脱出来。数据分析软件的发展，也进一步推动了社会调查研究和统计方法的发展完善。

SPSS 软件是当今世界上应用最为广泛的一种社会调查研究的统计分析软件，SPSS 软件是运用多元统计分析方法进行数据分析的首选软件。SPSS 软件界面友好、使用方便、功能齐全，是世界上应用最广泛的专业统计软件。

SPSS 软件不仅在数据分析的社会实践中得到有效运用，并且在科学研究领域也被一致认可，在国际学术界有条不成文的规定，在国际学术交流和学术研究成果中，凡是采用 SPSS 软件完成的数据处理和统计分析，均只需指明采用的统计方法，而不必给出具体算法。SPSS 软件已经成为人们在社会调查研究中进行数据分析和实证研究的利器，一个强大有效的数据分析统计软件。

5.1 SPSS 软件的发展沿革

5.1.1 SPSS软件的名称

问世之初，SPSS 的名称为 Statistical Package for the Social Sciences（社会科学统计软件包），说明最初 SPSS 就是为了满足社会科学，包括社会调查研究进行统计分析和数据处理的实际需要，而推出的专业的统计软件。SPSS 的问世有力地推动了社会调查研究方法的发展和完善，社会调查研究实务又对 SPSS 提出了新的要求和实际课题，反过来促进了 SPSS 的完善和改进。

随着 SPSS 产品服务领域的扩大和服务深度的增加，实际使用 SPSS 软件的用户不再仅仅局限于社会科学领域，医学、药学、农学等传统的工科学科大量等应用 SPSS 进行统计分析。为了适应软件服务范围的拓展，SPSS 公司于 2000 年将 SPSS 软件正式更改为统计产品与服务解决方案

（Statistical Product and Service Solutions）。2000 年 SPSS 软件名称的更替，标志着该软件战略方向的重大调整。

2009 年 4 月期间，SPSS 公司一度将 SPSS 软件的名称改为 PASW（Predictive Analytics Software Statistical）Statistical（预测分析统计软件），几乎使得人们已经熟悉的 SPSS 软件退出历史舞台。幸亏在同年 9 月 IBM 公司收购了 SPSS 公司，将 SPSS 软件的商品名改回为 IBM SPSS Statistical。

因此，现在 SPSS 软件的正式名称为 IBM SPSS Statistics。不过，广大用户都习惯简单地称其为 SPSS。

5.1.2 SPSS软件的发展

SPSS 是世界上最早的统计分析软件之一。

SPSS 软件在 20 世纪 60 年代末由美国斯坦福大学的 3 位研究生研制成功。他们以 SPSS 为核心产品成立了 SPSS 公司，于 1975 年在芝加哥组建了 SPSS 总部，确立了以统计分析软件和数据分析服务作为 SPSS 公司的发展方向。

1984 年 SPSS 公司首先推出了世界上第一个个人计算机版本的统计分析软件 SPSS/PC+，扩充了 SPSS 的应用范围，由此开创了 SPSS 微机系列产品的开发。在 SPSS/PC+4 版本实现了以图形菜单为操作界面，成为了世界上首先采用图形菜单的统计软件，开创了统计软件现代操作框架体系的新时代。

1992 年，随着个人计算机迈入了 Windows 时代，SPSS 公司再次率先推出了基于 Windows 操作系统的个人计算机版 SPSS/PC+统计分析软件，很好地满足了市场的需求变化，迅速地扩大了 SPSS 软件的市场份额，从此 SPSS 公司进入了高速发展的快车道，在努力拓展自有产品市场份额的同时，开始了大举收购同类公司的进程，例如陆续收购 SYSTAT、Jandel 等公司。

1977 年以来，SPSS 公司进一步并购了 Quantime、ISI、ShowCase、NetGenesis、LexiQuest、neyExs 等公司，使 SPSS 公司由原来的单一统计产品开发与销售业务，迅速拓展为向企业、教育科研及政府机构提供全面信息统计决策支持服务的综合性统计分析服务公司，成为了统计分析领域前沿的综合统计软件公司之一，一个现代意义下的大型公司。随着 SPSS 公司的产品日益丰富，SPSS 软件在公司产品中的相对份额以及在 SPSS 公司产品系列中的重要地位渐次降低。不过，在并购的进程中，SPSS 软件也得到了被并购公司的软件技术和专业人才的支持和促进，在此期间推出了著名的 SPSS 11 版，SPSS 11 版以其完备的统计方法配置和显著的系统稳定性，得到了用户的一致好评。

2003 年之后，SPSS 公司的产品重心逐步转向预测分析领域，SPSS 软件虽然也推出了经典的 SPSS 13 版，以及 SPSS 17 版等优秀的产品，但是 SPSS 软件在公司的高低搭配的产品体系中的地位逐渐下降。

2009年以来，IBM公司成为了SPSS软件的新东家，随着SPSS 19版和SPSS 20版的相继推出，SPSS软件界面已经完全改换为IBM的蓝色色系。有幸的是IBM公司只对SPSS软件进行了有限的修改和补充，而SPSS软件的统计方法体系和数据处理框架，依然保持了原有的内容和模式，依然是广大用户所熟悉和喜爱的风格。

本教材以IBM SPSS Statistics 20版软件（以下简称为SPSS 20）为基础，具体介绍SPSS软件在社会调查实务方面的应用。

5.1.3 SPSS 20的特征

1. SPSS 20的易用性特征

SPSS 20最突出的特点就是操作界面友好。SPSS 20使用Windows的窗口方式展示各种管理和分析数据方法的功能，使用对话框展示出各种功能选择项，只要掌握一定的Windows操作技能，粗通统计分析原理，就可以使用该软件为特定的科研工作服务，因此SPSS 20成为非专业统计人员的首选统计软件。在众多用户对国际常用统计软件SAS、BMDP、GLIM、GENSTAT、EPILOG、Minitab的总体印象的社会调查研究中，SPSS 20的多项功能均获得最高分。

SPSS 20采用类似Excel表格的方式输入与管理数据，数据接口较为通用，能方便地从其他数据库中读入数据，其统计过程包括了常用的、较为成熟的统计过程，完全可以满足非统计专业人士的工作需要。对于熟悉老版本编程运行方式的用户，SPSS 20还特别设计了语法生成窗口，用户只需在菜单中选好各个选项，然后按“粘贴”按钮就可以自动生成标准的SPSS 20程序，极大地方便了各类用户。

SPSS 20提供了3种基本运行方式，即完全窗口菜单方式、程序运行方式、混合运行方式。程序运行方式和混合运行方式是使用者从特殊的分析需要出发，编写自己的SPSS 20命令程序，通过语句直接运行。在本教材中，只介绍完全窗口菜单管理方式，这种操作方式简单明了，除数据输入工作需要键盘外，大部分的操作命令、统计分析方法的实现是通过菜单、图标按钮、对话框来完成的。

SPSS 20中使用的对话框主要有两类，一类是文件操作对话框，文件操作对话窗口操作与Windows应用软件操作风格一致；另一类是统计分析对话框，统计分析对话框可以分为主窗口和下级窗口，在该类对话框中，选择参与分析的各类变量及统计方法是对话框的主要任务。

2. SPSS 20的功能性特征

SPSS 20的基本功能包括数据管理、统计分析、图表分析、输出管理等，具体内容包括描述统计、列联表分析、总体的均值比较、相关分析、回归模型分析、聚类分析、主成分分析、时间序列分析、非参数检验等多个大类，每个类中还有多个专项统计方法。SPSS 20设有专门的绘图系统，可以根据使用者的需要将给出的数据绘制各种图形，能够满足用户的不同需求。

3. SPSS 20的兼容性特征

SPSS 20 可以工作在两种模式下，单机模式和作为网络系统的用户界面模式，SPSS 20 for Windows 软件包可以运行在微软公司的 Windows XP、Windows 8 和 Windows 10 等操作系统之下。

SPSS 20 可以直接将 SPSS 20 数据文件保存为 Excel 工作表，也可以直接打开一个 Excel 工作表，因此，为了方便数据录入，应在操作系统下安装一个 Excel 软件。另外，许多数据在处理之前可能保存在某个数据库中，例如 FoxBase、Sybase、SQLServer、Oracle 等，若需要从这些数据库中获取数据，则应在计算机操作系统下安装相应的数据库管理系统。

SPSS 20 的主要界面有数据编辑窗口和结果输出窗口。数据编辑窗口与微软的 Excel 类似，不同的是 SPSS 20 的统计功能更多，更加强大；SPSS 20 的结果输出窗口是显示统计分析的结果，此窗口的内容可以以结果文件（*.spo）的形式保存。数据编辑窗口和结果输出窗口的详细描述将在有关 SPSS 20 的数据文件建立的内容中查到。

SPSS 20 对一些基本模块中的统计提供了帮助，可以通过其 Help 菜单中的 Statistics Coach 命令，选择所需要的统计指导。

4. SPSS 20的扩展性特征

这是 SPSS 20 的一个相对滞后的方向，一直以来遭受人们的诟病。SPSS 20 通过与 R 语言的直接对接，实现了 SPSS 20 扩展性的强势突破。R 语言是一个著名的免费统计软件自由开发平台，所有统计分析和数据处理的最新方法和前沿成果，都可以在 R 语言中找到对应的软件包。SPSS 20 通过直接调用 R 语言的软件包，实现了与最先进统计方法的对接，很好地解决了 SPSS 20 的扩展性问题。

5.2 SPSS 20的基本操作

5.2.1 SPSS 20的安装

SPSS 20 的安装文件一般放置在光盘介质中，分为 32 位和 64 位两种，使用者应根据各自计算机操作系统进行选择。

SPSS 20 在 Windows 系统下的安装，与一般的软件并无多少差异，启动 Windows，并将 SPSS 20 系统安装盘插入 CD-ROM 光盘驱动器。启动安装光盘上的安装程序，按照提示，一步一步进行操作即可。

在安装过程中选择使用语言时，一般选择简体中文“Chinese（Simplified）”或者英文“English”。

SPSS 20 在初始安装完毕之后，还必须进行激活。运行 SPSS 许可证向导，选择注册软件的类型和序列号进行激活。只有在按照相关提示进行激活操作之后，才最终完成 SPSS 20 的安装，方可正常使用所购买的SPSS 20的相应模块。

用户在同一台计算机中可以安装不同版本的SPSS 软件。例如，可以在已经安装了SPSS 20的计算机上，同时再安装SPSS 17，SPSS 11等其他版本的SPSS软件。只要将不同版本的SPSS软件安装在不同的目录之下便可，同一台计算机中所安装的不同版本的SPSS 软件，均可以正常使用，不会发生冲突。

5.2.2 SPSS 20的启动

SPSS 20的启动，一般有3个途径。

（1）可以在计算机的“开始”菜单中找到“IBM SPSS Statistics 20”的图标，用鼠标左键单击该图标，即可启动SPSS 20。如图5.1所示。

图 5.1 “开始”菜单中的“IBM SPSS Statistics 20”图标

（2）可以点击计算机的“开始”图标，在“所有应用”的菜单中找到“IBM SPSS Statistics”组，在该组中找到“IBM SPSS Statistics 20”，再用鼠标左键双击，运行该“IBM SPSS Statistics 20”，即可启动SPSS 20。如图5.2所示。

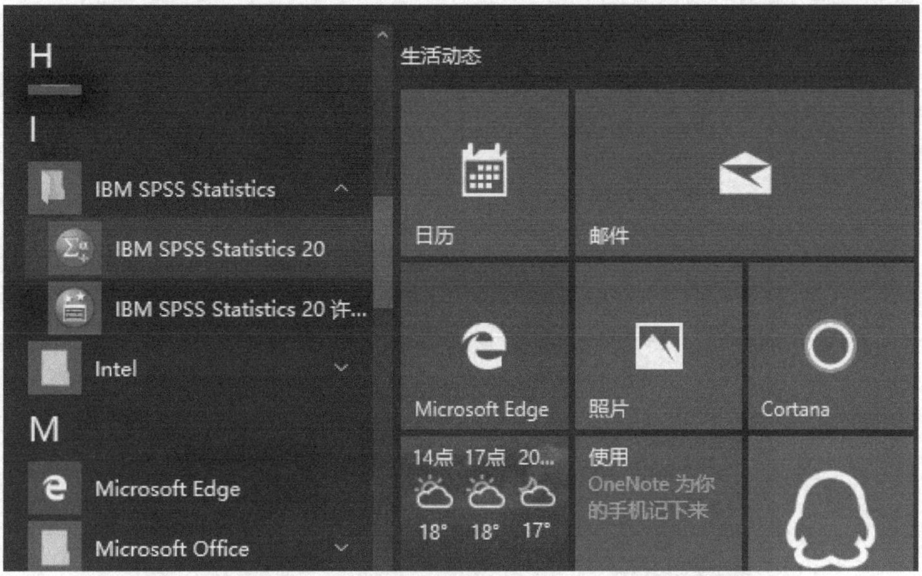

图 5.2 “所有程序”菜单中的“IBM SPSS Statistics 20”

（3）还可以通过使用鼠标左键双击计算机中存储的 SPSS 20 的数据格式（*.sav）文件，直接启动 SPSS 20。

启动 SPSS 20 之后，就会出现闪屏图案，对于初次使用的用户，接着还会出现“使用向导”，用户可以在“使用向导”中选择自己所需要的操作选项。假如用户不需要“使用向导”的帮助，则可选择右侧的“输入数据”，然后再选中左下方的“以后不再显示此对话框”的选项框，最后使用鼠标左键，单击“确认”按钮即可，使用向导不会再次出现。有关内容如图 5.3 所示。

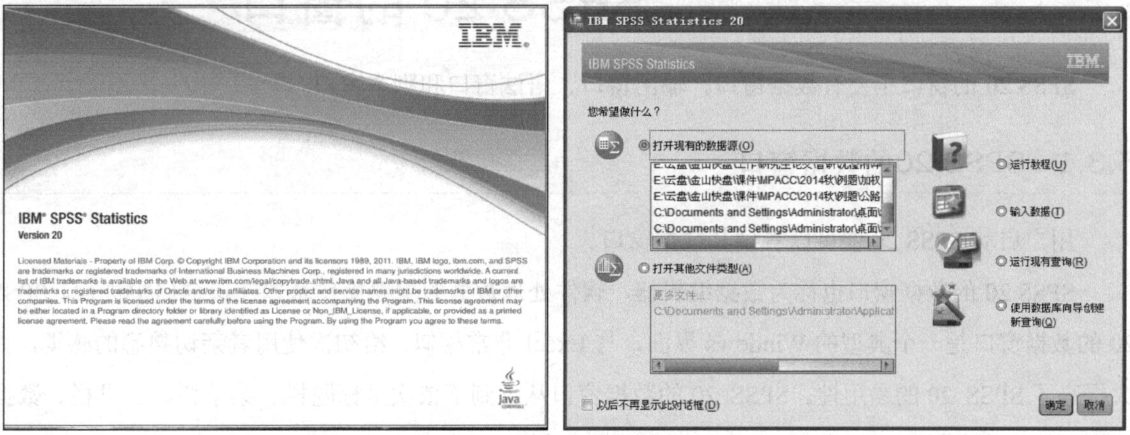

图 5.3 启动 SPSS 20 后的闪屏图案和使用向导

退出 SPSS 20，可以选择“文件”下拉菜单中的“退出”；也可以使用鼠标左键单击 SPSS 20 界面右上角的“X（关闭）”图标，直接退出。如图 5.4 所示。

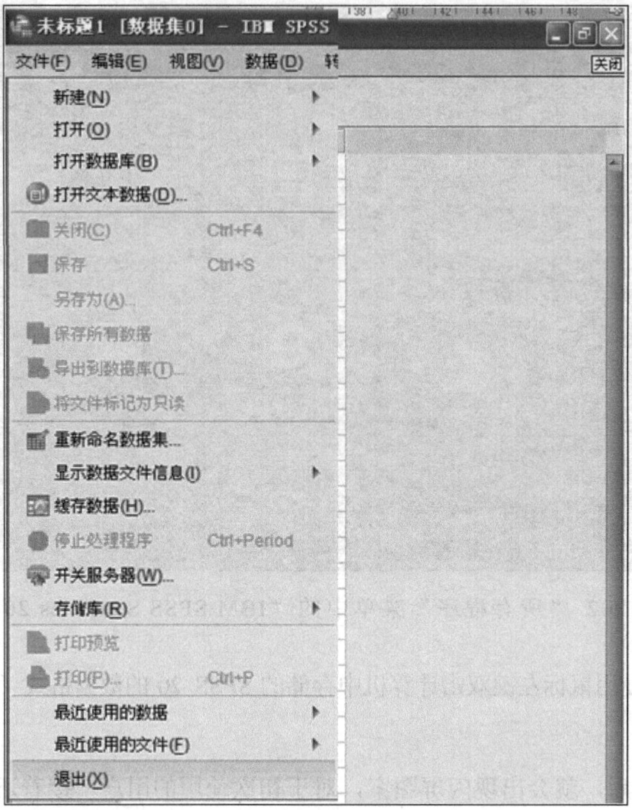

图 5.4 SPSS 20 的退出

5.3 SPSS 20 的窗口

SPSS 20 的窗口主要有数据窗口、输出窗口、语法窗口和脚本窗口。

5.3.1 SPSS 20的数据窗口

用户启动 SPSS 20 便可以看到其数据窗口。

SPSS 20 的数据窗口也称为数据编辑器，软件处理数据的主要操作基本在该窗口中进行。SPSS 20 的数据窗口是一个典型的 Windows 界面，与 Excel 非常相似，给初次使用者亲切熟悉的感觉，大大提高了 SPSS 20 的易用性。SPSS 20 的数据窗口从上到下依次是标题栏、菜单栏、工具栏、数据编辑区域和状态栏。

SPSS 20 的数据窗口有着两个功能不同的子窗口，分别称为数据视图和变量视图。将数据窗口分为数据视图和变量视图，构成了 SPSS 软件其他统计分析软件显著不同的一个重要特点。

在 SPSS 20 的数据窗口的左下方有着“数据视图”和“变量视图”两个图标按钮，可以使用鼠标左键方便地在数据视图和变量视图之间选择和更换。如图 5.5 所示。

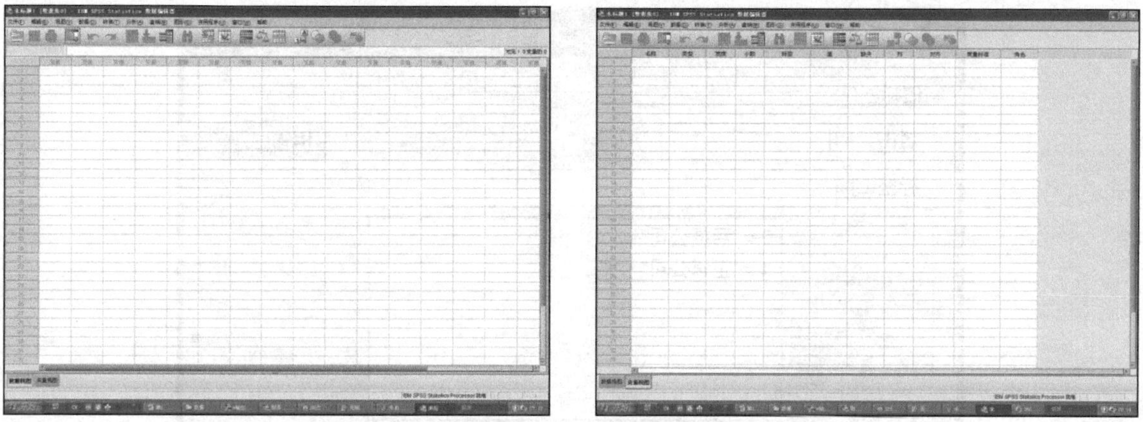

图 5.5　SPSS 20 数据窗口的数据视图和变量视图

1. 数据视图

在 SPSS 20 数据窗口的数据视图中，用户可以直接由用户输入数据和存放数据，数据视图的左边显示的是个案的序号，上方显示的是变量的名称。数据视图的每一行对应一条记录，每一列对应一个具体变量。由于图 5.5 的 SPSS 20 的数据视图中尚未输入任何数据，所以行与列的标号暂时均为灰色。输入数据之后，数据视图中有数据的行和列的对应标号则转换为深色。

2. 变量视图

SPSS 20 数据窗口的变量视图主要是用来设置变量属性的，主要包括名称、类型、宽度、小数、标签、值、缺失、列、对齐、度量标准和角色几个标签。

（1）名称：数据视图中的变量的名字，必须以字母，汉字或者@开头，其他字符可以是任何字母、数字或_、@、#、$等符号。不能以数字开头，变量最后一个字符不能是句号，不能使用空白字符或其他特殊字符（如“!”、“？”等），不允许出现相同变量名称。在 SPSS 20 中变量名称最多可以有 64 个字符。该变量名称会在最终的统计分析结果中输出，以增强输出结果的可读性。

（2）类型：变量的类型，除受限数值外，一共有 8 种类型，包括数值、逗号、点、科学计数、日期、美元、设定货币及字符串。其中基本类型为数值型、字符串和日期，并将其中的数值型进一步细分为数值、逗号、点、科学计数、美元、设定货币 6 种类型。

（3）宽度：即变量取值所占有的宽度，可以由用户设置。

（4）小数：即变量的小数位数，可以由用户设置。

（5）标签：对变量属性的详细说明。例如“预测概率”“Zscore（标准化值）”等。

（6）值：一般也称为“值标签”。可以借助对于值的设置，对变量取值的经济意义，或者其他意义进行解释说明。例如，当以一个二元数值“0，1”分别表示亏损公司和正常公司时，就可以通过调用值标签的设置框，来进行标识。如图 5.6 所示。

图 5.6　SPSS 20 变量视图中值标签的设置框

（7）缺失：用于定义变量缺失值。有用户自定义缺失值和系统缺失值两种。用户自定义缺失值是对出现缺失数据的主动标识，例如对于问卷调查中的无回答数值的主动标识。一般用 9 或者 99 作为相应的代码，来进行标识；系统缺失值用一个圆点“.”来表示。

（8）列：指在 SPSS 20 数据窗口的数据视图中对应列表格本身的宽度。前面“宽度”指的是相应数据的宽度，这里的“列”所指的是这个列表格本身的宽度。当“列”大于“宽度”的数值时，这时对应数据的实际宽度为“宽度”的数值；否则对应数据的实际宽度为“列”的数值。即对应数据的实际宽度为“宽度”和“列”数值的较小者。

（9）对齐：数据在对应表格中对齐的方式，有“左”“右”和“居中”3 种格式。

（10）度量标准：有度量、序号和名义 3 种选择，对应于数字变量，以及非数字变量中的定序变量和定类变量。详细解释请参阅 2.1 节的相关内容。

（11）角色：这是一个新增加的内容，主要满足数据挖掘的需要而设置的，一般场合下，进行统计分析可以暂时不加考虑。

5.3.2　SPSS 20的输出窗口

用户运用 SPSS 20 进行数据分析，便可以得到统计计算的结果。这个分析的结果就采用输出窗口形式呈现出来。如图 5.7 所示。

在 SPSS 20 输出窗口的左侧为输出结果的目录区，采用树状结构，与 Windows 的资源管理器非常类似。用户可以通过输出窗口的目录，直接链接到对应的 SPSS 20 分析结果，极大地方便了用户对分析结果的检索。

在 SPSS 20 输出窗口的右侧为输出结果的内容区，逐一给出了 SPSS 20 分析的结果。用户可以使用鼠标选中所需要的结果图表，然后再单击鼠标右键，在弹出的菜单中选择“复制”“选择性复制”等，将对应的图表复制到诸如 Excel、Word 等文件中，进行进一步分析、加工和应用。

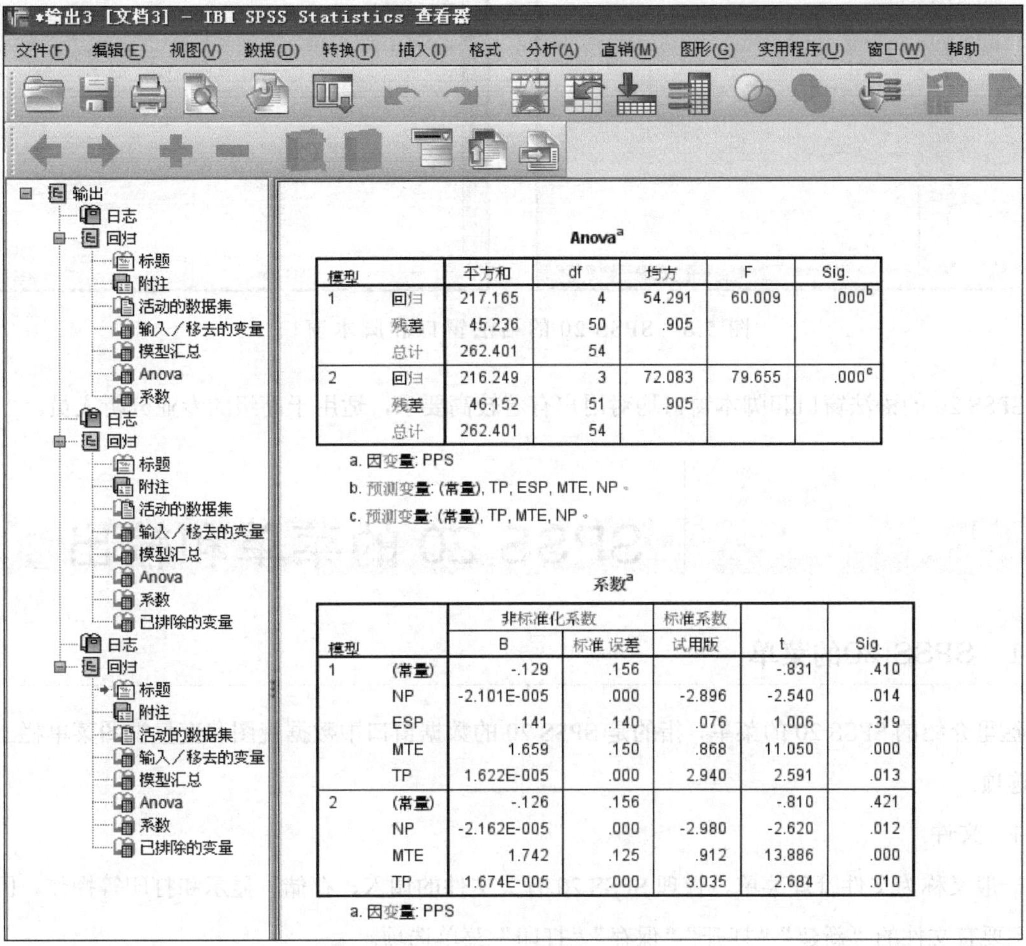

图 5.7　SPSS 20 的输出窗口

在 SPSS 20 中，可以将输出窗口的全部信息，通过一个后缀为（*.spv）的 SPSS 文件保存下来，以满足今后的调用。

5.3.3　SPSS 20的语法窗口和脚本窗口

SPSS 20 的语法窗口也称之为语法编辑器。用户可以在 SPSS 20 的语法窗口中，采用简洁易行的菜单式操作形式，完成复杂的语法编辑。

SPSS 20 的脚本窗口为用户构建和运行 SPSS 宏提供了便利，用户利用 SPSS 20 的脚本窗口，可以实现 SPSS 内部操作自动化，将 SPSS 与 VB 和 VBA 兼容应用程序有机地连接起来。

SPSS 20 的语法窗口和脚本窗口可以在 “文件”下拉菜单中选择“新建”或者“打开”，重新建立一个新的或者打开一个已有的语法窗口或脚本窗口。如图 5.8 所示。

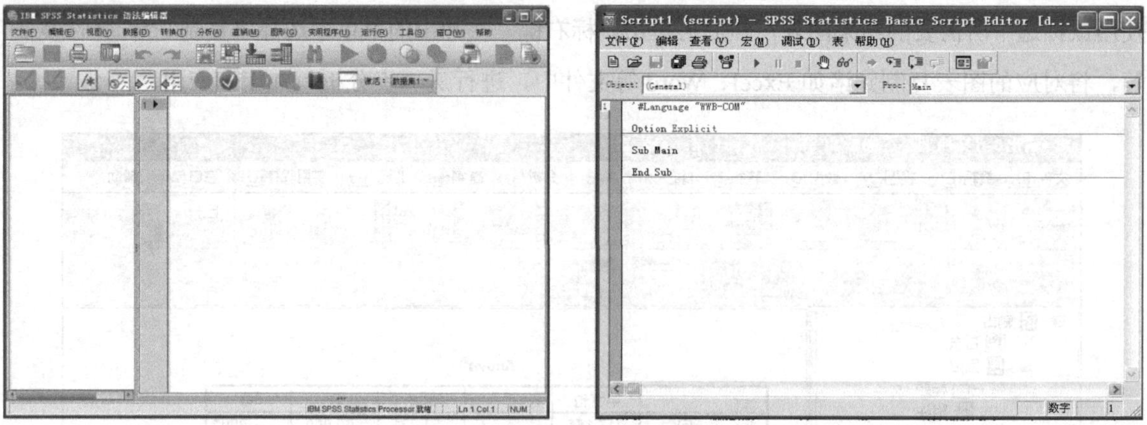

图 5.8 SPSS 20 的语法窗口和脚本窗口

SPSS 20 的语法窗口和脚本窗口均对用户有着较高要求，适用于高级的专业分析人员。

5.4 SPSS 20 的菜单和输出

5.4.1 SPSS 20的菜单

这里介绍的 SPSS 20 的菜单，指的是 SPSS 20 的数据窗口中数据视图和变量视图菜单栏上的菜单栏选项。

1. 文件

一般又称为文件管理菜单，管理 SPSS 20 有关文件的调入、存储、显示和打印等操作，因此该菜单主要有文件的“新建”“打开”“保存”“打印”菜单选项。

除了“新建”“打开”“保存”“打印”菜单选项之外，文件菜单还有将文件标记为只读，用于锁定当前数据文件为只读状态；重新命名数据集；显示数据文件；停止处理文件；缓存数据、开关服务器与存储库等特殊功能。

2. 编辑

也称为编辑处理菜单，管理 SPSS 20 有关文件的选择、复制、粘贴、寻找和替换等操作。编辑菜单的相关选项，一般还可以通过单击鼠标右键快捷地调出。

3. 视图

也称为视图管理菜单，管理 SPSS 20 有关文件的显示、编辑、切换等操作。视图菜单还进行自定义，特别是用来设定快捷键和菜单栏。

4. 数据

也称为数据管理菜单，管理 SPSS 20 有关数据的变量定义、数据格式选定、观察对象的计算、选择、排序、加权，数据文件的转换、连接、汇总等功能。

5. 转换

也称为数据转换处理菜单，负责 SPSS 20 有关数值和变量的计算、重新赋值、缺失值替代等功能。

6. 分析

也称为分析管理菜单，该菜单是 SPSS 20 统计分析功能的核心部分，几乎所有的统计分析功能都通过分析菜单相关模块提供的各类统计分析过程来完成。

7. 直销

也称为直销管理菜单，该菜单提供一组改善直销活动效果的有效工具，它可以标识消费者群体，针对特定目标群体最大限度地提高正面响应率、其体方法包括 RFM 分析、聚类分析和邮政编码响应率等方法。

8. 图形

也称为作图菜单，提供 SPSS 20 有关统计图的制作功能。

9. 实用程序

也称为实用程序管理菜单，该菜单为用户提供了一系列简洁便利的数据文件管理功能和界面编辑功能，可以帮助用户提高数据分析效率，简化软件操作。

10. 窗口

也称为窗口管理菜单，该菜单主要用于对各个窗口进行切换和管理，可以将整个窗口拆分为 4 部分。

11. 帮助

也称为窗口管理菜单，提供 SPSS 20 有关帮助文件的调用、查询、显示等功能。

5.4.2 SPSS 20的输出格式

SPSS 20 提供 4 种格式的统计分析结果：枢轴表、文本格式、统计图表和模型。

1. 枢轴表

枢轴表是对于数据透视表的一种称呼，实际上就是统计表。在 SPSS 20 中，统计分析结果主要采用专用的枢轴表格式展示，这些枢轴表有一维表，有多维表。

SPSS 20 的枢轴表可以进行复制、粘贴、格式设定等操作，用户能够采用鼠标右键的快捷键，方便地进行复制、粘贴，将对应的表格复制到其他应用软件之中。

2. 文本格式

在 SPSS 20 中，还采用了文本格式对一些不便于用表格和图形表达的统计分析结果进行补充说明。如图 5.9 所示。

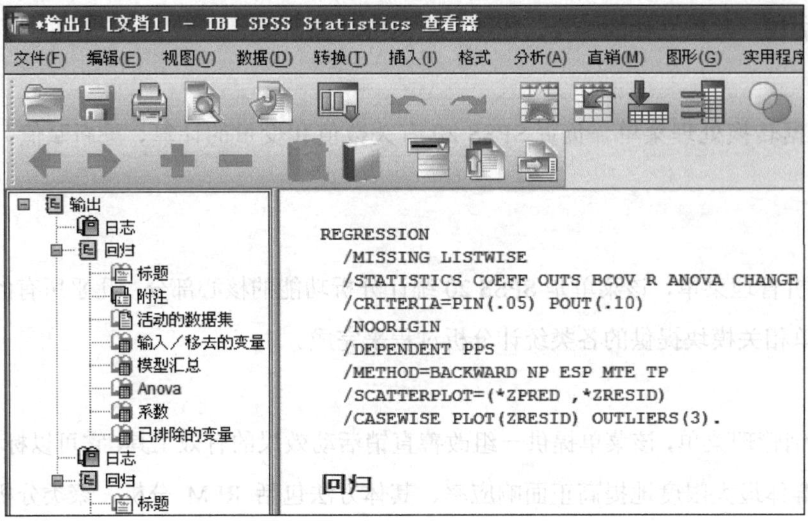

图 5.9 SPSS 20 结果输出的文本格式

SPSS 20 结果输出的文本格式是与 Office 完全兼容的 RTF 格式，因此可以支持文本格式与 Office 家族软件的连接，可以非常方便地在 SPSS 20 和 Word、Excel 之间进行复制、粘贴、格式设定等操作。

3. 统计图表

SPSS 20 具有强大的统计绘图功能，可以提供各类统计图的绘制，将社会调查资料和分析结果用专业的统计图展示出来。如图 5.10 所示。

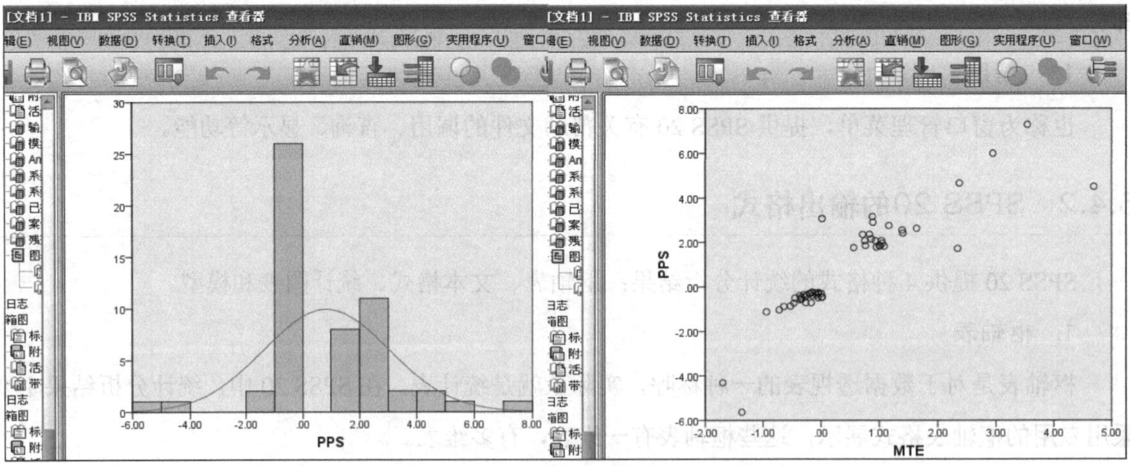

图 5.10 SPSS 20 结果输出的统计图表

图 5.10 为使用 SPSS 20 统计绘图功能绘制的直方图和散点图。

4. 模型

在 SPSS 20 中，在一些非参数检验、树模型、最邻近元素分析等特殊分析方法，在输出浏览器中显示为一种特殊类型的输出格式，称之为模型。如图 5.11 所示。

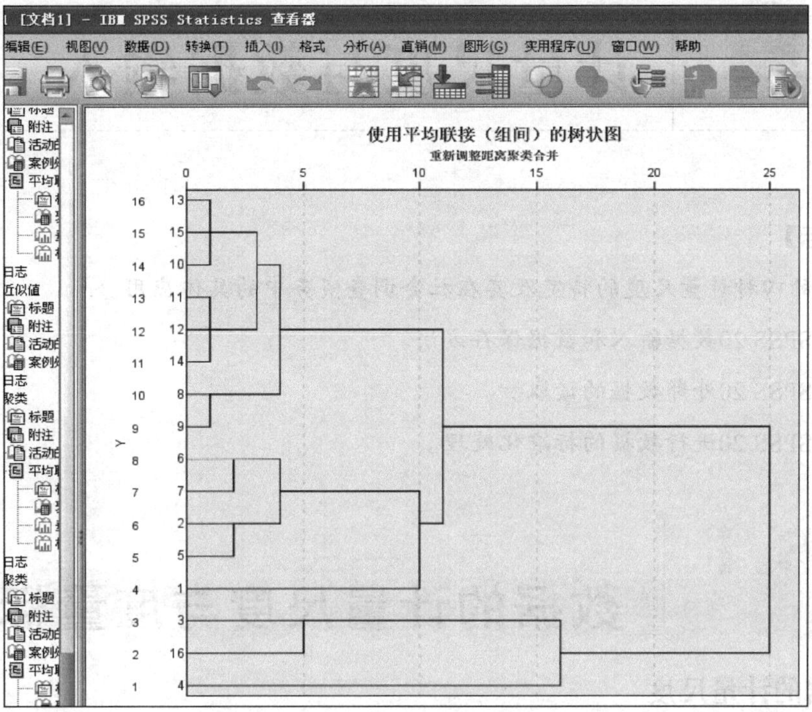

图 5.11　SPSS 20 结果输出的模型

图 5.10 为使用 SPSS 20 结果输出的模型功能给出的系统聚类树状图。

关键术语

SPSS软件　SPSS 20的安装　SPSS 20的启动　SPSS 20的菜单　SPSS 20的输出

思考与练习

1. 简述SPSS软件的推出和发展。
2. 简述SPSS 20的安装和启动。
3. 简述SPSS 20的菜单和输出。
4. 独立安装并激活SPSS 20。
5. 熟悉SPSS 20的启动与退出。
6. 熟悉SPSS 20的窗口、菜单和输出。
7. 了解自己已经掌握的统计方法在SPSS 20中的菜单。
8. 登录“经管之家（http://bbs.pinggu.org/）”，下载与SPSS相关的文献，参与有关SPSS的学习交流。

第6章 计量尺度与数据输入

【学习目标】

掌握数据的四种计量尺度的特定及其在社会调查实务中的具体应用。

熟练掌握SPSS 20数据输入和数据保存方法。

熟练掌握SPSS 20外部数据的读取。

掌握运用SPSS 20进行数据的标准化处理。

6.1 数据的计量尺度与度量标准

6.1.1 数据的计量尺度

数据（Data）是对客观现象进行登记和计算的结果，是进行统计分析的基础。由于客观事物及其现象具体特征不同，以及进行统计资料搜集时采用的具体量表不同，所得到的观测数据的精确程度也就不同，这里用数据计量尺度来加以区分。由粗略到精细，由初级到高级，可将数据计量尺度分为定类尺度、定序尺度、定距尺度和定比尺度 4 个层次。

1. 定类尺度

定类尺度（Nominal Scale）又称为类别尺度或列名尺度，由其构成的量表一般称为称名量表或分类量表。定类尺度是最粗略、计算层次最低的计量尺度。

定类尺度只能按照事物及其现象的某种属性对其进行平行的分类或分组。例如性别、职业、民族、车牌号、学生的学号、运动员号码、身份证号码、企业类别等。

定类尺度实际上就是对调查对象的分类。对调查对象的分类是社会调查中最基本的分析。在进行社会调查实务的分类时，必须确保完备性和互斥性。分类的完备性，是指对调查对象进行不存在任何遗漏的区分和归类。例如，在对调查对象进行职业分类时，调查对象中的所有个体的职业特征，都必须包括在分类的职业中，不能有任一个体的职业出现遗漏。分类的互斥性，是指这一分类必须对调查对象进行不存在任何重合的区分和归类。例如，在对调查对象进行职业分类时，调查对象中的所有个体都只能具有某一种职业分类特征，不能出现跨越类别，即出现同时符合两个及其以上的职业分类特征的现象。所谓分类的完备性和互斥性，通俗地说就是不重不漏。

定类尺度精确到“一一变换是唯一的”，具有传递性，即当$a=b$，$b=c$时，有$a=c$。

在定类尺度中，可以使用数字作为类别的代码，即由定类尺度计量形成的定类数据。定类数据表现为不分顺序的类别，只能进行=和≠的运算，也就是只能区分事物是同类或不同类，进行分类统计。定类尺度可以计算频率或频数，众数和进行列联表分析。

2. 定序尺度

定序尺度（Ordinal Scale）又称为顺序尺度，是按照事物的某种特征依顺序和级别进行排列的一种测量层次，由其构成的量表一般称为顺序量表或评秩量表。

定序尺度精确到“单调变换是唯一的”，变换不改变定序尺度中的信息，即 $a>b$，$b>c$，则有 $a>c$。

定序尺度是描述事物之间等级差或顺序差别的一种测度。不仅可以将事物分成不同的类别，还可以确定这些类别的优劣或顺序，例如军阶、职称、工资级别、产品质量等级、文化程度、受教育水平等。

由定序尺度计量形成的定序数据，表现为有顺序的类别，可以比较大小、优劣，具有=、≠、<和>的数学性质，可以计算中位数以及四分位差，但不能测量出类别之间的准确差距，不能进行加减乘除的运算。

3. 定距尺度

定距尺度（Interval Scale）又称为间隔尺度，不仅能将事物区分类别和顺序等级，而且可以确定间隔距离的一种测量层次，由其构成的量表一般称为间隔量表或间距量表。

定距尺度精确到“准确到线性变换是唯一的”。定距尺度没有确定的“零点”，但是可以准确地指出事物类别之间的距离是多少。

定距尺度的特征可以用公式表示为 $y=a+bx$。例如温度、考试成绩等。

由定距量表计量形成的定距数据，表现为数值，通常是以自然单位或度量衡单位作为量纲，它是一个真正意义上的“定量”量表，可以进行加减运算，可以计算平均数、标准差、相关系数、t 检验量、F 检验量等参数统计数值。

4. 定比尺度

定比尺度（Ratio Scale）又称为比率尺度，由其构成的量表一般称为比例量表。

定比尺度精确到“乘以一个正常数的变换是唯一的”。

定比尺度不仅准确地界定了事物类别之间的距离，而且还存在一个绝对固定的“零点”。

由定比尺度形成的定比数据，也表现为数值，并且是等级最高的社会调查资料，可以进行加减乘除的运算。

6.1.2 变量的三种类型

变量（Variable）是说明现象某种特征的概念。

变量最基本的特点是在同一总体的不同单位上可取不同的数值，以及同一总体相同单位在不同时间上可取不同的数值，即变量的变异性或差异性特征。例如，企业的增加值，城市的居民人口数，同一家庭在不同年份的收入水平等。

根据计量尺度的不同，一般变量可划分为以下3种类型。

1. 定类变量

定类变量（Nominal Variable）是由定类数据来登记的变量。例如，国民经济部门分类属于定类变量，其变量值为制造业、采矿业、建筑业、金融业、房地产业等。

2. 定序变量

定序变量（Ordinal Variable）是由定序数据来登记的变量。例如，产品的质量可以分为特等品、一等品、二等品、三等品、等外品、次品、废品，就属于定序变量。

定类变量和定序变量都是对事物质的属性的界定，所以又称为定性变量，或者非数字变量，其变量的数值只是对类型进行标注的代码，不具有可加性。

3. 数字变量

数字变量（Numerical Variable）是由定距数据或定比数据来登记的变量。例如，投资总量、工资总额、人口数、固定资产总额、国土面积、公路里程、汽车保有量、粮食总产量、国内生产总值、消费价格指数、通货膨胀率等。数字变量的取值是对客观事物数量特征的具体测定和数值表述，具有可加性。

由于定距数据或定比数据来登记的变量可以满足一般参数统计的要求，因此在统计分析实践中将这两类数据归并为同一类，将其称为数字变量。

数字变量根据其取值特征，又可以分为离散变量和连续变量。

4. 离散变量

离散变量（Discrete Variable）是指取值是不连续的数字变量。离散变量只能用表达式或者是列举来表示，不能用一个区间简单概括。

只能取整数数值的数字变量是一类典型的离散变量。在这类离散变量的两个取值之间只能插入整数数值，具有可以一一列举的特征。例如，人口数、企业数、汽车保有量等。

可以一一列举是离散变量的基本特征，即离散变量也可以采用小数来表述。并且，只要是可以一一列举的有限数值，不论其小数位数多少，依然属于离散变量。

5. 连续变量

连续变量（Continuous Variable）可以某一区间内连续取值的数字变量。连续变量在其取值范围可以取任意的所有值的数字变量。在连续变量的任意两个取值之间都可以插入任意数值，可以用一个数值区间来表达其取值范围。例如，固定资产总额、国内生产总值、消费价格指数、通货膨胀率等。

6.1.3 SPSS 20的三种度量标准

SPSS 20对应于变量的3种类型，设定了“度量”“序号”和“名义”3种度量标准。其中“度量”对应于数字变量，包括定距变量和定比变量；“序号”和“名义”对应于非数字变量。其中“序号”对应于定序变量，“名义”对应于定类变量。如图6.1所示。

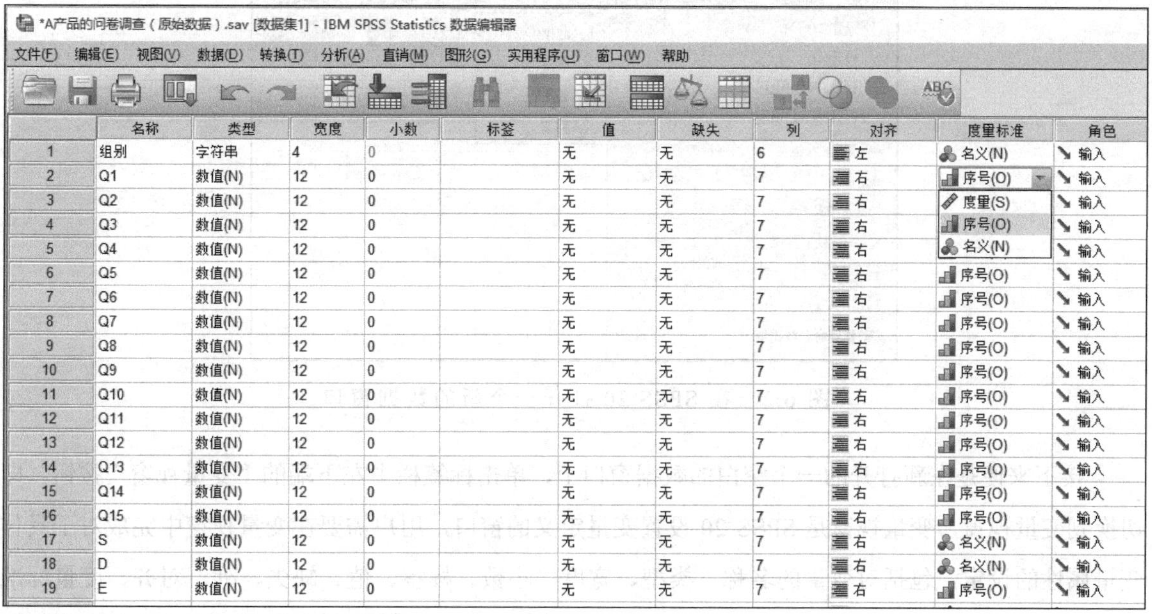

	名称	类型	宽度	小数	标签	值	缺失	列	对齐	度量标准	角色
1	组别	字符串	4	0		无	无	6	左	名义(N)	输入
2	Q1	数值(N)	12	0		无	无	7	右	序号(O)	输入
3	Q2	数值(N)	12	0		无	无	7	右	度量(S)	输入
4	Q3	数值(N)	12	0		无	无	7	右	序号(O)	输入
5	Q4	数值(N)	12	0		无	无	7	右	名义(N)	输入
6	Q5	数值(N)	12	0		无	无	7	右	序号(O)	输入
7	Q6	数值(N)	12	0		无	无	7	右	序号(O)	输入
8	Q7	数值(N)	12	0		无	无	7	右	序号(O)	输入
9	Q8	数值(N)	12	0		无	无	7	右	序号(O)	输入
10	Q9	数值(N)	12	0		无	无	7	右	序号(O)	输入
11	Q10	数值(N)	12	0		无	无	7	右	序号(O)	输入
12	Q11	数值(N)	12	0		无	无	7	右	序号(O)	输入
13	Q12	数值(N)	12	0		无	无	7	右	序号(O)	输入
14	Q13	数值(N)	12	0		无	无	7	右	序号(O)	输入
15	Q14	数值(N)	12	0		无	无	7	右	序号(O)	输入
16	Q15	数值(N)	12	0		无	无	7	右	序号(O)	输入
17	S	数值(N)	12	0		无	无	7	右	名义(N)	输入
18	D	数值(N)	12	0		无	无	7	右	名义(N)	输入
19	E	数值(N)	12	0		无	无	7	右	序号(O)	输入

图 6.1　SPSS 20 数据度量标准的选定

数据输入的关键一步，就是要正确确定所输入数据的计量尺度，即在 SPSS 20 中正确选定所录入数据的“类型”和“度量标准”。（关于 SPSS 20 中数据的“类型”的意义及其设定，请参见下节“6.6.1　SPSS 20 数据的直接录入”的相关内容。）

6.2 SPSS 20 的数据输入

6.2.1　SPSS 20数据的直接录入

SPSS 20 数据的直接录入，首先是要开启 SPSS 20 数据窗口的数据视图和变量视图。可以通过两个途径开启数据窗口的数据视图和变量视图。

途径一是通过开启 SPSS 20 进入数据窗口的数据视图和变量视图。可以在计算机的“开始”菜单中找到“IBM SPSS Statistics 20”的图标，用鼠标左键双击该图标，即可启动 SPSS 20。也可以在计算机的“开始”的“所有程序”菜单中找到“IBM SPSS Statistics”组，在该组中找到“IBM SPSS Statistics 20”，再用鼠标左键双击，运行该“IBM SPSS Statistics 20”，即可启动 SPSS 20。

途径二是在已经开启 SPSS 20 数据窗口中，再打开一个新的 SPSS 20 数据窗口的数据视图和变量视图。用户在已经开启 SPSS 20 数据窗口的菜单栏中，选择菜单“文件”→“新建”→“数据”便可以打开一个新的空白的 SPSS 20 数据窗口的数据视图和变量视图。如图 6.2 所示。

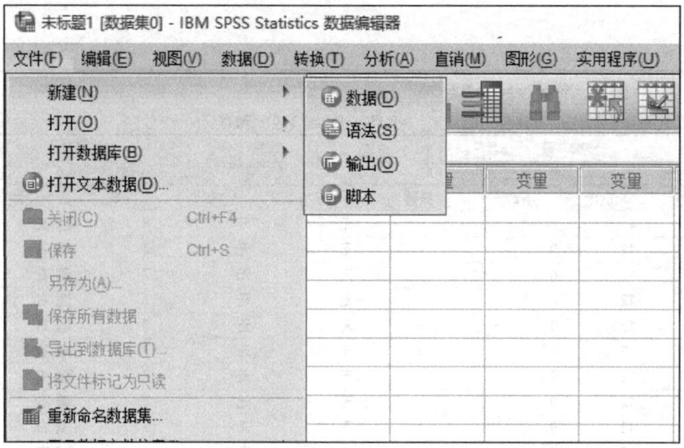

图 6.2　在 SPSS 20 打开一个新的数据窗口

接下来便是在新打开的一个空白的数据窗口上，单击标签栏中左下端的“变量视窗”按钮，即切换到变量视窗，变量视窗是 SPSS 20 设置变量定义的窗口，用户需要在变量视窗中完成对于具体变量属性的设定，包括对变量的名称、类型、宽度、小数、标签、值、缺失、列、对齐、度量标准和角色等进行的设定。除了在 6.1 节中讨论的变量度量标准的设定之外，变量类型的选择和设定是该环节的另一个内容。

SPSS 20 的变量主要分为以下几种类型。

1. 数值

说明数据为数字变量。在变量类型的“数值”选项框的右上方，还有变量宽度和小数位的填数框，还可以定义数值的宽度和小数位数。该“宽度”为数据的整体宽度，即数据整数部分的位数加上小数点，再加上小数部分的位数。在 SPSS 20 中默认为 8 位，小数位数（Decimal Places），默认为 2 位。如图 6.3 所示。

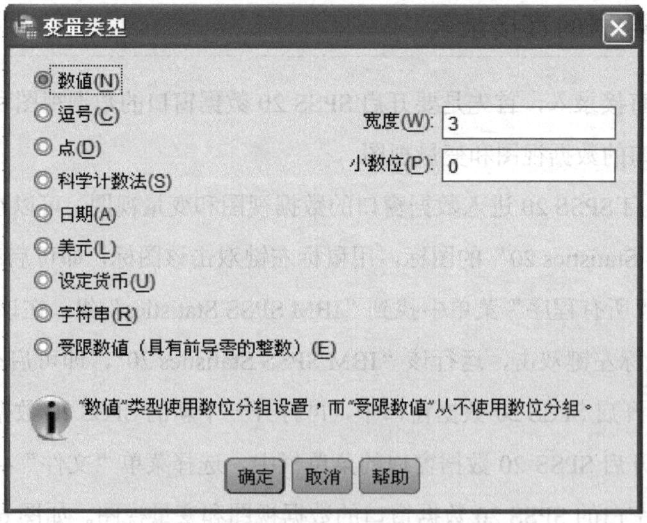

图 6.3　变量类型的“数值”选项框

2. 逗号

表明变量是加逗号显示的数字变量，即整数部分每 3 位数加一逗号。变量类型“逗号”选项框的其余内容同“数值”，同样可以定义数值的宽度和小数位数。

3. 点

表明变量是每隔 3 位加点分隔的数字变量，并且无论数值大小，均以整数形式显示。“点”也可以定义小数位置，但都显示 0，且小数点用逗号表示。变量类型“点”选项框的其余内容同“数值”，同样可以定义数值的宽度和小数位数。

4. 科学记数法

也只能用于数字变量的数据，并且是采用科学记数法显示的数字变量。在数据管理窗口中以指数形式显示。变量类型“科学记数法”选项框的其余内容同“数值”，同样可以定义数值的宽度和小数位数。

5. 日期

表明数据为非数字变量。在变量类型“日期”选项框的右侧，有着众多的日期显示形式，用户可从系统提供的日期显示形式中选择自己需要的。如 1995 年 6 月 25 日，当选择 mm/dd/yy 形式时，则显示为 06/25/95。如图 6.4 所示。

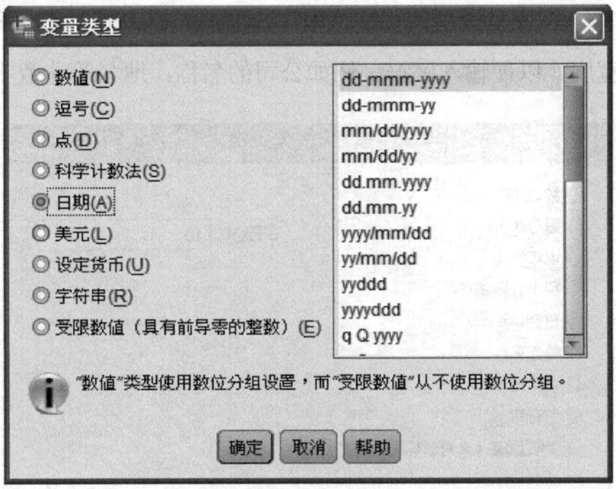

图 6.4 变量类型的“日期”选项框

6. 美元

也表明数据是一种数字变量，在变量类型“美元”选项框的右侧，有着一系列的美元显示格式，用户可从系统提供的具体格式中选择自己需要的，并同时定义数值宽度和小数位数，“美元”显示形式为数值前有美元符号 \$。如图 6.5 所示。

7. 设定货币

类似于“美元”，也表明数据是一种数字变量。

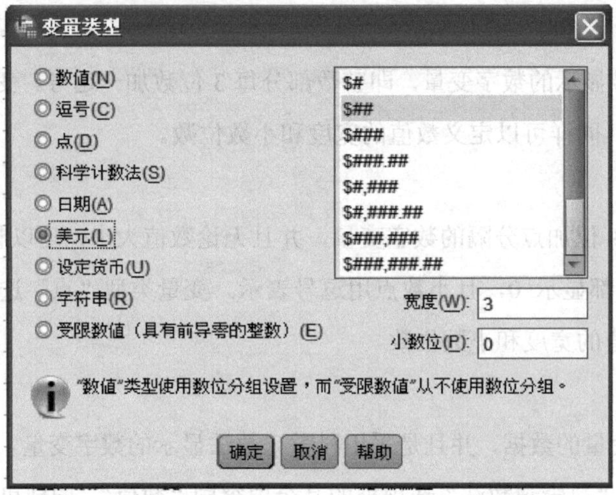

图 6.5　变量类型的“美元”选项框

此选项组最多可以创建 5 种自定义数据显示格式，格式可以包括特殊的前缀和后缀字符以及对负值的特殊处理方式。自定义数据显示名称为 CCA、CCB、CCC、CCD 和 CCE，右边的“样本输出”栏会给出相应格式的预览。

8. 字符串

为典型的非数字变量。在变量类型的“字符串”选项框的右上方，还有字符宽度的填数框，用户可自行定义字符的具体宽度，以便输入字符。例如公司的名称，地名等非数字变量。如图 6.6 所示。

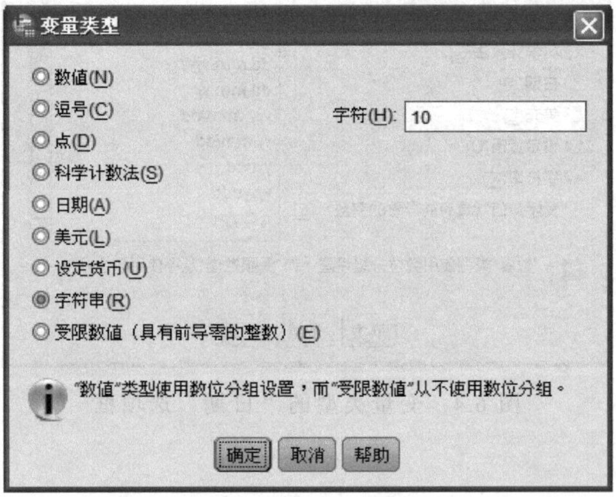

图 6.6　变量类型的“设定货币”选项框

9. 受限数值

表明数据是一种数字变量。在变量类型的“受限数值”选项框的右上方，只有数值宽度的填数框，没有数值小数位数的填数框。受限数值限于非负整数的变量。在显示其数值时，填充先导 0，以达到最大变量宽度。在“受限数值”状态下，用户也可以以科学计数法输入数值。

6.2.2 SPSS 20外部数据的读取

1. SPSS 格式数据的读取

若外部数据为 SPSS 格式的数据，只要不高于 SPSS 20 版本，SPSS 20 均可以打开该数据文件来实现对 SPSS 格式数据的读取。SPSS 格式数据的读取也有 3 种具体方式。

第一种方式，可以使用鼠标左键双击 SPSS 格式的数据文件，读取 SPSS 格式的数据；

第二种方式，可以使用鼠标右键单击所选中的 SPSS 格式的数据文件，并在弹出的快捷菜单中选择“打开方式”，再选中“IBM SPSS Statistics 20”，读取 SPSS 格式的数据。这种方式适用于同一台计算机上安装了多个版本的 SPSS 软件的场合；

第三种方式，可以在已经运行的 SPSS 20 数据窗口的菜单栏，选择“文件”→“打开”→“数据”，启动“打开数据”选项框。或者在 SPSS 20 数据窗口的菜单栏，用鼠标左键双击主菜单下面的图标栏中第一个快捷图标“打开数据文档”，启动“打开数据”选项框。如图 6.7 所示。

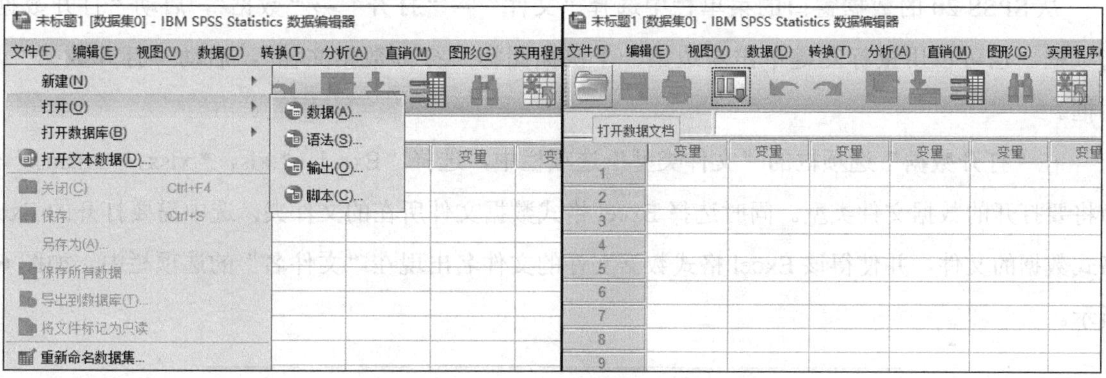

图 6.7 启动“打开数据”选项框

在“打开数据”选项框的下端有着“文件类型”和“文件名”两个选项栏。

若要打开的是 SPSS 格式数据，则在“文件类型”选项栏中，选择“SPSS Statistics（*.sav）”，然后选择 SPSS 格式数据文件所在的文件夹，同时选中需要打开的 SPSS 格式数据的文件，并使得该 SPSS 格式数据文件的文件名出现在“文件名”的选项栏中，进而读取该 SPSS 格式的数据。这种方式也适用于同一台计算机上安装了多个版本的 SPSS 软件的场合。如图 6.8 所示。

2. Excel 格式数据的读取

SPSS 20 的用户可以从 Microsoft Excel 中直接读取数据，包括读取变量的名称，而不是一个一个地向数据编辑器中直接键入所有数据。

第一步，记录 Excel 文件读入数据所在的工作表及其范围的起止单元格。

打开 Excel 格式数据的文件，找到需要读入到 SPSS 20 中数据所在的工作表，确定需要读入数据范围（包括变量名）的起止单元格，即数据范围（包括变量名）的左上角第一个单元格位置，以及右下角最后一个单元格的位置，并记录下来。

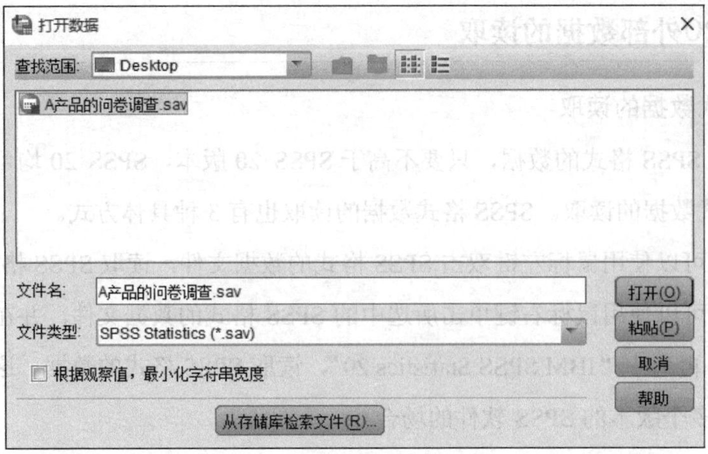

图 6.8　打开 SPSS 数据文件的选项框

第二步，启动“打开数据”选项框，选定 Excel 文件类型，选中 Excel 文件。

从 SPSS 20 的数据窗口的菜单栏中选择“文件”→“打开”→“数据”，启动“打开数据”选项框。也可以用鼠标左键单击左边第一个快捷图标“打开数据文档”，启动“打开数据”选项框。

在“打开数据”选项框的“文件类型”选项栏中，选择“Excel（*.xls，*.xlsx，*.xlsm）”作为将要打开的数据文件类型。同时选择 Excel 格式数据文件所在的文件夹，选中需要打开的 Excel 格式数据的文件，并使得该 Excel 格式数据文件的文件名出现在“文件名”的选项栏中。如图 6.9 所示。

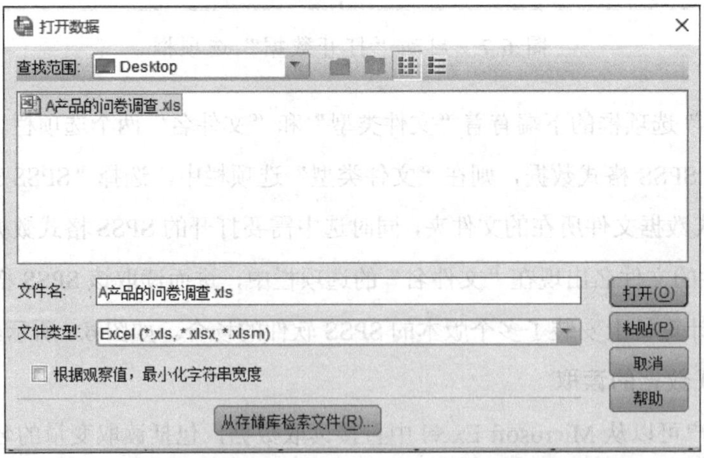

图 6.9　打开 Excel 数据文件的选项框

第三步，打开“Excel 数据源”选项框，选择工作表，界定数据范围。

完成 SPSS 20“打开数据”的选项框中有关选项，按下“打开”按钮，即可开启“打开 Excel 数据源”对话框。

（1）在该对话框中选定需要读入到 SPSS 20 中数据所在的 Excel 工作表。当 Excel 数据文件中存在多个工作表时，则需要打开“Excel 数据源”选项框中的“工作表”下拉菜单，选定需要读入的数据所在的 Excel 工作表。例如，当需要读入的数据在“备份数据”工作表中时，便选中“备份数据”工作表。如图 6.10 所示。

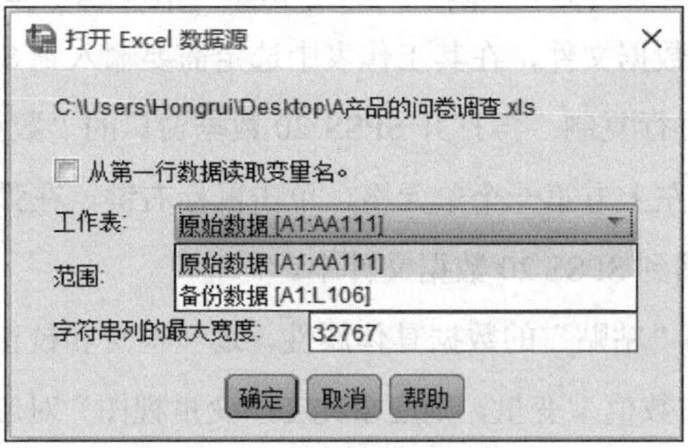

图 6.10　选择 Excel 数据所在工作表

（2）确定读入数据范围（包括变量名）的起止单元格。若读取数据所在范围与“工作表”中所标示的范围一致，则无需另行界定；若读取数据所在范围小于所标示的范围，则需要在“Excel 数据源”选项框中的“范围”中再行界定。例如，若读取数据工作表为“备份数据”，数据所在范围（包括变量名）的起止单元格为 A1:L106，则与“工作表”中所标示的范围一致，无需另行界定；若读取数据所在范围（包括变量名）的起止单元格为 B2:H100，与“工作表”中所标示的范围不一致，则要另行界定，需要在“Excel 数据源”选项框中的“范围”中键入 B2:H100。该 B2:H100 的 B2 为读取数据所在范围（包括变量名）的起始单元格，H100 为最终单元格，间隔 B2 与 H100 的冒号一定要使用半角的“:”。如图 6.11 所示。

（3）用鼠标左键将“Excel 数据源”选项框中的“从第一行数据读取变量名”前的选项框选中，这时在方框中出现一个“√”，说明已经选中。表示 SPSS 20 读入数据范围包括变量名，并且变量名在读取数据所在范围的第一行。如图 6.11 所示。

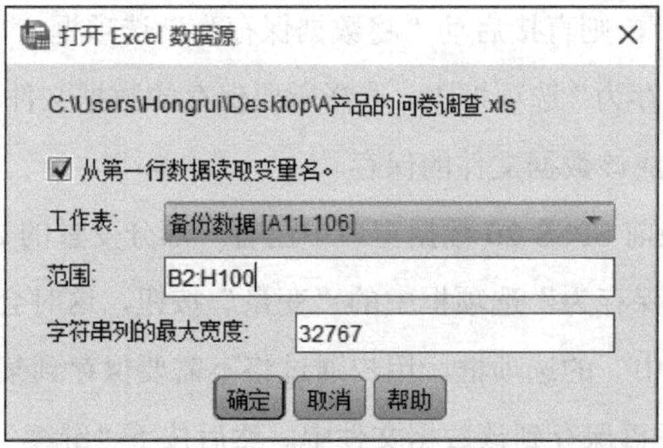

图 6.11　界定 Excel 数据的起止范围

按下“打开数据”选项框的“确定”按钮，即可将对应的Excel文件数据读取到表中来。完成Excel格式数据的读取。

3. Excel格式数据的“复制”和“粘贴”

SPSS 20具有类似于Excel的一些操作功能，例如“复制”和“粘贴”的操作功能。因此，对于Excel格式的数据文件，还可以采取“复制”和“粘贴”的方式，进行SPSS 20数据的输入。

（1）打开对应的Excel数据文件，在其工作表中选定需要输入到SPSS 20中来的数据所在的区域（不能包括变量名），并进行复制；再打开SPSS 20数据窗口的“数据视图”，通过粘贴的方式，用鼠标选中“数据视图”的左上方第一个单元格，单击鼠标右键，在弹出的快捷键菜单中选择“粘贴”，便可以将相关数据粘贴到SPSS 20数据文件中。

（2）按照所“复制”和“粘贴”的数据具体属性，逐一检查和校正变量的“类型”和“度量标准”。若复制的数据中存在非数值型变量，则应事先在“变量视图”对应的位置，对变量属性进行相应的设定，以免出现数据的丢失。例如，如果有用文字表述的变量，则需要先在“变量视图”的“类型”一栏中将其选择为“字符串”。

（3）打开SPSS 20数据窗口的“变量视图”的“名称”栏中，用手工的方式将变量的具体名称键入到SPSS 20数据文件中，更替SPSS 20自动给出的VAR00001、VAR00002等名称。

这样，便可以采取“复制”和“粘贴”的方式，完成Excel格式的数据输入。

6.2.3 SPSS 20数据的保存

SPSS 20数据录入和数据分析的过程中，要时刻注重数据的随时保存，以防出现意外情况，导致数据和分析结果的丢失，要养成随时保存SPSS 20数据文件的习惯。

SPSS 20具有将其数据保存为多种格式的数据文件功能，一般以保存为SPSS自己格式的数据文件为妥，即保存为后缀为“.sav”的数据文件，便于数据的直接调用。

在SPSS 20的菜单栏中选择“文件”→“保存”，如果该数据文件曾经存储过，则系统会按照原有名自动保存数据；假如该数据文件未曾存储过，将会弹出“将数据保存为”选项框。或者，用户选择“文件”→“另存为”，则直接启动“将数据保存为”选项框。

用户需要在“将数据保存为”选项框中，选择所要保存的数据文件的文件名，以及保存的路径，按下“保存”按钮，即可完成该数据文件的保存。

假如，用户只希望将当前SPSS 20数据窗口中已有一部分变量的数据保存在某个SPSS数据文件里，则可以按下“将数据保存为”选项框中的“变量”按钮，这时会弹出一个新的“只有已选变量将保存到指定的数据文件中”的选项框。用户通过将不需要保存到某一SPSS数据文件的变量前的“√”去掉，使得该变量不再保存到该数据文件中。然后按下“继续”按钮，返回到“将数据保存为”选项框中，再按下“保存”按钮，完成对该数据文件中变量的选择和保存。如图6.12所示。

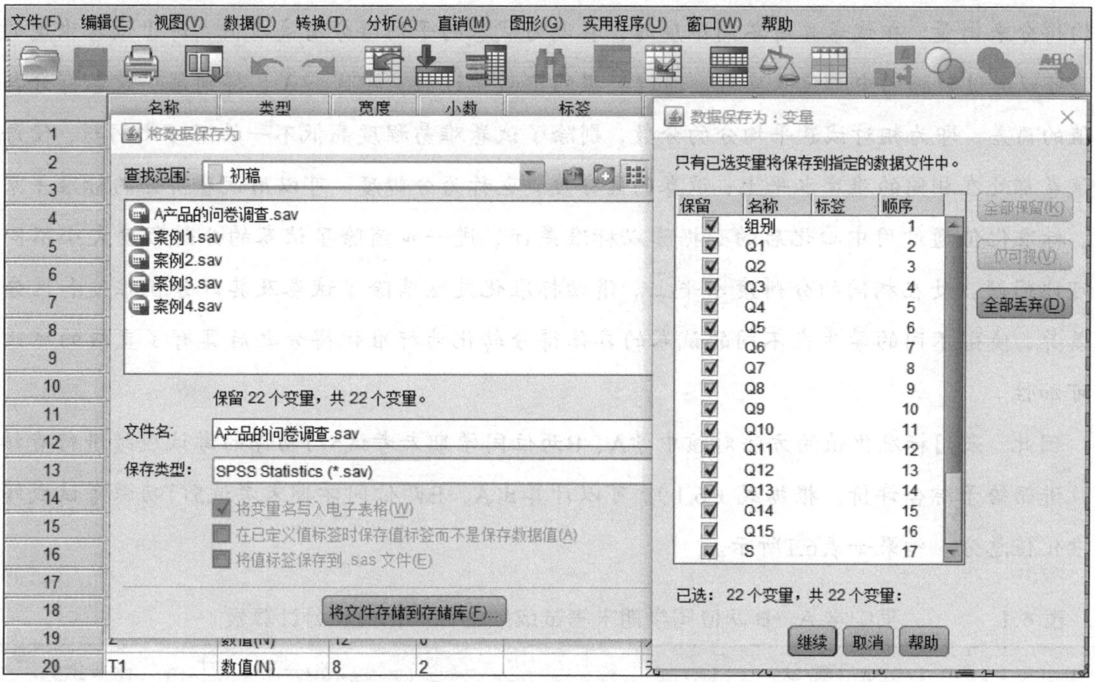

图 6.12 保存数据的选项框

6.3 数据的标准化处理

6.3.1 标准化值和标准化处理

标准化值（Standard Score）是以变量值与其均值的差除以同一数据的标准差的比值，也称为标准分数，或 Z 分数。其计算公式为

$$Z_i = \frac{X_i - \bar{X}}{\sigma} \tag{6.1}$$

式（6.1）中的 Z_i 表示第 i 个变量的标准化值。

标准化值的分子 $X_i - \bar{X}$ 为变量第 i 个数值与该变量均值的差，一般称为数据的中心化，表现为变量值与其均值的绝对距离。标准化值的分母为该变量的标准差 σ 。标准化值通过中心化后的数值除以该变量的标准差 σ ，来剔除不同变量在离散程度在上的差异，同时消除中心化后数值的量纲和绝对水平，使离散程度不同的变量之间具有了普遍的可加性和直接的可比性。

计算标准化值就是对数据进行标准化处理的过程。通过标准化处理之后得到的变量——标准化值服从数学期望为 0，方差为 1 的标准正态分布。

【案例】 某中学有A、B两位同学期末考试5门功课的考试成绩如表6.1所示。试对该中学A、B两位同学期末考试5门功课的考试成绩进行综合评价。

在试卷评分的综合分析中，主要有难度和区分度两项标准。试卷的难度，一般可以用试卷的平均得分来衡量。在试卷具有不同难度时，表现为试卷的平均得分有高有低，对于试卷难度的差异，可以通过数据的中心化来实现。通过数据的中心化过程，即 $X_i - \bar{X}$，得到每一试卷得分与其均值的离差，即为相对试卷平均分的分数，剔除了试卷难易程度高低不一的不可比问题，使每一科试卷都处在相同的难度水平上；试卷的区分度，也称为分辨度，可以用试卷得分的标准差来度量。标准化值通过用中心化后的数据除以标准差 σ，进一步消除了试卷的分辨程度大小不同的不可比问题，处在相同的分辨度水平上。借助标准化处理消除了试卷及其评分在难度和区分度的差异，使得不同的学生在不同的试卷的具体得分转化为标准化得分之后具有了直接的可比性和可加性。

因此，采用标准化值的方法对该中学A、B两位同学期末考试5门功课的考试成绩进行直接比较，进而给予综合评价。根据式（6.1），可以计算出A、B两位同学期末考试5门功课考试成绩的标准化值总分。结果如表6.1所示。

表 6.1　　某中学 A、B 两位同学期末考试成绩的标准化值总分计算表

考试科目	原始成绩/分		均值/分	标准差/分	离差/分		标准化值	
	A	*B*			*A*	*B*	*A*	*B*
数学	90	84	85	10	5	−1	0.50	−0.10
物理	88	78	82	20	6	−4	0.30	−0.20
化学	66	84	60	30	6	24	0.20	0.80
语文	76	78	65	25	11	13	0.44	0.52
英语	80	80	75	25	5	5	0.20	0.20
总分	400	404	367	—	33	37	1.64	1.22

在表6.1中，A同学的5门功课考试成绩直接加总的总分低于B同学。然而，按照标准化值的观点，由于5门功课试卷的难度和区分度不同，即5门功课试卷的平均分和标准差不同，直接汇总总分并不能作为判断学生多门课程考试综合成绩的评价标准，这种简单地直接汇总的评价方法有失偏颇。经过简单观察可知，A同学在均值水平较高，标准差数值水平较低的数学、物理中的成绩要好于B同学，即在难度和分辨度都相对偏低的课程中占有优势；在均值水平较低，标准差数值水平较高的化学、语文上的成绩要差于B同学，即在难度和分辨度都相对较高的课程中落后于B同学。依据标准化值的综合评价，A同学的标准化综合总分为1.64，高于B同学的1.22。在借助标准化处理消除了试卷及其评分在难度和区分度的差异之后，可以认为A同学5门功课考试成绩的综合得分高于B同学。

计算变量的标准化值，对数据实施标准化处理，使得变量统一地趋于服从数学期望为 0，方差为 1 的标准正态分布，剔除了数值水平高低和离散程度大小的差异，具有了可以进行直接比较的基

础，具有了直接的可加性，为综合评价和比较分析以及进一步的数据处理、计量建模和统计分析奠定了科学的基础。对数据实施标准化处理成为了许多统计分析方法的一项基本要求，广泛用于各类多测度的综合评价和计量分析。

6.3.2 SPSS 20的标准化处理

运用 SPSS 20 可以非常方便地实现数据的标准化处理。这里以“A 产品问卷调查”的一级指标的标准化处理为例。

第一步，计算一级指标均值和总均值。

在“A 产品问卷调查”中，其李克特量表的加总总分或均值才具有定距尺度的属性，可以进行标准化值的计算，而 15 项二级指标只具有定序尺度的属性。因此，在本例中需要先计算 3 项一级指标的均值，以及 1 项整个调查的 15 项二级指标的总均值，作为进行标准化处理，计算标准化值的基础。

可以使用 SPSS 20 中计算均值的函数“Mean”来计算社会调查的一级指标均值和总均值。

（1）在 SPSS 20 的主菜单栏中选择“转换”→“计算变量”，单击鼠标左键，打开“计算变量”对话框。如图 6.13 所示。

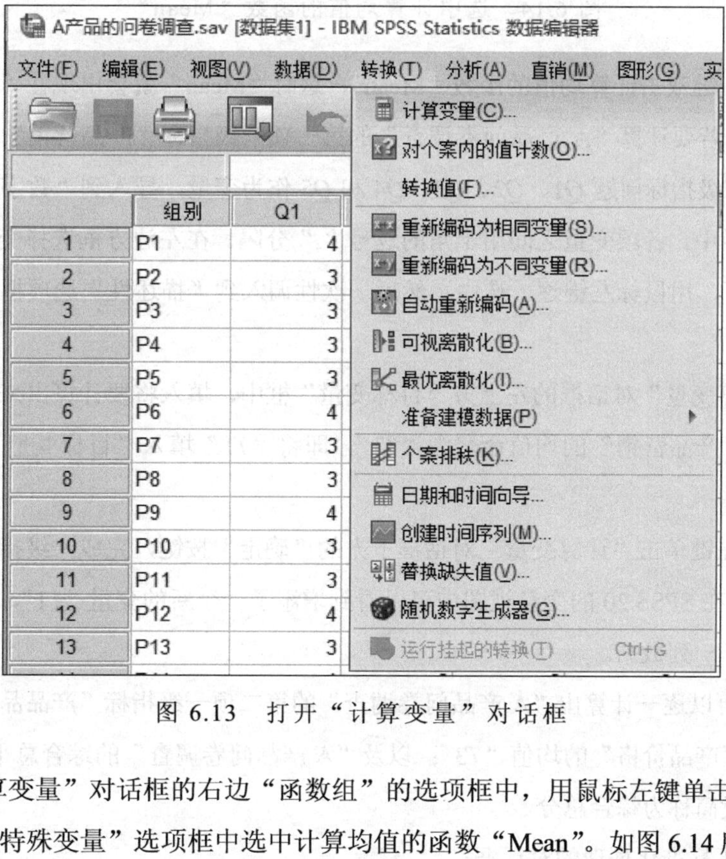

图 6.13 打开“计算变量”对话框

在打开“计算变量”对话框的右边“函数组”的选项框中，用鼠标左键单击选中“统计量”，在其下方“函数和特殊变量”选项框中选中计算均值的函数“Mean”。如图 6.14 所示。

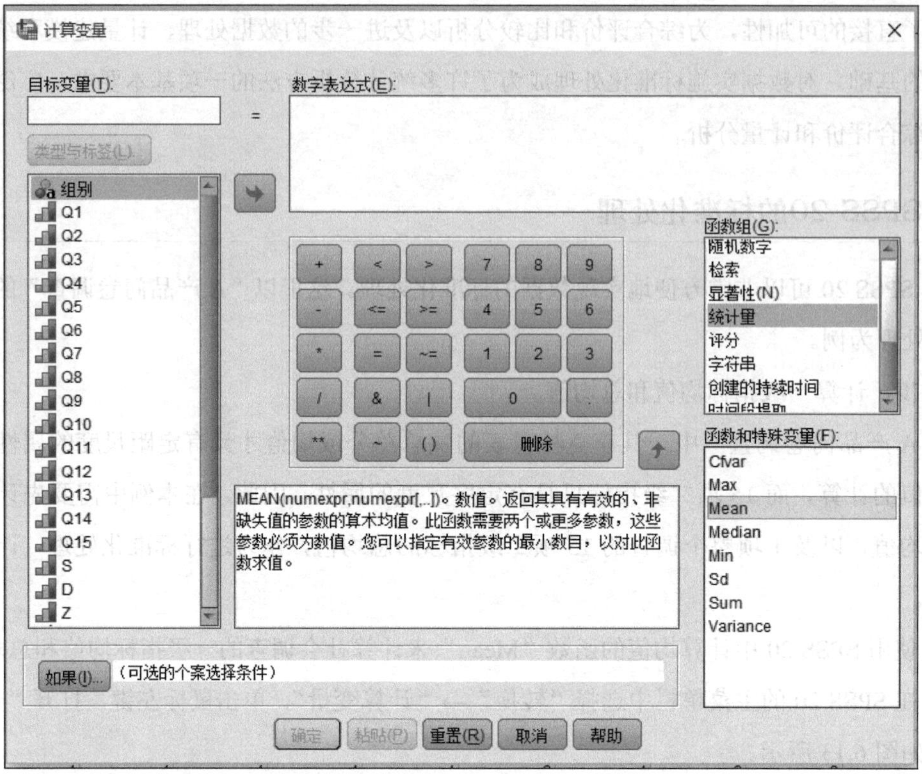

图 6.14　选中计算均值的函数“Mean”

（2）用鼠标左键双击计算均值的函数“Mean”，这时“Mean”就会出现在“数字表达式”的公式框中。接下来，若要计算“A 产品问卷调查”的第一项一级指标“产品营销”的均值，就将该一级指标下的 5 项二级指标问题 *Q*1、*Q*2、*Q*3、*Q*4 和 *Q*5 作为变量，导入到“数字表达式”中均值函数“Mean”的括号中，各项变量之间用半角的逗号“,”分隔。在左边方框选择变量时，可以在按下“Ctrl”键的状态下，用鼠标左键逐一选中，然后一次性调入到“描述性”选项框右边的“变量”方框中。

（3）在“计算变量”对话框的左上方“目标变量”框中，填入将要计算出来的均值名称。在本例中将一级指标“产品营销”的均值命名为“*T*1”，即将“*T*1”填入“目标变量”框中。如图 6.15 所示。

（4）用鼠标左键单击“计算变量”对话框下方的“确定”按键，完成一级指标“产品营销”均值的计算。这时，在 SPSS 20 的变量视图中可以看到增添了一个新的变量“*T*1”，在数据视图中可以看到新添了“*T*1”一列数据。

照此操作，可以逐一计算出“A 产品问卷调查”的第二项一级指标“产品品质”的均值“*T*2”，第三项一级指标“产品价格”的均值“*T*3”；以及“A 产品问卷调查”的综合总平均得分“*TT*”，综合总平均得分一般简称为综合总分。

第二步，进入标准化处理的对话框。

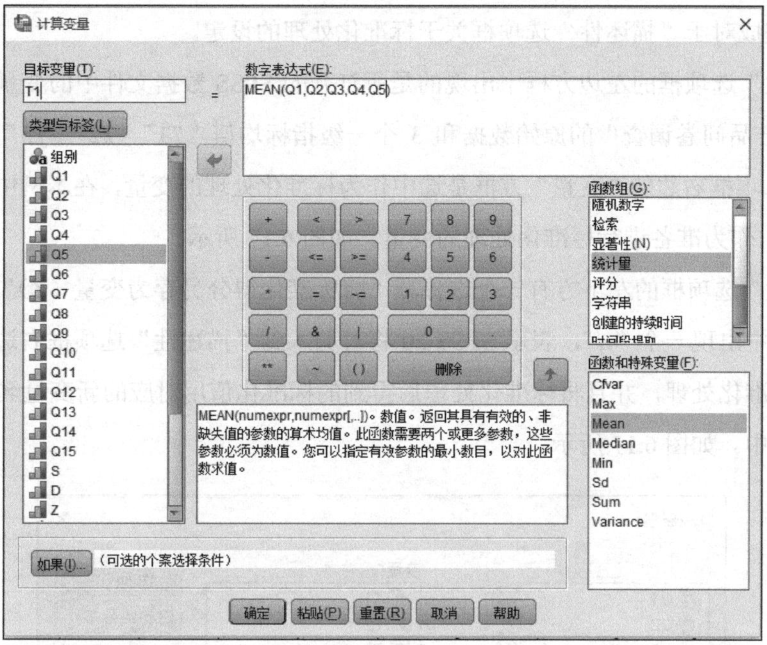

图 6.15　设置计算均值的函数“Mean”

在 SPSS 20 的主菜单栏中选择“分析”→“描述统计”，选中“描述”并用鼠标左键单击，则会弹出“描述性”选项框。这里以“A 产品问卷调查”为例。如图 6.16 所示。

图 6.16　进入标准化处理的对话框

第三步，完成对于“描述性”选项框关于标准化处理的设定。

在“描述性”选项框的左边方框中出现的是所打开的 SPSS 数据文件中的变量名称，由图 6.17 可以看到，“A 产品问卷调查”的原始数据和 3 个一级指标均值“*T*1”“*T*2”“*T*3”出现在左边方框中，“描述性”选项框右边的“变量”方框是选中作为标准化处理的变量，在本例中选中“*T*1”“*T*2”“*T*3”两个变量，作为准备进行标准化处理的变量。如图 6.17 所示。

在“描述性”选项框的左下方有一个选择项“将标准化得分另存为变量（Z）”。选中该选择项，在其前方的方框中出现一个“√”，表示 SPSS 20 将对调入到“描述性”选项框右边的“变量”方框中的变量进行标准化处理，并且将标准化处理后得到的标准化值用对应的新变量名存储到 SPSS 20 的原数据文件之中。如图 6.17 所示。

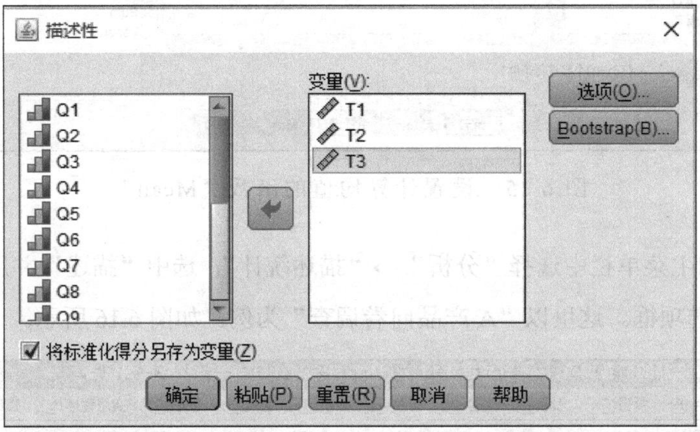

图 6.17　SPSS 20 的“描述性”选项框

第四步，最后完成 SPSS 20 的标准化处理。单击“确定”按钮，完成 SPSS 20 的标准化处理。得到了对相关变量的标准化处理，以及标准化处理之后的标准化数值。如图 6.18 和图 6.19 所示。

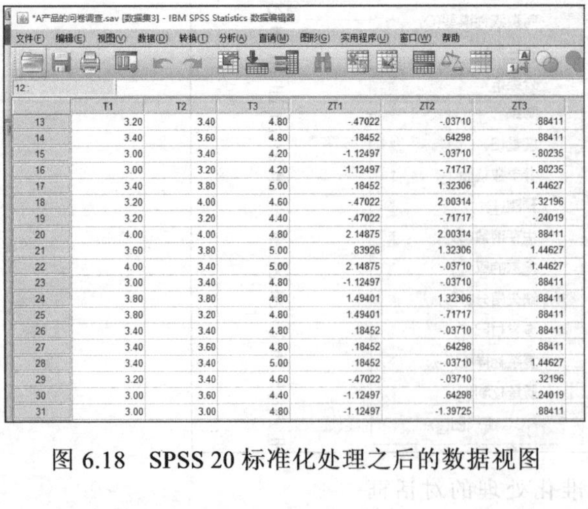

	T1	T2	T3	ZT1	ZT2	ZT3
13	3.20	3.40	4.80	-.47022	-.03710	.88411
14	3.40	3.60	4.80	.18452	.64298	.88411
15	3.00	3.40	4.20	-1.12497	-.03710	-.80235
16	3.00	3.20	4.20	-1.12497	-.71717	-.80235
17	3.40	3.80	5.00	.18452	1.32306	1.44627
18	3.20	4.00	4.60	-.47022	2.00314	.32196
19	3.20	3.20	4.40	-.47022	-.71717	-.24019
20	4.00	4.00	4.80	2.14875	2.00314	.88411
21	3.60	3.80	5.00	83926	1.32306	1.44627
22	4.00	3.40	5.00	2.14875	-.03710	1.44627
23	3.00	3.40	4.80	-1.12497	-.03710	.88411
24	3.80	3.80	4.80	1.49401	1.32306	.88411
25	3.80	3.20	4.80	1.49401	-.71717	.88411
26	3.40	3.40	4.80	.18452	-.03710	.88411
27	3.40	3.60	4.80	.18452	.64298	.88411
28	3.40	3.40	5.00	.18452	-.03710	1.44627
29	3.20	3.40	4.60	-.47022	-.03710	.32196
30	3.00	3.60	4.40	-1.12497	.64298	-.24019
31	3.00	3.00	4.80	-1.12497	-1.39725	.88411

图 6.18　SPSS 20 标准化处理之后的数据视图

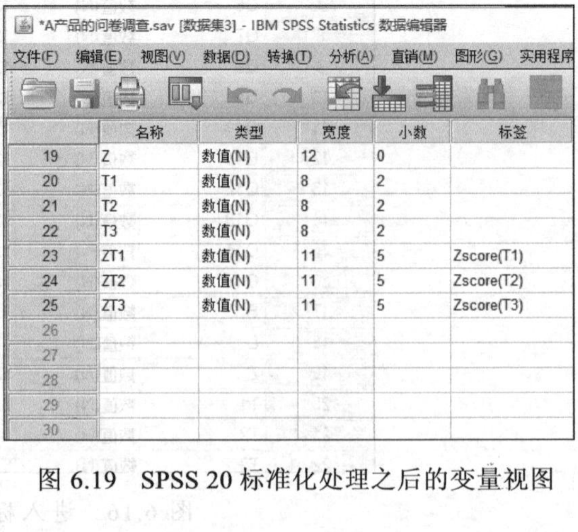

	名称	类型	宽度	小数	标签
19	Z	数值(N)	12	0	
20	T1	数值(N)	8	2	
21	T2	数值(N)	8	2	
22	T3	数值(N)	8	2	
23	ZT1	数值(N)	11	5	Zscore(T1)
24	ZT2	数值(N)	11	5	Zscore(T2)
25	ZT3	数值(N)	11	5	Zscore(T3)
26					
27					
28					
29					
30					

图 6.19　SPSS 20 标准化处理之后的变量视图

由图 6.18 可知，在运用 SPSS 20 进行标准化处理之后的数据视图中，出现了 3 个新的变量“*ZT*1”“*ZT*2”“*ZT*3”，这 3 个新的变量就是对原有变量“*T*1”“*T*2”“*T*3”进行标准化处理之后所得到标准化值。

在图 6.19 的 SPSS 20 的变量视图中，同样新增加了三个标准化值的新变量“*ZT*1”“*ZT*2”和“*ZT*3”，并且在“标签”栏注明了这 3 个新变量是标准化得分，分别为“Zscore（*T*1）”“Zscore（*T*2）”和“Zscore（*T*3）”。

关键术语

计量尺度　定类尺度　定序尺度　定距尺度　定比尺度

定类变量　定序变量　数字变量　标准化处理　标准化值

思考与练习

1. 学习计量尺度的基本定义，思考计量尺度在社会调查中的意义。
2. 简析定类尺度和定序尺度的特点与差别。
3. 简析定距尺度和定比尺度的特点与差别。
4. 简析标准化处理的意义。
5. 熟练运用SPSS 20进行数据的直接输入。
6. 熟练运用SPSS 20进行外部数据的读入。
7. 熟练运用SPSS 20进行数据的输出保存。
8. 熟练运用SPSS 20进行数据的标准化处理。

第7章 信度分析

【学习目标】

掌握信度的概念及其在社会调查实务中的意义与作用。

掌握信度分析的方法，重点掌握柯能毕曲α系数方法。

熟练运用SPSS 20进行柯能毕曲α系数信度分析。

学习运用SPSS 20进行折半信度分析。

7.1 信度分析的基本方法

7.1.1 信度的基本特征

信度（Reliability）又称为可靠性，反映了社会调查过程及其所采集资料的一贯性、一致性、再现性和稳定性特征，所度量的是社会调查过程及其资料的可信程度。任何一个经过科学设计程序所设定和实施的社会调查研究过程及其所采集的资料，必须具有一定可靠性和稳定性。从广义上来看，信度贯穿于社会调查整个过程的所有环节，包括调查方法、调查工具、实施过程、资料整理等，每一环节的可靠性程度都会影响到信度的整体水平。从狭义的视角，具体的信度水平主要通过社会调查获得的资料体现出来，尤其是通过问卷调查中所采集的资料体现出来，问卷设计为社会调查信度水平的关键环节。

信度分析一般可以分为内部信度分析和外部信度分析。

（1）外部信度是指在不同时间对同批被调查者实施重复调查时，评价结果是否具有一致性。如果两次重复评价结果的一致性较强，说明项目的概念和内容是清晰的，社会调查的设计是科学的，社会调查过程及其结果是可信的。信度好的指标在同样或类似的条件下重复操作，可以得到一致或稳定的结果。

（2）内部信度是指对研究对象某一社会特征进行评价的一组项目之间是否具有较高的一致性。一致性程度越高，评价项目就越有意义，其评价结果的内在可信度就越强。

【案例】可以用一个使用电子秤度量一块金子重量的例子，简单地描述外部信度和内部信度的特征和区别。

外部信度好比使用同一架电子秤两次度量这块金子的重量，假如第一次测量得到的分量与第二次测量得到的重量数值有所不同，那么就会对使用这架电子秤进行测量的准确性产生怀疑。显然，这一度量金子重量的过程及其结果的外部信度可以通过重复测量所得到的数据反映出来。在使用该电子秤进行两次称重的测量过程中，存在着影响测量结果准确与否的众多因素，并且贯穿该测量过程中的每一环节。包括实施称重工作人员的身体状况、专业水准和职业操守、称重的结果对操作人员的利益关系是否存在影响、是否严格遵守这架电子秤称重的具体方法和操作程序、对电子秤的科学校正、对称重数据的观测、记录和计核等。

内部信度好比使用多架电子秤来对同一块金子进行称重。例如，采用电子秤A、电子秤B、……电子秤T，一共20台电子秤来度量同一块金子的重量。假如这20台电子秤的称重结果非常接近，误差在容许范围之内，就会认可这一称重的结果，认为称重的过程以及得到的结果是可信的；反之，假如这20台电子秤的称重结果差异过大，超出了容许范围，就不会认可这一称重的结果，认为称重的过程以及得到的结果是不可信的。因此，这一度量金子重量的内部信度可以通过20台电子秤对同一块金子的同时称重所得的数据反映出来。

在社会调查实务中，信度分析的常用具体方法有重测信度、复本信度、分半信度、α 信度系数4种方法。前两种方法为外部信度分析，后两种为内部信度分析。

7.1.2 重测信度法

重测信度法（Retest Method）也称为再测信度，它是对同一组被调查人员，使用同一份问卷，间隔一定时间，前后调查两次，通过计算这两次调查结果的相关系数来度量调查的信度水平。该相关系数又称为稳定系数（Coefficient of Stability）。

重测信度反映的是在两次调查的间隔期间，由于时间的变化所带来的影响所产生的误差。因此，在社会调查实务中，使用重测信度法要注意到不同的社会调查特征受时间影响不同，要区分两类不同调查资料。一类资料是客观数据，即所谓事实性数据，如性别、出生年月等，这类资料在两次施测中不应有任何差异，职业、收入、爱好、习惯等在短时间内一般也不会出现变动，这类资料一般不是信度研究的对象；另一类资料是主观数据，即所谓评价性数据，这类资料则是信度研究的对象，也是重测信度研究的对象。

在社会调查实务中，由于重测信度法需要对同一样本调查两次，需要注意恰当选择两次调查的间隔时间。两次调查的时间间隔过短，被调查者容易回忆出上次调查时的回答，调查受到所谓记忆效应的影响；两次调查的时间间隔过长，则被调查者较容易受其他外部环境和影响条件变化的干扰，使得稳定系数产生非信度因素所导致的降低。较常用的调查间隔时间为两周到一个月。

7.1.3 复本信度法

复本信度法（Equivalent-Forms Method）是对同一群被调查者同时进行内容相似，难易度相当的A、B两次社会调查，在第一次调查中采用A问卷，在第二次调查中采用B问卷，这两次调查的问卷就称为复本问卷，通过计算这两次调查获得资料的相关系数来度量社会调查过程及其结果的信度水平。这一相关系数又称为复本系数（Coefficient of Forms）或等值系数（Coefficient of Equivalence）。

复本信度法的特点是采用不同问卷，连续进行两次调查。复本信度法的两次调查在同一时间连续进行，使得复本信度法不受记忆效应、练习效应等的影响，减少了辅导或作弊的可能性。此外，与重测信度法相比较，复本信度法不用考虑两次调查之间的时间间隔长短，不会受到时间间隔长短的困扰。

但是，复本信度法采用不同问卷进行调查，要求两个复本问卷除问题表述的具体内容不同之外，在形式、格式、难度等方面均要求保持高度一致，要求在调查环境、调查研究人员的实施技巧等方面要保持高度一致，以消除其他因素对调查结果的干扰，使得两个复本问卷具有可比性。在实际的社会调查实践中，很难满足复本信度法的这些要求。此外，在复本信度法前后相继进行的两次调查之中，有可能对被调查者产生某种心理的影响，形成相关的有意偏倚。这些局限制约了复本信度方法的实际应用。

7.1.4 折半信度法

折半信度法（Split Half Method）的基本思路与复本信度法比较接近，分析的方法也比较相像。不过，折半信度法不是进行两次调查，而是将同一次调查所采集的资料分为两个部分，要求这两个部分资料的内容性质、问卷格式、问题难度高度一致，通过计算这两个部分调查资料的相关系数来度量社会调查过程及其结果的信度水平。因此，折半信度法是一种内部信度法，这与重测信度和复本信度法有所不同的。

折半信度法仅需要进行一次调查，因此不存在复本信度法中前后两次调查在外部环境、调查研究人员等方面存在差异的问题，也规避了前后两次调查对被调查者心理和情绪产生的种种影响所导致的偏倚。此外，折半信度法不需要进行前后两次调查，实施起来非常简单便利。

折半信度法所面对的问题是如何将一次调查获得的资料，在保证内容性质、问卷格式、问题难度等方面高度一致的前提下，有效地分为两个部分，对其进行信度分析。由于一般的问卷设计有着前易后难的考虑，并且被调查者的心理在开始回答时，到调查快结束时难免有所不同，还会多少受到练习效应和疲劳等因素的影响，将调查资料分成前后两个部分显然是不可取的，一般应采用奇偶分半法将调查资料交叉地分成两个更具可比性的部分。

折半信度属于内部一致性系数，度量的是两个半分之后的资料之间的一致性。当调查采集的资料是客观数据，即所谓事实性数据时，如性别、年龄、职业、收入、爱好、习惯等不存在比较的意义，不适宜采用折半信度法进行度量；折半信度法适用于主观数据，即所谓评价性数据的内部一致性度量，例如常用于态度、意见式问卷的信度分析。因此，在进行折半信度分析时，需要先将客观数据剔除。

【案例】以“A市市民公交车服务状况评价研究”为例，该调查共设置4个一级指标，具体为公交车的便捷性、舒适性、普惠性和个体特征。其中便捷性、舒适性、普惠性为被调查者的主观评价，适合采用折半信度法对其内部信度进行度量；个体特征为被调查者的客观属性，属于客观资料，不适合采用折半信度法对其信度进行度量。

在进行社会调查研究时，在定序量表采用数值作为有序类别的代码，以及有李克特量表加总获得的定距量表数据，都使用数值来表示大小、优劣，这时就有一个顺序问题，即存在正向指标和逆向指标，即所谓数值越大越好，或者数值越小越好的不同设计。在采用折半信度法对内部信度进行度量之前，需要检查是否存在数值越小越好的逆向指标，并对逆向指标的得分数值作正向化处理，保证各项指标得分方向的一致性，然后再计算分成两个部分调查资料的相关系数。

7.1.5 柯能毕曲α系数法

为了克服折半法的一些缺点，Cronbach（1951）提出柯能毕曲 α 系数（Cronbach α）。柯能毕曲 α 系数为目前社会调查研究最常使用的信度测度，其计算公式为

$$\alpha=\frac{K}{K+1}\left[1-\left(\sum s_i^2/s_x^2\right)\right] \tag{7.1}$$

式（7.1）中，K 为量表中问题的总数；s_i^2 为第 i 题得分的题内样本方差（即为使用第 i 题问题中各位被调查者回答答分计算的样本方差）；s_x^2 为全部问题总得分的方差（即为使用某一社会调查中的全部问题，或者其中某一项一级指标下的全部问题调查者回答答分计算的样本方差）。

从式（7.1）中可以看出，柯能毕曲 α 系数评价的是调查问卷中各项问题得分之间的一致性，属于内部一致性系数。与折半信度相同，柯能毕曲 α 系数方法仅适用于主观数据，在采用柯能毕曲 α 系数进行信度分析时，需要先将客观数据剔除。

使用柯能毕曲 α 系数方法进行信度分析，可以参考在多次社会调查实务的实践中得出经验数值，作为判断社会调查过程及其资料信度程度的基准。一般有，当柯能毕曲 α 系数数值<0.3 时，表示不可信；$0.3\leq$柯能毕曲 α 系数数值<0.4 时，表示勉强可信；$0.4\leq$柯能毕曲 α 系数数值<0.5 时，为基本可信；$0.5\leq$柯能毕曲 α 系数数值<0.7 时，为可信；$0.7\leq$柯能毕曲 α 系数数值<0.9 时，为很可信；$0.9\leq$柯能毕曲 α 系数数值时，为非常可信。假若柯能毕曲 α 系数的数值小于 0.3，甚至为负，则表示各项问题之间的一致性非常差，需要重新进行调查设计。

柯能毕曲 α 系数信度分析包括对整个调查资料，以及对每一项一级指标两个层面的分析。对整个调查资料进行柯能毕曲 α 系数信度分析得到的结果，借助所有问题信度的平均水平，反映了整个社会调查过程及其调查资料的信度水平。但是，对整个调查资料的柯能毕曲 α 系数信度分析不能反映一级指标的信度水平。在实际社会调查中，笼统的整个调查的信度分析有时会混淆对一级指标信

度水平的正确认识，对于一级指标的信度分析也具有重要的意义。因此，需要同时对每一项一级指标开展柯能毕曲 α 系数信度分析。

在进行社会调查实践时，各项一级指标之间一般具有较为明显的差异性，否则就不可能成为各自不同的一级指标，而是应该合并为同一项一级指标。因此，各项一级指标的调查得分之间相对而言差异较大，在对整个调查资料总分进行柯能毕曲 α 系数信度分析时，一级指标的调查得分之间的较大差异包含在全部问题总得分的样本方差 s_x^2 之中，从而加大全部问题总得分的样本方差 s_x^2。由式（7.1）可知，这时就会加大柯能毕曲 α 系数的数值。而一级指标的柯能毕曲 α 系数的全部问题总得分的样本方差 s_x^2，不包含各项一级指标之间的较大差异，使得一级指标柯能毕曲 α 系数数值略小。因此，各项一级指标的柯能毕曲 α 系数信度数值会小于整个调查资料的柯能毕曲 α 系数信度，这是对社会调查中一级指标之间差异较大这一合理现象的客观反映。

7.2 SPSS 20 的信度分析

7.2.1 SPSS 20的柯能毕曲α系数分析

从式（7.1）的柯能毕曲 α 系数公式出发，运用 SPSS 20 进行信度分析。

1. 柯能毕曲 α 系数分析的 SPSS 20 操作

这里仍以“A 产品问卷调查”为例。

（1）在 SPSS 20 的主菜单栏中选择“分析”→“度量”，选中“可靠性分析”，用鼠标左键单击，则会弹出“可靠性分析”选项框。如图 7.1 所示。

图 7.1　选中“可靠性分析”选项框

（2）在“可靠性分析”选项框的左下方的“模型”下拉菜单中选中“α”，即选中柯能毕曲 α 系数信度分析方法；并将准备进行柯能毕曲 α 系数信度分析的变量导入到“项目”框中。在本例中将 15 个二级指标全部导入到“项目”框中，对该项社会调查的全部调查问题进行柯能毕曲 α 系数信度分析。如图 7.2 所示。

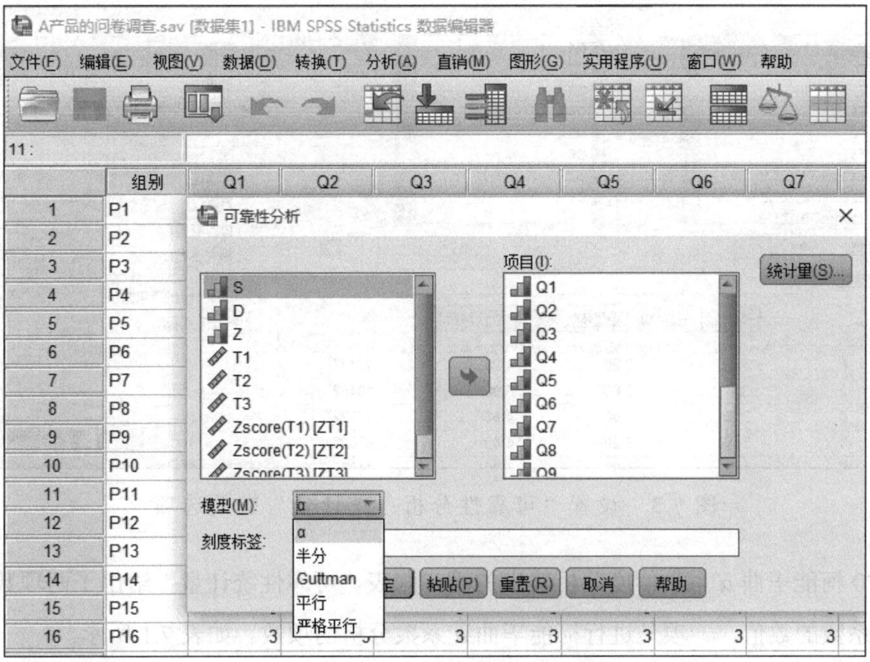

图 7.2 设置“柯能毕曲 α 系数信度分析”有关选项

当然，也可以将某个一级指标下的全部二级指标导入到“项目”框中。例如，将第一项一级指标下的问题 Q1、Q2、Q3、Q4、Q5 这 5 个二级指标导入到“项目”框中，对第一项一级指标进行柯能毕曲 α 系数信度分析。

（3）单击“可靠性分析”选项框的右上方的“统计量”按钮，在弹出的“可靠性分析：统计量”的选项框中选中“如果项已经删除则进行度量”选项，单击“继续”按钮，予以确认并关闭“可靠性分析：统计量”选项框，再单击“可靠性分析”选项框下方的“确定”按钮，完成 SPSS 20 的柯能毕曲 α 系数信度分析。如图 7.3 所示。

在 SPSS 20 柯能毕曲 α 系数信度分析的输出界面中，给出了“案例汇总处理”、“可靠性统计量”、“项总计统计量” 3 张表格。

2. SPSS 20 柯能毕曲 α 系数信度分析的输出

SPSS 20 柯能毕曲 α 系数信度分析输出的第一张表“案例汇总处理”给出了所输入变量的观察值项数中有效的项数和删除的项数以及百分比。在本“A 产品问卷调查”中，观察值项数和有效的项数均为 110，有效项数的百分比为 100%；删除的项数以及百分比均为 0。这张表反映是 SPSS 20 进行柯能毕曲 α 系数信度分析时数据的质量。该表一般不用列入到社会调查研究的分析报告中。

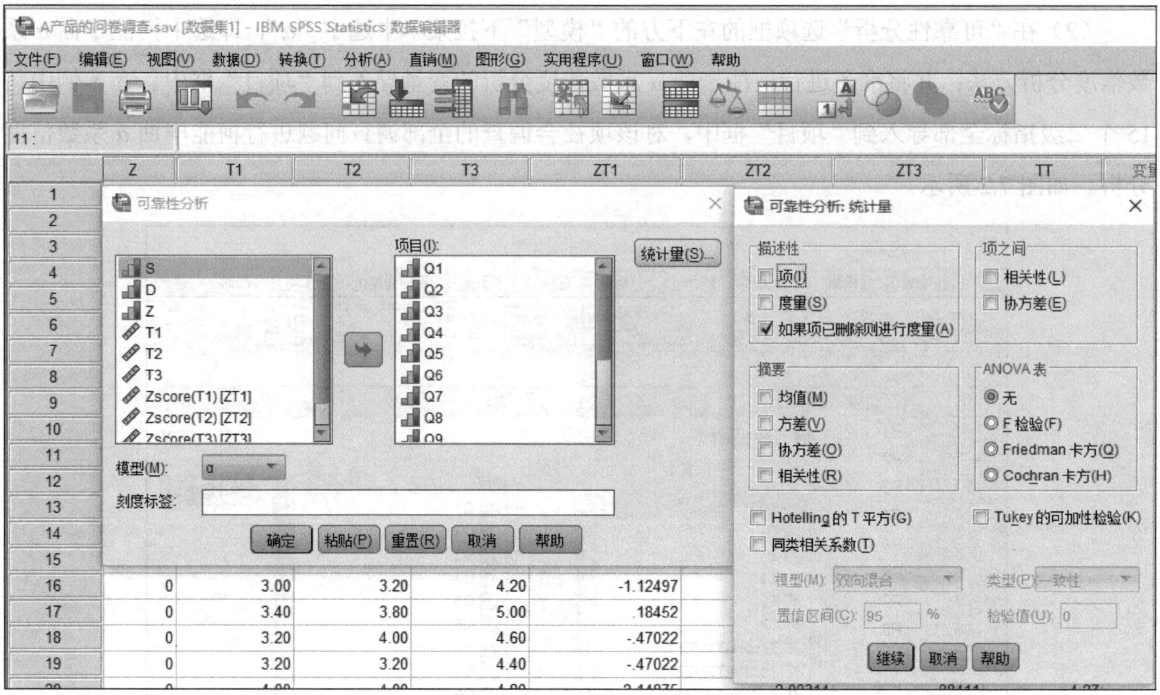

图 7.3 设置“可靠性分析：统计量”有关选项

SPSS 20 柯能毕曲 α 系数信度分析输出的第二张表“可靠性统计量”给出了两项数据，一项是柯能毕曲 α 系数的数值，一项是进行柯能毕曲 α 系数分析的项数。如表 7.1 所示。

表 7.1 SPSS 20 输出的“可靠性统计量”表

Cronbach's Alpha	项数
0.773	15

计算得到柯能毕曲 α 系数的数值是进行分析的主要目的，它是度量社会调查过程及其资料信度的具体数值，是必须在分析研究过程中加以陈述的重要依据；项数是指直接参与柯能毕曲 α 系数分析的问题的项数，在本例中为 15，即 15 项二级指标。

规范的表格应采用两端开口式设置，表格中指标的外文名称应翻译为中文。可以依此将表 7.1 的内容重新整理，得到规范的表格形式，如表 7.2 所示。

表 7.2 “A 产品问卷调查”的柯能毕曲 α 系数

测度	数值
柯能毕曲 α 系数	0.773

由表 7.2 可知，柯能毕曲 α 系数为 0.773，处在“很可信”区间，表示本次“A 产品问卷调查”的过程和资料具有较好的内部一致性。

SPSS 20 柯能毕曲 α 系数信度分析输出的第三张表是“项总计统计量”，在该表中给出了“项已删除的刻度均值”“项已删除的刻度方差”“校正的项总计相关性”“项已删除的 Cronbach's Alpha 值”，共4项测度。“项已删除的刻度均值”指的是将对应的项（问题）删除后，由剩余的项（问题）计算的均值；“项已删除的刻度方差”指的是将对应的项（问题）删除后，由剩余的项（问题）计算的方差；“校正的项总计相关性”为对应的项（问题）与其他项（问题）之间的相关系数，该相关系数数值水平越高，表示该项（问题）与其他项（问题）的内部一致性越高。“项已删除的 Cronbach's Alpha 值”即为将对应的项（问题）删除后，由剩余的项（问题）计算的柯能毕曲 α 系数数值。如表 7.3 所示。

表 7.3　　SPSS 20 输出的“项总计统计量”表（部分）

问题	项已删除的刻度均值	项已删除的刻度方差	校正的项总计相关性	项已删除的 Cronbach's Alpha 值
Q1	52.864	11.422	0.612	0.740

为了简略起见，在表 7.3 中仅以 SPSS 20 柯能毕曲 α 系数信度分析输出的第三张表是“项总计统计量”第一行作为简单示意。

在第三张表“项总计统计量”中，最重要的测度就是“项已删除的 Cronbach's Alpha 值”，该数值为剔除该项之后由剩余的项计算的柯能毕曲 α 系数数值，反映了剔除该项是否有助于提高柯能毕曲 α 系数数值，及其改善后的具体数值。所以将表的标题改为“柯能毕曲 α 系数信度分析表”较为合适。表 7.4 为将表的标题和测度名称改为更为明晰之后的表格。

表 7.4　　“A 产品问卷调查”的柯能毕曲 α 系数信度分析表

问题	该项删除后的均值	该项删除后的方差	该项的总相关性	该项删除后的柯能毕曲 α 系数
Q1	52.864	11.422	0.612	0.740
Q2	52.982	12.862	0.165	0.777
Q3	52.700	12.395	0.272	0.769
Q4	52.818	11.765	0.480	0.751
Q5	52.918	12.553	0.267	0.769
Q6	52.909	12.432	0.302	0.766
Q7	52.709	12.171	0.339	0.764
Q8	52.836	12.468	0.238	0.773
Q9	52.818	12.260	0.308	0.766
Q10	52.673	11.507	0.398	0.759
Q11	51.745	11.531	0.539	0.746
Q12	51.864	12.229	0.348	0.763
Q13	51.627	11.520	0.522	0.747
Q14	51.682	11.962	0.366	0.761
Q15	51.655	11.659	0.498	0.750

结合 7.2 表中的柯能毕曲 α 系数为 0.773，由表 7.4 可知，只有问题 Q2 的“该项删除后的柯能毕曲 α 系数”0.777 略大于 0.773，问题 Q2 的“该项的总相关性”为 0.165 也是 15 项问题中最小的。

由此可以认为删除问题Q2有利于提高“A产品问卷调查”的内部信度，将柯能毕曲α系数由0.773提高到0.777。不过，还应注意到这一删除问题Q2对于柯能毕曲α系数的改善幅度并不大，仅有0.004。

这里是将“A产品问卷调查”的所有主观问题，即3项一级指标下的全部15项问题归并在一起所进行的柯能毕曲α系数内部信度分析。问题Q2的“该项的总相关性”过低，以及“该项删除后的柯能毕曲α系数”0.777略大于0.773，有可能是由于3项一级指标之间的差异过大引致的。所以，应该在分析问题Q2所在的一级指标的柯能毕曲α系数之后再决定是否删除该问题，以避免由于不当删除导致的信息损失。

3. 基于SPSS 20柯能毕曲α系数的一级指标信度分析

接下来，分别对3项一级指标逐一进行柯能毕曲α系数分析。

（1）进行第一项一级指标“产品营销”的柯能毕曲α系数分析。可以得到表7.5和表7.6两张表。

表7.5　“产品营销”的柯能毕曲α系数

测度	数值
柯能毕曲α系数	0.645

由表7.5可知，柯能毕曲α系数为0.645，处在“很可信”区间，表示“产品营销”仍然具有较好的内部一致性。

在正常的情况下，对各个一级指标以下的二级指标进行的柯能毕曲α系数分析，其柯能毕曲α系数数值应该低于由所有的二级指标计算得到的柯能毕曲α系数数值，这是具有结构效度的表现之一。如表7.6所示。

表7.6　“产品营销”的柯能毕曲α系数信度分析表

问题	该项删除后的均值	该项删除后的方差	该项的总相关性	该项删除后的柯能毕曲α系数
Q1	13.382	1.486	0.537	0.523
Q2	13.500	1.775	0.286	0.642
Q3	13.218	1.658	0.326	0.629
Q4	13.336	1.528	0.469	0.556
Q5	13.436	1.679	0.383	0.599

由表7.6可知，问题Q2的“该项删除后的柯能毕曲α系数”为0.642，虽然在5项问题中仍然是最大，但是已经小于其一级指标“产品营销”的柯能毕曲α系数0.645，这时删除问题Q2无助于改善该一级指标“产品营销”的柯能毕曲α系数，不能提高其信度水平，所以不必将问题Q2删除。说明在对“A产品问卷调查”全部15个二级指标进行的柯能毕曲α系数信度分析时，先不删除问题Q2的处理是合理的。

（2）进行第二项一级指标“产品品质”的柯能毕曲α系数分析。得到表7.7和表7.8两张表。

表 7.7　　　　　　　　“产品品质”的柯能毕曲 α 系数

测度	数值
柯能毕曲 α 系数	0.449

由表 7.7 可知，柯能毕曲 α 系数为 0.449，处在“基本可信”区间，表示“产品品质”的内部一致性尚可。但是，第二项一级指标“产品品质”的柯能毕曲 α 系数明显低于第一项一级指标“产品营销”的柯能毕曲 α 系数。

表 7.8　　　　　　　　“产品品质”的柯能毕曲 α 系数信度分析表

问题	该项删除后的均值	该项删除后的方差	该项的总相关性	该项删除后的柯能毕曲 α 系数
Q6	13.764	1.687	0.225	0.403
Q7	13.564	1.679	0.177	0.434
Q8	13.691	1.592	0.229	0.399
Q9	13.673	1.598	0.240	0.392
Q10	13.527	1.316	0.309	0.333

在表 7.8 中，该一级指标“产品品质”下的 5 个二级指标的“该项删除后的柯能毕曲 α 系数”均小于柯能毕曲 α 系数 0.449，表明由这 5 个二级指标构成的一级指标“产品品质”相对合理，无需删除。

（3）进行第三项一级指标“产品价格”的柯能毕曲 α 系数分析，得到表 7.9 和表 7.10 两张表。

表 7.9　　　　　　　　“产品价格”的柯能毕曲 α 系数

测度	数值
柯能毕曲 α 系数	0.745

由表 7.9 可知，柯能毕曲 α 系数为 0.745，处在“很可信”区间，表示“产品价格”的内部一致性很好。

表 7.10　　　　　　　　“产品价格”的柯能毕曲 α 系数信度分析表

问题	该项删除后的均值	该项删除后的方差	该项的总相关性	该项删除后的柯能毕曲 α 系数
Q11	17.973	2.063	0.592	0.668
Q12	18.091	2.340	0.412	0.733
Q13	17.855	2.125	0.515	0.697
Q14	17.909	2.175	0.442	0.726
Q15	17.882	2.068	0.588	0.670

在表 7.10 中，一级指标“产品价格”下的 5 个二级指标的“该项删除后的柯能毕曲 α 系数”均小于柯能毕曲 α 系数 0.745，表明由这 5 个二级指标构成的一级指标“产品品质”合理，删除任何一项都不能提高信度水平。

（4）可以将以上“A产品问卷调查”15项问题归并在一起计算的柯能毕曲 α 系数，以及3项一级指标分别计算得到的柯能毕曲 α 系数数值，归并在一起进行对比分析，以对这一“A产品问卷调查”的柯能毕曲 α 系数信度分析有一个全面的把握。

表7.11 “A产品问卷调查”的柯能毕曲 α 系数对比分析表

对象	柯能毕曲 α 系数
全部15项问题	0.773
“产品营销”的5项问题	0.645
“产品品质”的5项问题	0.449
“产品价格”的5项问题	0.745

由表7.11可知，无论是采用全部15项问题，还是采用3项一级指标分别计算的柯能毕曲 α 系数，该“A产品问卷调查”的过程及其资料均具有一定的信度。从3项一级指标的柯能毕曲 α 系数来看，其中第三项一级指标“产品价格”的信度最高，其次为第一项一级指标“产品营销”的信度也很好，第二项一级指标“产品品质”的信度偏弱一些，在后续的调查研究中应对其给予关注。

一般而言，对于第二项一级指标“产品品质”的评价需要具备更多的专业知识，普通被调查者大多不具有这样的专业知识，容易产生不同的判读和歧义，这可能是导致“产品品质”信度水平偏低的主要原因。而一般消费者对于产品的价格是最关心的，在进行消费时也是考虑最多的因素之一，其概念和评价最为直观，因此“产品价格”的信度水平最高也属情有可原。

通过这个示例的信度分析可以得知，在社会调查实务中所研究问题的复杂程度也是构成影响调查信度水平的一个不可忽略的重要因素。面对相对复杂的研究问题需要采用更加科学的调查设计来保障社会调查的信度。

7.2.2 SPSS 20的折半信度分析

1. 折半信度分析的SPSS 20内容

SPSS 20的折半信度分析采取的是前后分半的方式，即按照原有的顺序，将全部问题对半分为前后两个部分。如果问题总数为偶数，则这两个部分问题个数恰好相等；如果问题总数为奇数，这两个部分问题个数则不相等，这时SPSS 20的折半信度分析的前一半比后一半多1个问题。例如。“A产品问卷调查”有15项问题，在SPSS 20的折半信度分析中前一半为8个问题，后一半则为7个问题。

SPSS 20的折半信度分析输出的分析测度包括“（每一部分的）柯能毕曲 α 系数”“表格之间的相关性”“等长的Spearman-Brown（斯皮尔曼-布朗）可靠性系数”“不等长的Spearman-Brown（斯皮尔曼-布朗）可靠系数性”和“Guttman（哥特曼）半分可靠性系数”。

其中，“表格之间的相关性”即相关性折半信度为基本的折半信度系数测度。该测度是通过将数据分为两半，以这两个部分的相关性测度 R，作为度量社会调查过程及其资料一致性程度的测度。

在一般场合，更多采用 Spearman-Brown 公式对相关性测度 R 进行修正之后的折半信度系数。根据在折半信度分析中分为两个部分之后的问题个数是否相等，有着两个不同的 Spearman-Brown 修正系数的计算公式。在问题总数是偶数时，分为两个部分之后的问题个数是相等的，则适用“等长的 Spearman-Brown 可靠性系数”，其计算公式为

$$Y_1 = 2R/(R+1) \tag{7.2}$$

其中，Y_1 为等长的 Spearman-Brown 可靠性系数；R 为相关性折半信度。

在问题总数是奇数时，分为两个部分之后的问题个数是不相等的，则适用“不等长的 Spearman-Brown 可靠性系数”，其计算公式为

$$Y_2 = \frac{\sqrt{R^4 + 4R^2(1-R^2)K_1K_2/K^2} - R^2}{2(1-R^2)K_1K_2/K^2} \tag{7.3}$$

其中，Y_2 为不等长的 Spearman-Brown 可靠性系数；R 为相关性折半信度；K 为问题总数；K_1 和 K_2 分别为第一部分和第二部分问题个数。

“Guttman 半分可靠性系数”也称为 Flanagan（弗朗那根）公式，其目的是在分为两部分问题的数据出现方差不等时，对折半信度系数进行修正。

2. 折半信度分析的 SPSS 20 步骤

仍然以“A 产品问卷调查”为例。

（1）在 SPSS 20 的主菜单栏中选择“分析”→“度量”，选中“可靠性分析”，然后用鼠标左键单击，则会弹出“可靠性分析”选项框。在“可靠性分析”选项框的左下方的“模型”下拉菜单中选中“半分”，即选中折半信度分析方法；并将准备进行折半信度分析的变量导入到“项目”框中，即将 15 个二级指标全部导入到“项目”框中。如图 7.4 所示。

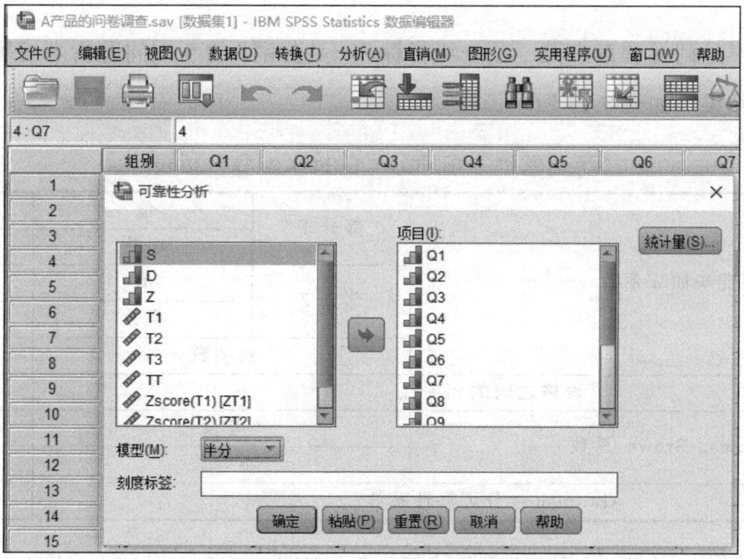

图 7.4 设置“折半系数信度分析”有关选项

（2）单击“可靠性分析”选项框下方的“确定”按钮，完成运用 SPSS 20 进行的折半系数信度分析。在 SPSS 20 折半信度分析的输出界面中，给出了“案例汇总处理”和“可靠性统计量”两张表格。第二张表格“可靠性统计量”中逐一列出了折半信度分析的主要测度和数值，是运用 SPSS 20 进行折半信度分析的主要内容。

3. 基于 SPSS 20 的折半信度分析

接下来，分别进行对“A 产品问卷调查”全部问题，以及 3 项一级指标全部问题的折半信度分析。

（1）进行对整个“A 产品问卷调查”全部 15 项问题的折半信度分析。可以得到 SPSS 20 折半信度分析结果，如表 7.12 所示。

表 7.12　　“A 产品问卷调查”前后分半的折半信度分析表

柯能毕曲 α 系数	部分 1	值	0.629
		项数	8
	部分 2	值	0.721
		项数	7
	总项数		15
表格之间的相关性			0.481
Spearman-Brown 系数	等长		0.649
	不等长		0.650
Guttman 半分可靠性系数			0.647

在表 7.12 中，两个部分的“柯能毕曲 α 系数”分别为 0.629 和 0.721，“表格之间的相关性”为 0.481，“不等长的 Spearman-Brown 可靠系数性”为 0.650，“Guttman 半分可靠性系数”为 0.647，均在较好的区间。表明根据折半信度分析，从总体上来看，A 产品问卷调查的过程及其资料具有较好的折半信度。

（2）进行 A 产品问卷调查中第一项一级指标“产品营销”的 5 项问题折半信度分析，得到 SPSS 20 折半信度分析结果，如表 7.13 所示。

表 7.13　　“产品营销”前后分半的折半信度分析表

柯能毕曲 α 系数	部分 1	值	0.438
		项数	3
	部分 2	值	0.353
		项数	2
	总项数		5
表格之间的相关性			0.572
Spearman-Brown 系数	等长		0.728
	不等长		0.743
Guttman 半分可靠性系数			0.708

在表 7.13 中，两个部分的“柯能毕曲 α 系数”分别为 0.438 和 0.353。这是由于问题个数偏少，

会影响到柯能毕曲 α 系数数值水平。“表格之间的相关性”为 0.572，“不等长的 Spearman-Brown 可靠系数性”为 0.743，“Guttman 半分可靠性系数” 为 0.708，反映具有好的一致性。表明 A 产品问卷调查“产品营销”部分的调查过程及其资料具有好的折半信度。

（3）对 A 产品问卷调查中的第二项一级指标“产品品质”的 5 项问题进行折半信度分析。表 7.14 为 SPSS 20 折半信度分析结果。

表 7.14　“产品品质”前后分半的折半信度分析表

柯能毕曲 α 系数	部分 1	值	0.001
		项数	3
	部分 2	值	-0.066
		项数	2
	总项数		5
表格之间的相关性			0.586
Spearman-Brown 系数	等长		0.739
	不等长		0.745
Guttman 半分可靠性系数			0.738

在表 7.14 中，两个部分的“柯能毕曲 α 系数”分别为 0.001 和-0.066。由于第二部分问题之间的协方差为负，所以其柯能毕曲 α 系数数值为负。虽然该项调查第二项一级指标“产品品质”的柯能毕曲 α 系数本身就不高，仅为 0.449。但是，表 7.14 中折半信度分析，给出的柯能毕曲 α 系数过于悬殊。这与问题个数过少，样本容量太小有关；同时，也与 SPSS 20 折半信度分析采取的前后分半方法有关。具体分析请见随后的“（4）奇偶分半下的 SPSS 20 折半信度分析”。

在表 7.14 中，“表格之间的相关性”为 0.586，“不等长的 Spearman-Brown 可靠系数性”为 0.745，“Guttman 半分可靠性系数”为 0.738 6，这些折半一致性系数都很好。表明 A 产品问卷调查“产品品质”部分的调查过程及其资料具有好的折半信度。

（4）进行 A 产品问卷调查中第三项一级指标“产品价格”的 5 项问题折半信度分析，得到 SPSS 20 折半信度分析结果，如表 7.15 所示。

表 7.15　“产品价格”前后分半的折半信度分析表

柯能毕曲 α 系数	部分 1	值	0.667
		项数	3
	部分 2	值	0.643
		项数	2
	总项数		5
表格之间的相关性			0.503
Spearman-Brown 系数	等长		0.669
	不等长		0.676
Guttman 半分可靠性系数			0.655

在表 7.15 中，两个部分的“柯能毕曲 α 系数”分别为 0.667 和 0.643。“表格之间的相关性”为 0.503，“不等长的 Spearman-Brown 可靠系数性”为 0.676，“Guttman 半分可靠性系数”为 0.655，反

映具有好的一致性。仍然表明“A 产品问卷调查”的“产品营销”部分的调查过程及其资料具有好的折半信度。

4. 奇偶分半下的 SPSS 20 折半信度分析

如前所述，在进行折半信度时，为了避免分半过程不当所导致的系统性误差，折半信度分析应采用奇偶分半的方法，即将调查资料按照顺序交叉地分成两个部分。但 SPSS 20 中的折半信度分析采取的是前后分半的方式，即按照调查中问题排列的原有的顺序，简单地将全部问题对半分为前后两个部分，这种方式容易产生系统性误差。为了规避 SPSS 20 前后分半的折半方式导致的不妥，可以在变量导入到“项目”框中时，采取手工方式来实现信度分析的奇偶分半，先依次导入序号为奇数（或偶数）的问题，然后再导入序号为偶数（奇数）的问题。如图 7.5 所示。

这样，SPSS 20 对“A 产品问卷调查”的折半信度分析两个对折分组改为，第一部分由奇数的 *Q*1、*Q*3、*Q*5、*Q*7、*Q*9、*Q*11、*Q*13 和 *Q*15 这 8 项问题组成，第二部分由偶数的 *Q*2、*Q*4、*Q*6、*Q*8、*Q*10、*Q*12 和 *Q*14 这 7 项问题组成。由此，可以得到奇偶分半方法分组下的 SPSS 20 折半信度分析结果，如表 7.16 所示。

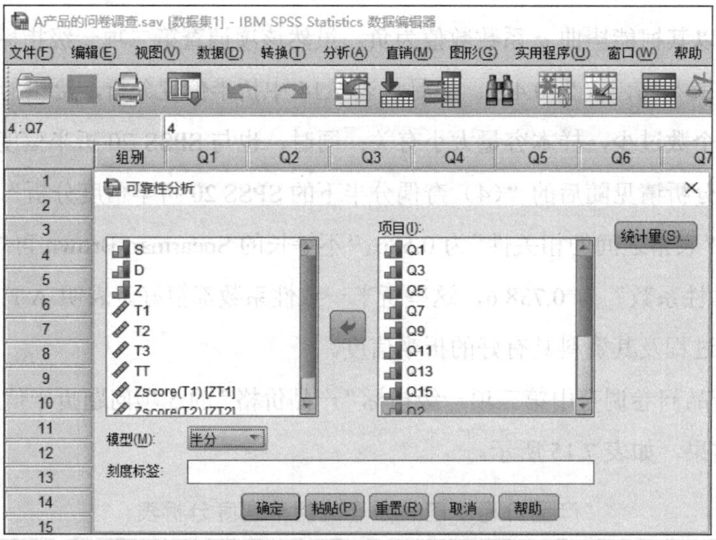

图 7.5 按照奇偶数顺序设置“折半系数信度分析”选项

表 7.16 “A 产品问卷调查”奇偶分半下的折半信度分析表

柯能毕曲 α 系数	部分 1	值	0.726
		项数	8
	部分 2	值	0.579
		项数	7
	总项数		15
表格之间的相关性			0.520
Spearman-Brown 系数	等长		0.684
	不等长		0.685
Guttman 半分可靠性系数			0.676

与表 7.12 的前后分半分组相比较，通过奇偶分半的分组，使得“表格之间的相关性”“不等长的 Spearman-Brown 可靠系数性”和“Guttman 半分可靠性系数”数值均有改善。

再以“A 产品问卷调查中”第二项一级指标“产品品质”的折半信度分析为例，采用奇偶分半的分组方法，基于 SPSS 20 进行折半信度分析。“A 产品问卷调查”中的“产品品质”的 5 项问题的序号为 Q6、Q7、Q8、Q9 和 Q10。按照 SPSS 20 在问题总数为奇数时，第一分组多一项问题的设置，先选定问题 Q6、Q8 和 Q10 导入到“项目”框中，然后再将问题 Q7 和 Q9 导入到“项目”框中。这样，就构成了两个奇偶分半的分组，可以得到与前后方法分组明显不同的 SPSS 20 折半信度分析结果，如表 7.17 所示。

表 7.17　　“产品品质”奇偶分半下的折半信度分析表

<table>
<tr><td rowspan="5">柯能毕曲 α 系数</td><td rowspan="2">部分 1</td><td>值</td><td>0.464</td></tr>
<tr><td>项数</td><td>3</td></tr>
<tr><td rowspan="2">部分 2</td><td>值</td><td>0.464</td></tr>
<tr><td>项数</td><td>2</td></tr>
<tr><td colspan="2">总项数</td><td>5</td></tr>
<tr><td colspan="3">表格之间的相关性</td><td>0.126</td></tr>
<tr><td rowspan="2">Spearman-Brown 系数</td><td colspan="2">等长</td><td>0.223</td></tr>
<tr><td colspan="2">不等长</td><td>0.227</td></tr>
<tr><td colspan="3">Guttman 半分可靠性系数</td><td>0.213</td></tr>
</table>

与表 7.14 相比，在表 7.17 中，两个部分的“柯能毕曲 α 系数”均为 0.464，而没有再出现 0 和负值。但是“表格之间的相关性”、“不等长的 Spearman-Brown 可靠系数性”和“Guttman 半分可靠性系数”均大幅下降。奇偶分半的折半信度分析的这一结果，与柯能毕曲 α 系数信度分析中，“产品品质”部分的信度水平处在最低水平的结果相吻合，是比较可信的。

“A 产品问卷调查”的“产品品质”的折半信度分析的前后分半与奇偶分半的结果大相径庭，这不仅是前后分半容易形成系统性偏误所导致；也是由于问题总数太少，分到每个部分的问题个数就更少，放大了由问题分组所导致的折半信度分析的系统性偏误。

由此，可以得出以下几点结论。

（1）折半信度分析的结果与原始资料的排列次序相联系，即直接受到各项资料排列的次序的影响。同一资料，采取不同的分组，以及采取不同的排列次序，都会影响到折半信度分析的结果。

（2）进行折半信度分析时，不要简单地将全部问题对半分为前后两个部分，而应该采用奇偶分半的方法，将调查资料顺序交叉地分成两个部分。

（3）进行折半信度分析时，应尽量拥有充分多的问题项数，否则折半信度分析结果对问题对半分组时的排序变换将非常敏感。

（4）采用折半信度方法进行信度分析时，要结合其他信度度量方法，尤其是柯能毕曲 α 系数方法综合运用。折半信度只是一种辅助性的信度方法。

关键术语

重测信度　　复本信度　　折半信度　　柯能毕曲α信度系数

思考与练习

1. 什么是重测信度、复本信度、折半信度？

2. 简述柯能毕曲α系数方法。

3. 试分析重测信度、复本信度、折半信度的共同点和不同点。

4. 试分析柯能毕曲α系数方法与重测信度、复本信度、折半信度的不同点。

5. 试分析柯能毕曲α系数在信度分析中的应用。

6. 运用SPSS 20进行柯能毕曲α系数信度分析。

7. 运用SPSS 20进行折半信度分析。

8. 解释运用SPSS 20对某项调查的全部问题与一级指标下全部问题进行柯能毕曲α系数信度分析的特点和联系。

第8章 效度分析

【学习目标】

学习效度的概念，分析效度在社会调查实务中的意义与作用。

学习效度分析的方法，重点掌握效度的因子分析。

熟练运用SPSS 20进行效度的因子分析。

运用SPSS 20进行效度的相关分析。

运用SPSS 20进行独立样本t检验的效度分析。

运用SPSS 20进行效度的方差分析。

8.1 效度分析的基本方法

8.1.1 效度的基本特征

效度（Validity）是指社会调查过程及其所采集资料的有效性程度，即社会调查研究对其对象的真实状况测量登记的精确程度，反映了社会调查过程及其所采集资料的准确性、有用性。

从理论定义的视角，效度是指社会调查过程及其所采集资料对于研究对象某一社会特征在理论上的抽象化定义（Conceptual Definition）与社会调查实务中的实际进行的操作化定义（Operational Definition）之间的契合程度。在社会调查实务中，对于任意一项社会调查过程及其调查资料效度的评价，无一不是在特定社会调查研究的具体概念和具体定义的前提下做出的判断。

一般而言，对于效度的度量要难于对于信度的度量。任意一个社会调查对象的概念都是理论上的，抽象的；而社会调查实务面对的是具体的，特殊的社会现象，社会调查实务实施过程都是对具体社会现象的观察，社会调查实务所采集的资料都是对具体社会现象的登记。对应每一项抽象的概念，社会调查实务所设计的代理指标与其总会或多或少存在着这样那样的差异。面对错综复杂的实际情况，任何一项社会调查研究的测量都不可能达到百分之百的绝对准确，只能达到某种程度的相对准确。

在社会调查实务中，对于效度的度量主要有内容效度（Content Validity）、结构效度（Construct Validity）和实证效度（Empirical Validity）等。

1. 内容效度

内容效度又称逻辑效度，为通过调查实际观测登记到的内容与所要测量的内容之间的吻合程度来度量效度的测度。

内容效度一般包括了两个方面的考虑。

（1）关于调查研究理论中抽象的研究对象与实际的调查内容之间的吻合程度。要提高这一吻合程度，需要从理论出发，对研究对象进行科学的解释和界定，即从理论上的定义出发，将其理论抽象与客观实际相结合，给出关于研究对象的具体时间和空间范围、研究对象的具体的社会属性及其特征、研究对象的可以观测记录的代理调查指标，调查登记的量表及其计量尺度等。

（2）关于社会调查理论抽象中的研究总体与实际的调查总体，或者抽取样本的抽样框之间的吻合测度。需要具体回答和妥善解决一系列的问题，社会调查的研究总体是否得到了正确的解释？社会调查的研究总体是否得到科学的界定？实际进行调查登记的个体集合是否构成了研究总体的一个无偏样本？

以上从概念界定和总体界定及其在社会调查实务中的具体实现两个方面，指出了调查实际观测登记的过程和采集的资料与研究对象是否吻合，以及吻合的程度，共同构成了内容效度度量的基本要素。

【案例】以“A市市民公交车服务状况评价研究”为例。该调查的目的是研究A市公交车服务状况。该项调查以A市14岁以上的全体市民对于该市公交车的评价为研究对象，采用了该市近期的人口普查资料构成抽样框，从公交车服务的便捷性、舒适性、普惠性3个方面构造了3项一级指标及其二级指标组成了该项调查实际观测登记的代理指标。在这样的调查设计下，所进行的社会调查过程及其采集的资料，是否与“A市市民公交车服务状况评价研究”的要求相吻合。例如，以14岁以上全体市民的评价来反映A市公交车服务状况与研究目标是否吻合；该市近期的人口普查资料构成抽样框与实际的A市14岁以上全体市民是否吻合及其吻合的程度；公交车服务的便捷性、舒适性、普惠性3个方面的一级指标组成的代理指标，与全面反映该市公交车服务状况是否吻合及其吻合的程度；每项一级指标下的二级指标的设置与便捷性、舒适性、普惠性3个方面的一级指标是否吻合及其吻合的程度等，构成了该项调查实际上的内容效度及其效度水平。

2. 结构效度

结构效度最初用于被测验者所检测的属性没有确定的测量标准，只能进行间接测量的场合。结构效度具有如下一些特点。

（1）结构效度的度量要求基于相关社会科学理论提出的相关假设，以使得关于某一特质测验的结构效度可以进行比较和判断。因此，需要从相关社会科学理论的理论架构和基本定义出发，结合实际的社会环境和具体要求，给出社会调查研究的相关假设及其推论，构建对社会调查过程及其资料的效度进行度量的基本框架。

（2）构建相关的计量模型对给出的相关假设及其推论进行显著性检验。当出现给出的相关假设及其推论具有统计显著性时，即表明该项社会调查过程及其资料具有结构效度，或者说效度水平偏高；当不具有统计显著性时，则说明该项社会调查过程及其资料不具有效度，或者说效度水平偏低。

（3）通过多种统计方法和计量模型来对社会调查的结构效度进行多视角的综合评价，还可以通过补充调查、增大样本容量来提高和改善社会调查的结构效度。

由此可见，结构效度的基本思路与实证研究的科学范式不谋而合，结构效度的提出不仅推动了社会调查关于效度研究的发展，同时也促进了社会调查研究及其学科发展由传统迈向现代。

结构效度的具体方法有探索性因子分析（Exploratory Factor Analysis，EFA）和验证性因子分析（Confirmatory Factor Analysis，CFA）。

3. 实证效度

实证效度是指社会调查通过对调查对象中的个体的行为特征进行的观测登记，并且将其与一个基准相比较，进行度量得出的有效性测度。这个比较的基准是某一已知的，有关该个体的行为特征的标准水准；实证效度则通过计算观测登记的个体行为特征与已知的比较的基准之间的相关程度，来度量该社会调查过程及其资料的有效性。

在实证效度中，这一已知的作为比较的基准个体的行为特征，称为效标（Criterion），实证效度就是根据社会调查观测登记采集的资料与效标的相关程度来度量有效性的，因而实证效度也称为效标效度（Criterion Validity）。例如，学校经常进行各种模拟考试，对于这些模拟考试而言，正式考试就是其效标，模拟考试成绩与正式考试的相关程度就是模拟考试的实证效度，这一实证效度度量了模拟考试的有效性。

实证效度采用调查资料和效标之间的相关系数来表示，因此可以采用统计方法对被度量的社会调查资料进行定量分析，相对于内容效度更为客观，易于理解接受。在社会调查研究中运用实证效度的重点和难点在于科学地确定易于获得的适用的效标。

8.1.2 效度的因子分析

在社会调查实务中，广泛运用因子分析方法度量调查过程及其资料效度，因子分析方法是分析结构效度最常用的方法之一。

因子分析采用正交旋转方式，依据方差最大化原则，构建一组新的线性组合来表示原有的变量，通过较少的主要的线性组合来反映原始变量变异的主要部分，这些主要线性组合构成的主要因子就称为主因子。

因子分析降维的效率，反映了原始变量之间的线性相关的状况与程度，可以通过有关度量线性的测度，分析原始变量之间线性无关的假设检验，以及主因子的方差贡献率等测度加以度量。社会调查分析正是利用因子分析的这一特性，将有关原始变量之间的这些测度和假设检验来分析和度量社会调查过程及其资料的有效性。

因子分析在进行降维的同时，还通过对主因子与原始变量之间关系的深入分析，实现对社会调查研究对象影响因素的探索性研究。

有关因子分析的详细内容可以参阅本教程的“第 11 章　因子分析与主成分分析”的相关内容。

效度的因子分析主要有以下一些内容。

1. KMO 检验

KMO（Kaiser-Meyer-Olkin）检验是多元统计的因子分析中用于检验变量是否适合采用因子分析的方法，是度量因子分析效率的基本测度。KMO 检验的统计量是变量之间相关系数与其偏相关系数的比值。

KMO 检验统计量为各项变量间相关系数的平方和，与该相关系数平方和加上偏相关系数平方和之比，KMO 统计量是取值在 0 和 1 之间。当所有变量之间的相关系数平方和远远大于偏相关系数平方和时，KMO 检验值趋近于 1。KMO 检验值越接近于 1，说明变量间的相关性越强，原有变量越适合做因子分析；当所有变量间的相关系数平方和接近 0 时，KMO 检验值接近 0。KMO 检验值越接近于 0，意味着变量间的相关性弱，原有变量不适合进行因子分析。因为 KMO 检验值接近于 0，表明变量之间趋于相互独立，无法从中提取主因子，也就无法进行因子分析。

对于社会做调查实务而言，当 KMO 检验值越接近于 1，原有变量越适合做因子分析时，说明该调查过程及其资料具有较高的效度；反之，当 KMO 检验值越接近于 0，原有变量越不适合做因子分析时，意味着该调查过程及其资料效度偏低。

因此，可以采用 KMO 检验关于是否适合进行因子分析的标准，来度量相应的社会调查过程及其资料的效度。经验数据表明，当 KMO 检验值大于 0.9 时，表明非常适合进行因子分析，即表示效度非常理想；当 KMO 检验值为 0.8～0.9 时，说明很适合进行因子分析，即有效度很高；当 KMO 检验值为 0.7～0.8 时，为适合进行因子分析，可以认为有效度；当 KMO 检验值为 0.6～0.7 时，说明勉强适合进行因子分析，效度偏低；当 KMO 检验值为 0.5～0.6 时，不太适合进行因子分析，表示效度过低；当 KMO 检验值小于 0.5 时，则不适合进行因子分析，说明效度非常低。

2. Bartlett 检验

Bartlett 检验（Bartlett Test）又称为 Bartlett 球形检验（Bartlett Test of Sphericity）。Bartlett 检验与 KMO 检验类似，也是通过检验变量之间的相关性来判断是否适合采用因子分析的一种方法。

Bartlett 检验通过构造一个近似的卡方检验量，来进行显著性检验。Bartlett 检验的零假设为变量之间的相关系数矩阵为单位阵，即变量之间相互独立。若该近似的卡方检验的结果是显著的，则拒绝 Bartlett 检验的零假设，认为变量之间的相关系数矩阵不为单位阵，变量之间相互不独立，则可认为该项社会调查的过程及其资料是有效的；反之，若其近似的卡方检验的结果是不显著的，则不能拒绝认为变量之间的相关系数矩阵为单位阵，变量之间相互独立的零假设，则不能认为该项社会调查的过程及其资料是有效的。

在判断变量是否适合进行因子分析的 Bartlett 检验中，一般以该近似的卡方检验的伴随概率为5%作为临界基准。当该近似的卡方检验的伴随概率小于 5%时，认为显著，拒绝相关系数矩阵为单位阵，变量之间相互独立的零假设；若该近似的卡方检验的伴随概率大于 5%时，则认为不具有统计显著性，不能拒绝零假设。在社会调查实务中可以采用同样的显著性水平，即以 5%作为判断是否具有效度的临界基准。

3. 累积方差贡献率

在因子分析中，采用正交旋转方式，依据方差最大化原则，构建了一组新的线性组合来表示原有的变量，并按照特征值大于 1 的标准来确定主要线性组合的个数，从而以较少的主要线性组合来反映原始变量变异的主要部分，这些特征值大于 1 的主要的线性组合便是主因子。

因子分析采用累积方差贡献率来反映因子分析的效率，该累积方差贡献率为主因子所反映的变异之和占原始变量变异总和的比重。这一累积方差贡献率从信息量占比的视角来度量因子分析的效率。

累积方差贡献率从信息量占比的视角来反映因子分析效率的思想，与社会调查关于效度评价的要求相契合，可以采用累积方差贡献率来度量社会调查过程及其资料的效度，一般要求特征值大于1 的主因子的累积方差贡献率大于 60%。

4. 探索性因子分析

探索性因子分析（EFA）是基于因子分析的一种社会调查的因素分析方法。

单个因子分析建立在按照特征值大于 1 的标准所确定的主因子的基础上，在旋转之后的因子负荷矩阵中，按照每一个原始变量旋转之后的因子负荷绝对数值最大的原则，逐一确定每个原始变量对应的最大因子负荷，然后依据每一项主因子最大因子负荷的原始变量社会属性，来确定各个主因子的社会特征。这一过程在一般的因子分析中称为“因子命名”。

将因子分析中称为“因子命名”运用到社会调查研究中来，将其作为社会调查研究中的探索性因子分析方法，用来探索社会调查研究中研究对象的主要影响因素，以及每一项主要影响因素的社会特征。

（1）可以通过“因子命名”来研究社会调查研究对象的主要影响因素，并将其与事先主观确定的一级指标进行对比，分析一级指标的定义和设置是否合理，以及每一项一级指标下的二级指标是否与之匹配。

（2）可以通过观测旋转之后的因子负荷数值是否集中，在最大绝对数值之外是否还存在数值水平依然很大的因子负荷，即出现原始变量（在社会调查实务中即为二级指标）横跨两个主因子的现象。计算横跨两个主因子的原始变量个数占原始变量总数的比值，若该比值过大，一般大于 30%则表明效度偏低。

（3）可以将横跨两个主因子的二级指标（即调查问卷中的具体问题）剔除，或者进行修改完善，以改善整个调查的效度水平。

8.1.3 效度的相关分析

相关（Correlation）关系是指变量之间不确定性的数量关系，也称为统计关系。相关关系是一种客观存在的变量之间的数量关系，反映了变量之间的一种不严格的数量依存关系。在社会调查实务中现象之间的相互联系，大多属于不能精确表达的、不确定的而又相互关联的相关关系。

进行相关分析的基本方法是计算相关系数（Correlation Coefficient）。相关系数反映了两个变量之间的线性相关关系，将两个变量之间线性相关的方向和强度用一个相对数数值表述出来，具有直接的可比性。

在社会调查实务中，数字型变量的相关分析采用 Pearson 矩相关系数（Pearson Product Moment Correlation Coefficient）进行分析。一般用小写 r 表示 Pearson 矩相关系数，其计算公式为

$$r=\frac{\sum_{i=1}^{n}(x_i-\overline{x})(y_i-\overline{y})}{\sqrt{\sum_{i=1}^{n}(x_i-\overline{x})^2\sum_{i=1}^{n}(y_i-\overline{y})^2}} \tag{8.1}$$

式（8.1）中，x 和 y 表示进行相关分析的两个数字型变量，n 为样本容量。

由式（8.1）可知，Pearson 矩相关系数由三项二阶中心矩的比值构成，因此称为矩相关系数。Pearson 矩相关系数 r 的抽样分布服从于自由度为 n-2 的 t 分布，可采用 t 检验统计量对相关系数 r 进行显著性检验，有

$$t=|r|\cdot\sqrt{\frac{n-2}{1-r^2}}\sim t(n-2) \tag{8.2}$$

由式（8.2）可知，该 t 检验统计量基于相关系数的绝对值计算的一个统计量，从而将显著性检验的对象转化为相关系数的绝对值，其原假设就是相关系数真值为零。

在社会调查实务中，对于非数字型变量中的定序尺度变量则多采用 Spearman 等级相关系数（Spearman’s correlation coefficient for ranked data）进行相关分析。Spearman 等级相关系数由 Pearson 矩相关系数的概念推导而来，可以看作是 Pearson 矩相关系数的特殊形式。

一般用希腊字母 ρ 表示 Spearman 等级相关系数，其计算公式为

$$\rho=1-\frac{6\sum_{i=1}^{n}d_i^2}{n^3-n} \tag{8.3}$$

式（8.3）中，d 表示等级差数，即进行相关分析的两个定序变量之间的绝对离差，n 为样本容量。

当相关系数的取值为正时，说明两个变量的变化是同方向的，即为正相关；若相关系数取值为负，则说明两个变量的变化是反方向的，即为负相关。并且，当相关系数的绝对值越是趋近于 1，

表明两个变量的相关程度越高，称之为强相关；反之，当相关系数的绝对值越是趋近于 0，表明两个变量的相关程度越低，称之为弱相关。

在社会调查研究中，相关系数是度量变量间的相关程度的常用方法，也是分析社会调查过程及其资料效度的主要方法。例如，可以用各变量间的相关系数度量社会调查过程及其资料的内容效度，以及根据各二级指标之间的相关系数数值，及其与一级指标之间的相关系数数值的对比分析，来度量社会调查过程及其资料的结构效度。

以下为使用相关系数进行效度分析 4 个方面的具体应用，并给出了一般的评价标准，该经验数值可供进行社会调查时参考。

第一，同一一级指标下各项二级指标之间的相关系数大于 0.2。

第二，各项二级指标与其一级指标的相关系数大于 0.4。

第三，各项二级指标与其一级指标的相关系数数值大于与其他二级指标之间的相关系数数值。

第四，各项一级指标与综合总分之间的相关系数数值大于与其他一级指标之间的相关系数数值。

其中，第一和第二这两项相关分析，一般用来度量社会调查过程及其资料的内容效度；第三和第四这两项相关分析，一般用以度量社会调查过程及其资料的结构效度。

在社会调查研究中，并非是各项一级指标之间，以及各项二级指标之间的相关程度越大越好。相关程度过大，特别是大于 0.9 时，则表明存在着高度的共线性特征，相关的一级指标之间或者二级指标之间具有近似的线性替代关系，说明对应的一级指标或者二级指标是重复的无效的信息，反而降低了整个社会调查的效率。

8.1.4 效度的独立样本t检验

在社会调查研究中，通常需要设置相关的一级指标来综合反映研究对象的社会特征，还需要选择一组二级指标，从不同层面和不同视角来全面地描述研究对象的某一社会特征，构成对应的一级指标。

如何确定一级指标，又怎样来确定各项一级指标下的一组二级指标呢？或者说，有哪些指标具备反映和研究某一具体事物，以及事物的某一方面的数量特征的属性和能力呢？只有一个标准，就是选择那些能够凸显不同单位个体在某一事物，及其某一方面数量特征差异的指标。

独立样本 t 检验就是挑选这样能够凸显不同单位个体某一方面数量特征显著差异指标的方法之一。独立样本 t 检验是一种比较两个总体均值是否具有统计显著性的方法，其零假设为两个总体均值之间不存在差异，即两个总体均值之差为 0，并构建一个 t 检验统计量对该零假设进行检验。若检验的结果是显著的，则拒绝关于两个总体均值之差为 0 的零假设，认为两个总体均值之间存在显著差异。

根据总体的方差是否相等，独立样本 t 检验的具体计算有所不同。所以，在进行独立样本 t 检验之前，需要采用 F 检验，对两个总体的方差齐性进行显著性检验。

若两个总体方差相等，即 $\sigma_1^2 = \sigma_2^2$ 时，则可令这两个相等的未知总体联合方差为 $\sigma_{1,2}^2$，并采用两个随机样本的信息来联合估计它，这个未知的总体联合方差的估计量为

$$s_{1,2}^2 = \frac{(n_1 - 1)s_1^2 + (n_2 - 1)s_2^2}{n_1 + n_2 - 2} \tag{8.4}$$

这样，两个样本均值之差 $\bar{x}_1 - \bar{x}_2$ 标准化之后服从自由度为(n_1+n_2-2)的 t 分布，并采用 t 统计量来进行假设检验，原假设令总体均值假之差 $\mu_1-\mu_2$ 为 0，在这一前提下，其计算公式为

$$t = \frac{\bar{x}_1 - \bar{x}_2}{s_{1,2}\sqrt{\dfrac{1}{n} + \dfrac{1}{n_2}}} \tag{8.5}$$

若两个总体方差不相等，即 $\sigma_1^2 \neq \sigma_2^2$，自这两个总体中独立地抽取两个随机样本，采用两个样本方差 s_1^2 和 s_2^2 来估计总体方差 σ_1^2 和 σ_2^2，仍然采用 t 统计量来进行假设检验，不过此时不再服从于自由度为 $(n_1 + n_2 - 2)$ 的 t 分布，而是服从于自由度为 f 的 t 分布，有其自由度 f 的计算公式为

$$f = \frac{\left(\dfrac{s_1^2}{n_1} + \dfrac{s_2^2}{n_2}\right)^2}{\dfrac{\left(s_1^2/n_1\right)^2}{n_1 - 1} + \dfrac{\left(s_2^2/n_2\right)^2}{n_2 - 1}} \tag{8.6}$$

这时，t 检验统计量的计算公式为

$$t = \frac{\bar{x}_1 - \bar{x}_2}{\sqrt{\dfrac{s_1^2}{n_1} + \dfrac{s_2^2}{n_2}}} \tag{8.7}$$

在社会调查实务中，可以将调查资料某一一级指标的得分或者综合总分，按照高低分值分为两个部分，检验该变量的高低分值分组的总体均值是否存在显著差异。假如按照高低分值分为两组的总体均值之间存在显著差异，则认为该项社会调查具有结构效度。若是按照高低分值分为两组的总体均值之间不存在显著差异，则表明进行该项社会调查是毫无意义的，因此也是没有无效的。

此外，独立样本 t 检验也是社会调查实务中非常有效和应用广泛的分析方法，可以用于有关指标之间的分组分析。可以按照调查资料某一变量按照被调查者的某一社会特征，例如被调查者的性别；或者按照另一变量的某一社会属性，例如另一项一级指标，将某一一级指标的得分或者综合总分分为两个部分，采用独立样本 t 检验方法检验这两个部分的总体均值之间是否存在显著差异。

8.1.5 效度的方差分析

可以将社会现象数量特征的变动及其影响因素分为两类，一类是随机因素引起的随机变动，另一类是受控因素引起系统性的变动。方差分析就是通过对数据所反映的研究对象某一特征的数量变动进行分解，并在一定的显著水平下对其进行显著性检验，以判断数量变动属于随机因素引起的随机变动，还是受控因素引起的系统变动的方法和过程。

方差分析可以用来分析和判断多个总体均值之间有无显著差异。当多个样本为来自某一受控因素不同水平的观察数值时，若该多个总体均值之间不存在显著差异，即表明这一受控因素的不同水平对变动的影响是不显著的，属于随机因素引起的随机变动；反之，若该多个样本的各自均值之间存在着显著差异，即表明这一受控因素的不同水平对变动的影响是显著的，属于受控因素引起的系统性变动。

方差分析的零假设是所有的总体均值全部相等，即 H_0：$\mu_1 = \mu_2 = \cdots = \mu_k$，拒绝这一零假设，则意味着总体均值不全相等。但是，究竟是那些总体均值之间互不相等呢？这依然是社会调查实务中需要解决的问题，可以借助方差分析下的两两比较的显著性检验来进行判别。

在社会调查实务的效度分析中，方差分析类似于独立样本 t 检验，也是用于结构效度的分析。与独立样本 t 检验不同，方差分析适用于两个以上总体之间均值是否相等的假设检验场合。

方差分析的效度分析是将调查资料某一一级指标得分或者综合总分，按照高低分值分为 3 个或者 3 个以上的部分，通过检验该变量的不同分值分组的总体均值之间是否存在显著差异，来认定该社会调查过程及其资料的效度。若按照不同分值分组的总体均值之间存在显著差异，则认为具有较好的效度。不过，方差分析是建立在各部分的总体方差均相等的假定前提下，而独立样本 t 检验既可以适用于两个部分的总体方差相等的情况，也可以适用于两个部分的总体方差不相等的场合。

方差分析不仅可以检验各部分的总体均值之间是否存在显著差异。还可以两两配对，进一步检验出每一部分与其他任一部分构成的总体均值之间是否存在显著差异，从而对社会调查过程及其资料的效度水平进行进一步判别。在社会调查实务中一般采用最小显著性差法（Least-Significant Difference）来进行这一两两配对的显著性检验。

方差分析不仅可以用于度量结构效度，其本身也是社会调查实务中非常有效和应用广泛的分析方法，可以用于有关指标之间的分组分析。可以将调查资料某一一级指标得分或者综合总分按照被调查者的某一社会特征，例如被调查者的居住地区和个人学历；或者按照另一变量的某一社会属性，例如另一项一级指标，分为三个或者三个以上的部分，采用方差分析方法检验由该一级指标得分或者综合总分分成这些部分之间的总体均值是否存在显著差异。

8.2 SPSS 20 的效度分析

8.2.1 SPSS 20因子分析的效度分析

运用 SPSS 20 可以方便地利用因子分析方法，从多个方面对社会调查过程及其资料进行效度分析。

1. 基于 SPSS 20 的因子分析步骤

在 SPSS 20 的因子分析中，采用正交旋转方式，依据方差最大化原则，构建原始变量与主因子的线性组合，进行相关的效度分析。

仍然以“A 产品问卷调查”为例。

（1）在 SPSS 20 的主菜单栏中选择“分析”→“降维”，选中“因子分析”，然后用鼠标左键单击，则会弹出“因子分析”选项框。如图 8.1 所示。

图 8.1 选中“因子分析”选项框

（2）将“A 产品问卷调查”的 15 项问题的数据全部导入到“变量”框中。如图 8.2 所示。

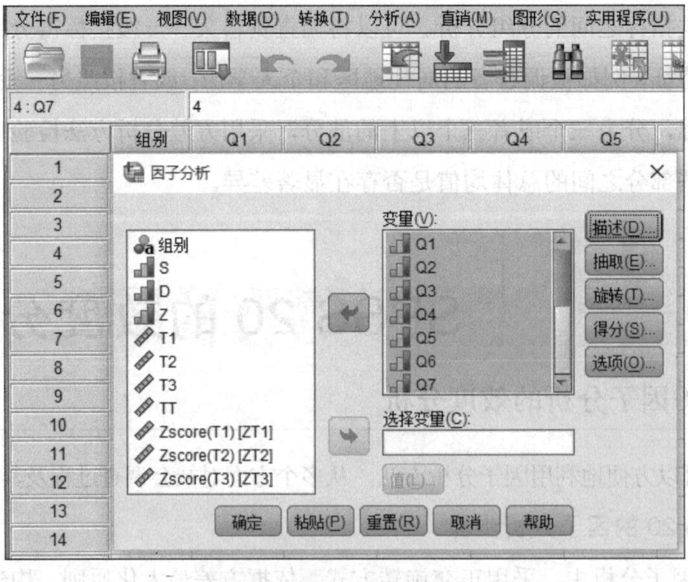

图 8.2 将数据入到“变量”框中

（3）在“因子分析”选项框的右上方，选中第一个“描述”按钮，用鼠标左键单击。在弹出的“因子分析：描述统计”选项框中，选中最下方的“KMO 和 Bartlett 的球形度检验”，以获得 KMO 测度值和 Bartlett 检验统计值及其伴随概率。然后，单击“继续”按钮，完成对于“因子分析：描述统计”选项框的设置。如图 8.3 所示。

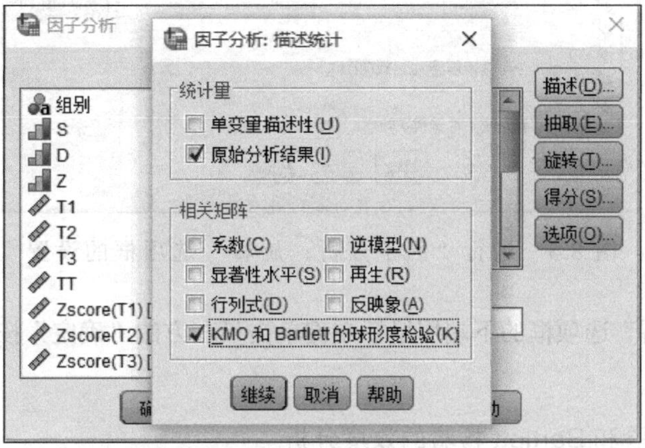

图 8.3　进行“因子分析：描述统计”选项框的设置

（4）在“因子分析”选项框的右边，选中第二个“抽取”按钮，用鼠标左键单击。在弹出的“因子分析：抽取”选项框中，选中最上方的“方法”下拉菜单中的“主成分”；在下方的“抽取”的“基于特征值”的“特征值大于”数值框中填入“1”。这意味着将特征值大于 1 的因子确定为主因子。然后，单击“继续”按钮，完成对于“因子分析：抽取”选项框的设置。如图 8.4 所示。

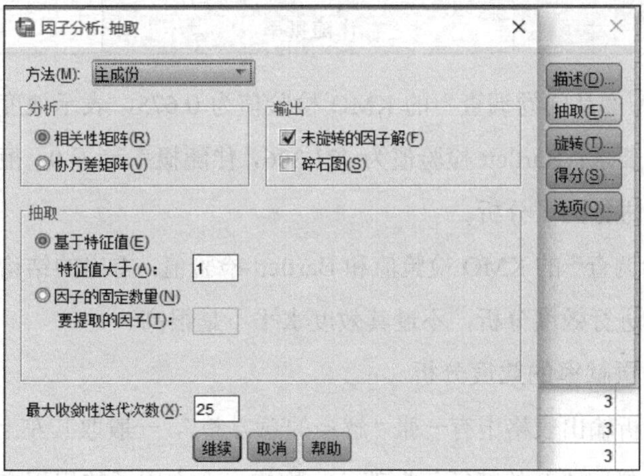

图 8.4　进行“因子分析：抽取”选项框的设置

（5）在“因子分析”选项框的右边，选中第三个“旋转”按钮，并用鼠标左键单击。在弹出的“因子分析：旋转”选项框中，选中最上方的“方法”选项框中的“最大方差法”，即按照最大方差法进行旋转，并依次选定主因子。然后，单击“继续”按钮，完成对于“因子分析：旋转”选项框的设置。如图 8.5 所示。

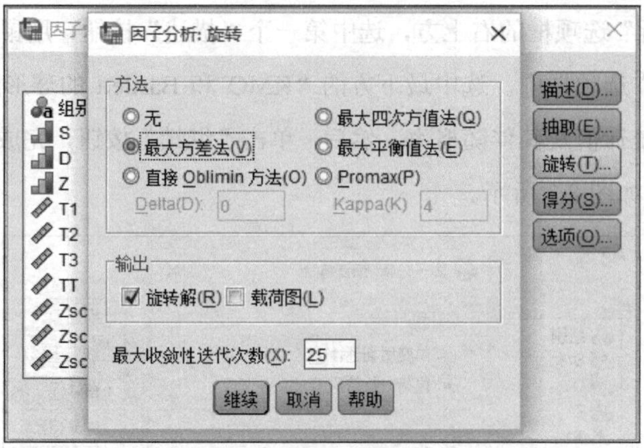

图 8.5 进行“因子分析：旋转”选项框的设置

（6）在“因子分析”选项框的下端用鼠标左键单击最左方的“确定”按钮，完成 SPSS 20 的因子分析。

2. 基于 KMO 检验和 Bartlett 检验的效度分析

SPSS 20 的因子分析输出的第一张表为“KMO 和 Bartlett 的检验”，一般可称为“KMO 和 Bartlett 检验分析表”，在效度分析时也可以称为“KMO 和 Bartlett 检验的效度分析表”。如表 8.1 所示。

表 8.1 “A 产品问卷调查”的 KMO 和 Bartlett 检验的效度分析表

KMO 检验		0.675
Bartlett 的球形度检验	近似的卡方检验值	421.306
	自由度	105.000
	伴随概率	0.000

由表 8.1 可知，“A 产品问卷调查”的 KMO 检验值为 0.675，表示效度虽然不是很高，但是满足进行因子分析的基本要求；Bartlett 检验值为 421.306，伴随概率趋于 0，拒绝相关系数矩阵为单位阵的零假设，表示可以进行因子分析。

综合“A 产品问卷调查”的 KMO 检验值和 Bartlett 检验值，得出的结论是该社会调查构成及其资料可以采用因子分析进行效度分析，不过其效度水平不是很高。

3. 基于累积方差贡献率的效度分析

SPSS 20 的因子分析输出表格中有一张“解释的总方差”，一般取其左上方部分，即横栏标题区特征值大于 1 部分，纵栏取“初始特征值”部分，构成一个主因子的累积方差贡献率分析表，可称为“方差贡献率分析表”。如表 8.2 所示。

表 8.2 “A 产品问卷调查”的方差贡献率分析表

主因子	特征值	方差贡献率（%）	累积方差贡献率（%）
F1	3.826	25.508	25.508
F2	1.668	11.117	36.625

续表

主因子	特征值	方差贡献率（%）	累积方差贡献率（%）
F3	1.559	10.393	47.018
F4	1.245	8.297	55.315
F5	1.079	7.196	62.511

在表 8.2 中，按照惯例，将 SPSS 20 输出的“解释的总方差”原表中的“成分”改称为“因子”、“合计”改称为“特征值”、“方差的 %”改为“方差贡献率（%）”、“累积%”改为“累积方差贡献率（%）”。

由表 8.2 可知，“A 产品问卷调查”的因子分析的特征值大于 1 的因子共有 5 个，即得到 5 个主因子。这 5 个主因子的累积方差贡献率为 62.511%。通过因子分析，15 项原始变量降维到 5 个主因子，降维比率依然不是很高，仍属基本尚可；其主因子的累积方差贡献率略大于 60%，刚刚满足对社会调查过程及其资料的要求。通过基于累积方差贡献率的分析，进一步说明“A 产品问卷调查”有一定的效度，但是效度的水平不高。

4. 效度的探索性因子分析

探索性因子分析是指使用方差最大化旋转之后得到的因子负荷矩阵，进行的单个因子分析。SPSS 20 的因子分析输出表格中有一张“旋转成分矩阵”表，即为按照方差最大化旋转之后的因子负荷矩阵，在探索性因子分析中，一般称为“旋转后的因子负荷矩阵分析表”。如表 8.3 所示。

表 8.3　“A 产品问卷调查”的旋转后的因子负荷矩阵分析表

问题	F1	F2	F3	F4	F5
Q1	0.450	0.703	0.281	0.016	−0.167
Q2	−0.107	0.156	0.724	−0.069	−0.137
Q3	−0.027	0.495	0.188	−0.133	0.392
Q4	0.088	0.423	0.545	0.141	0.283
Q5	−0.018	0.758	0.017	−0.017	0.014
Q6	0.179	−0.174	0.768	0.126	0.078
Q7	0.208	0.669	−0.193	0.320	0.037
Q8	0.089	0.017	−0.043	0.162	0.858
Q9	0.203	0.121	0.032	0.846	0.075
Q10	0.339	0.050	0.450	−0.237	0.427
Q11	0.705	0.078	0.162	0.324	−0.010
Q12	0.658	0.223	0.008	−0.408	−0.010
Q13	0.578	0.011	0.265	0.361	0.207
Q14	0.669	0.008	−0.086	0.004	0.191
Q15	0.759	0.106	0.038	0.141	−0.030

在表 8.3 中，按照每一项问题，逐行比较其 5 个主因子旋转后的因子负荷的数值，取其绝对数值最大值标识下来，并以每个主因子下标示出来的问题的社会属性来进行因子命名。例如，在第一行的问题 Q1 的 5 个主因子中，第二个主因子的数值 0.703 为最大，则将其选中，并用深色底纹将该表格标示出来；在第二行的问题 Q2 的 5 个主因子中，第三个主因子的数值 0.703 为最大……这样一一顺序地比较确定之后标识出来。然后，按照标识出来问题的社会属性来确定每一主因子的社会意义，以此来分析“A 产品问卷调查”中各项问题的相互关联，以探索对 A 产品这一研究对象的影响因素，达到社会调查研究的目的。同时，通过对影响因素的探索，来度量社会调查过程及其资料的信度。

由表 8.20 的探索性因子分析，可以得出如下初步结论。

（1）因子分析将对 A 产品的影响因素表述为 5 项主因子，这与“A 产品问卷调查”设计先验地确定为 3 个一级指标存在差异。

（2）第三项一级指标“产品价格”的 5 项问题的最大数值的主因子，全部为第一主因子，说明影响力最大的第一主因子，就是第三项一级指标“产品价格”，其方差贡献率为 25.508%。第三项一级指标“产品价格”与探索性因子分析完全吻合，表明第三项一级指标具有明显优良的效度。

（3）第一项一级指标“产品营销”的 5 项问题的最大数值的主因子，分别落在第二和第三主因子上，说明一级指标“产品营销”其实际的社会特征可以区分为两个主因子，表明该一级指标的效度一般。

（4）第二项一级指标“产品品质”的 5 项问题的最大数值的主因子，散落在 4 个主因子上，说明该一级指标的效度明显偏低，该一级指标和其下的二级指标的设置需要修正。并且，该一级指标效度偏低影响到整个“A 产品问卷调查”的效度。

（5）综上所述，“A 产品问卷调查”整体的效度只能达到尚可的水平。其中，第三项一级指标“产品价格”的效度最好；第二项一级指标“产品品质”的效度最差；第一项一级指标“产品营销”的效度一般。探索性因子分析为“A 产品问卷调查”的深入研究，以及后续同类的社会调查改进完善，提供了有效的分析手段。

利用因子分析方法，可以进一步深入地进行社会调查的相关研究。例如，通过观测旋转之后的因子负荷数值是否集中，进行深入的效度分析；将横跨两个主因子的二级指标剔除或修正，以改善整个调查的效度水平。这些相对复杂的内容，作为进阶性的提高类知识，本书将其安排在“第 11 章 因子分析和主成分分析”中讲述，有需要可参阅第 11 章。

8.2.2 SPSS 20的效度相关分析

相关分析是研究变量之间不确定性的数量关系的基本方法。

在社会调查实务中，存在着不同计量尺度的数据，在进行相关分析时，需要事先区分不同类型的数据，对于数字型变量可以采用 Pearson 矩相关系数，对于非数字型变量只能采用 Spearman 等级相关系数。

1. 一级指标均值和综合总分的计算

在社会调查研究中需要通过二级指标汇总计算出一级指标数值，进而计算出研究总体的综合总值，以反映调查对象的社会特征和综合属性。为了剔除二级指标项数不等的差异，以及便于数值水平的直接比较，一般采用均值的形式来表述一级指标得分和综合总分。

以“A 产品问卷调查”为例。仍然使用 SPSS 20 中计算均值的函数“Mean”逐一计算出“A 产品调查”的第一项一级指标“产品营销”的均值“*T*1”、第二项一级指标“产品品质”的均值“*T*2”、第三项一级指标“产品价格”的均值“*T*3”；以及“A 产品问卷调查”的综合总分“*TT*”。参阅“6.3.2 SPSS 20 的标准化处理”中关于计算一级指标均值 *T*1、*T*2、*T*3 和总均值 *TT* 的内容。

2. 基于 Pearson 矩相关系数的相关分析

按照李克特量表的性质，由二级指标汇总得到的一级指标，具有趋于定距尺度的性质。因此，可以采用 Pearson 矩相关系数来进行相关分析。

“A 产品问卷调查”的 3 项一级指标均值和综合总分，均具有趋于定距尺度的性质，可以采用 Pearson 矩相关系数方法进行分析。

（1）在 SPSS 20 的主菜单栏中选择“分析”→“相关”→“双变量”，单击鼠标左键，打开“双变量相关”对话框。如图 8.6 所示。

图 8.6 打开“双变量相关”对话框

（2）将准备进行相关分析的变量，导入到“双变量相关”对话框中的“变量”数据框中。在本例中，将 3 项一级指标均值 *T*1、*T*2、*T*3 和总均值 *TT*，导入到“变量”数据框中。然后在“双变量相关”对话框中部的“相关系数”选项框中，选中“Pearson”，即选择 Pearson 矩相关系数方法，并且不选择标注显著性，即取消在“双变量相关”对话框下端的“标注显著性相关”前方的“√”。如图 8.7 所示。

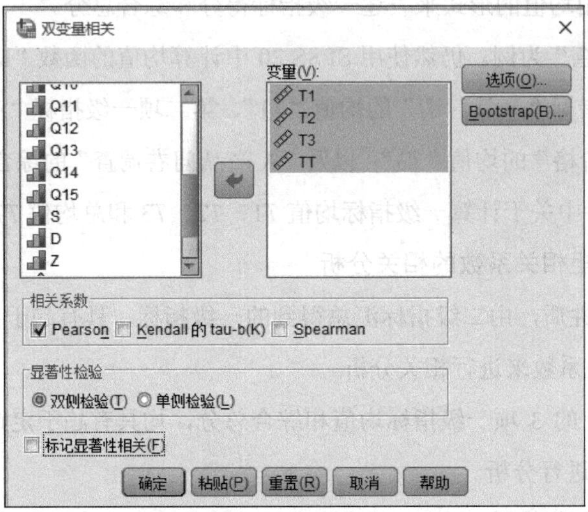

图 8.7　设置 Pearson 矩相关系数

（3）用鼠标左键单击“双变量相关”对话框下方的“确定”按键，完成 Pearson 矩相关系数的计算。SPSS 20 输出计算结果“相关性”表。“相关性”表对应每一变量，给出了“Pearson 关性”、“显著性（双侧）”、“N”三项测度。其中，“Pearson 相关性”即为 Pearson 矩相关系数数值；“显著性（双侧）”为相关系数关于其总体真值为 0 的零假设的双侧 t 检验值的伴随概率，当其显著时意味总体真值显著不为 0。在本例中全部趋于 0，非常显著；“*N*”为样本容量，在本例中全部为 110。如表 8.4 所示。

表 8.4　SPSS 20 输出的计算结果“相关性”表

		*T*1	*T*2	*T*3	*TT*
*T*1	Pearson 相关性	1	0.411	0.308	0.726
	显著性（双侧）		0.000	0.001	0.000
	N	110	110	110	110
*T*2	Pearson 相关性	0.411	1	0.465	0.793
	显著性（双侧）	0.000		0.000	0.000
	N	110	110	110	110
*T*3	Pearson 相关性	0.308	0.465	1	0.795
	显著性（双侧）	0.001	0.000		0.000
	N	110	110	110	110
TT	Pearson 相关性	0.726	0.793	0.795	1
	显著性（双侧）	0.000	0.000	0.000	
	N	110	110	110	110

实际上，当样本容量充分大时，即使相关系数数值很小，其双侧 t 检验也是非常容易显著的。例如，在表 8.4 中最小的相关系数数值为 0.308，其双侧 t 检验的伴随概率也为 0.001，非常显著。因此，在基于相关系数的效度分析中，当所有的相关系数 t 检验均为显著时，只要列出相关系数这一项数值即可。一般可以将 SPSS 20 输出计算结果“相关性”表整理为表 8.5 这样简洁的形式。

表 8.5　“A 产品问卷调查”一级指标均值的相关分析表

变量	*T*1	*T*2	*T*3	*TT*
*T*1	1.000	0.411	0.308	0.726
*T*2		1.000	0.465	0.793
*T*3			1.000	0.795
TT				1.000

由表 8.5 可知，“A 产品问卷调查”3 项一级指标与综合总平均分的相关程度处在强正相关区间，相关系数均大于 0.7；3 项一级指标之间的相关程度处在偏弱和中等强度的正相关区间，相关系数为 0.3～0.5 不等，明显低于与综合总平均分的相关程度。从总体上来看，各项一级指标之间及其与综合总平均分的相关关系基本合理。表明“A 产品问卷调查”具有理想的结构效度。

并且，第一项一级指标“产品营销”与第三项一级指标“产品价格”之间的相关系数数值最小，仅为 0.308；第二项一级指标“产品品质”与第三项一级指标“产品价格”之间的相关系数数值最大，为 0.465。说明“产品品质”对于“产品价格”的影响大于“产品营销”。

3. 基于 Spearman 等级相关系数的相关分析

“A 产品问卷调查”的 15 项二级指标是利用李克特量表直接采集的定序尺度数据，属于非数字型变量，应采用 Spearman 等级相关系数进行相关分析。

在 SPSS 20 中进行 Spearman 等级相关系数分析，基本程序与进行 Pearson 矩相关系数类似。

（1）在 SPSS 20 的主菜单栏中选择“分析”→“相关”→“双变量”，单击鼠标左键，打开“双变量相关”对话框。然后将准备进行相关分析的变量，导入到“双变量相关”对话框中的“变量”数据框中。

不同的是在“双变量相关”对话框中部的“相关系数”选项框中，不是选中“Pearson”，而是选中“Spearman”，即选择 Spearman 等级相关系数方法。如图 8.7 所示。

（2）用鼠标左键单击“双变量相关”对话框下方的“确定”按键，完成 Spearman 等级相关系数的计算。

下面，对“A 产品问卷调查”的 3 项一级指标下的二级指标，即各项问题采用 Spearman 等级相关系数进行相关分析。表 8.6 是对“A 产品问卷调查”第一项一级指标“产品营销”5 项问题之间的 Spearman 等级相关分析。

表 8.6　"产品营销" 5 项问题之间的 Spearman 等级相关分析表

问题	Q1	Q2	Q3	Q4	Q5
Q1	1.000	0.250	0.250	0.431	0.452
Q2		1.000	0.114	0.238	0.207
Q3			1.000	0.337	0.182
Q4				1.000	0.215
Q5					1.000

由表 8.6 可知，"A 产品问卷调查" 的 "产品营销" 的 5 项问题之间 Spearman 等级相关系数的 10 个数值中，有两项小于 0.2，其他均处在 0.2～0.5，表现出偏弱和中等强度的正相关特征，说明第一项一级指标 "产品营销" 内容效度尚可。

表 8.7 是对 "A 产品问卷调查" 第二项一级指标 "产品品质" 5 项问题之间的 Spearman 等级相关分析。

表 8.7　"产品品质" 5 项问题之间的 Spearman 等级相关分析表

问题	Q6	Q7	Q8	Q9	Q10
Q6	1.000	-0.068	0.018	0.148	0.423
Q7		1.000	0.068	0.300	0.148
Q8			1.000	0.211	0.239
Q9				1.000	0.010
Q10					1.000

由表 8.7 可知，"A 产品问卷调查" 第二项一级指标 "产品品质" 的 5 项问题之间 Spearman 等级相关系数的 10 个数值中，小于 0.2 的有 6 个之多，说明第二项一级指标 "产品品质" 的内容效度明显偏低。

表 8.8 是对 "A 产品问卷调查" 第三项一级指标 "产品价格" 5 项问题之间的 Spearman 等级相关分析。

表 8.8　"产品品质" 5 项问题之间的 Spearman 等级相关分析表

问题	Q11	Q12	Q13	Q14	Q15
Q11	1.000	0.355	0.552	0.307	0.467
Q12		1.000	0.293	0.243	0.341
Q13			1.000	0.236	0.377
Q14				1.000	0.476
Q15					1.000

由表 8.8 可知，"A 产品问卷调查" 第三项一级指标 "产品价格" 的 5 项问题之间 Spearman 等级相关系数数值一共有 10 个，小于 0.2 的一个都没有，全部处在偏弱和中等强度的正相关区间。说明 "产品价格" 的内容效度非常好。并且，Spearman 等级相关系数数值最大的也没有超过 0.5，表明各项问题之间不存在线性替代，A 产品问卷调查 "产品价格" 部分具有良好的效度水准。

8.2.3 SPSS 20独立样本 t 检验的效度分析

独立样本 t 检验是一种比较两个总体均值是否具有统计显著性的方法。其零假设为两个总体均值不存在显著性差异，即两个总体均值之差为 0。并构建一个 t 检验统计量对该零假设进行检验。若检验的结果是显著的，则拒绝关于两个总体均值之差为 0 的零假设，认为存在显著差异。

在社会调查实务中，独立样本 t 检验主要用于结构效度分析。

仍然以“A 产品问卷调查”为例，对该项社会调查的总均值 *TT* 进行效度分析。

（1）利用 Excel 的排序功能对总均值 *TT* 进行排序。将 SPSS 20 的“数据视图”中的总均值 *TT* 数据复制到 Excel 工作表中，并设置一个 1 到 110 的序号与总均值 *TT* 数值一一对应；然后，将总均值 *TT* 数值按照升序重新排序，同时采取“扩展选定区域”的方式使得与其对应的 1 到 110 的序号，也按照总均值 *TT* 数值的升序排序进行排列。再设置一个将总均值 *TT* 区分为高分值和低分值两个部分的虚拟变量 *M*1。该虚拟变量 *M*1 的取值为“1”和“2”，“1”作为低分值组的代码，对应于总均值 *TT* 中较低数值的 55 个观察值；“2”作为高分值组的代码，对应于总均值 *TT* 中较高数值的 55 个观察值。接下来，再对总均值 *TT* 数值的 1 到 110 的序号进行升序排序，依然采取“扩展选定区域”的方式使得总均值 *TT* 及其虚拟变量 *M*1 的数值也随着重新排列，让总均值 *TT* 恢复到 SPSS 20 的“数据视图”中原来的次序，并且得到与其相对应的按照分数高低分组的虚拟变量 *M*1 数值。最后，在 SPSS 20 的“数据视图”中插入一个新的变量 *M*1，将所获得的 *M*1 数值序列复制到 SPSS 20 的“数据视图”中。为进行独立样本 t 检验的结构效度分析做好数据的准备。

在 SPSS 20 的主菜单栏中选择“分析”→“比较均值”→“独立样本 t 检验”，单击鼠标左键，打开“独立样本 t 检验”对话框。如图 8.8 所示。

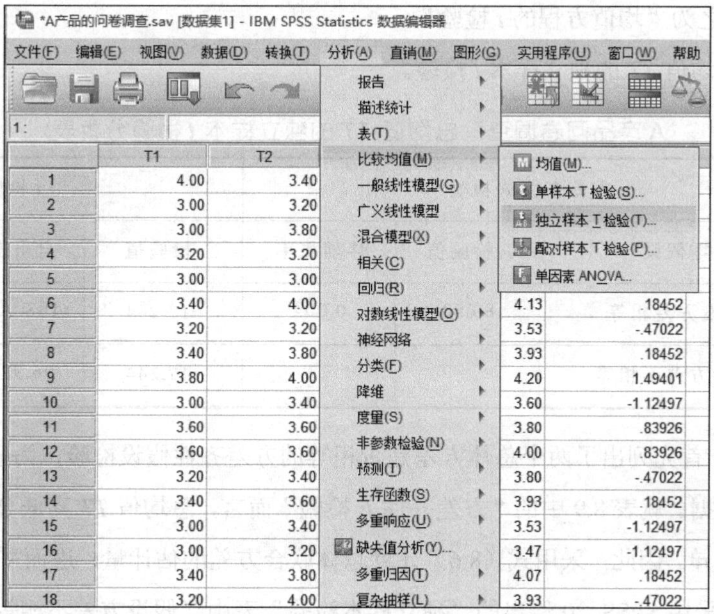

图 8.8 打开“独立样本 t 检验”对话框

将准备进行检验的变量，导入到“独立样本 *t* 检验”对话框中的“检验变量”数据框中。在本例中，将总均值 *TT* 导入到“检验变量”数据框中。然后，将总均值 *TT* 按照分值高低分为两组的虚拟变量 *M*1 导入到“分组变量”数据框中。这时在“分组变量”数据框中显示出“*S*（??）”，要求设置虚拟变量 *M*1 的具体取值，用鼠标左键单击“分组变量”数据框下方的按键“定义组”，分别键入“1”和“2”。然后，用鼠标左键单击“继续”按钮，完成对分组变量的设置，确认并返回到“独立样本 *t* 检验”对话框。如图 8.9 所示。

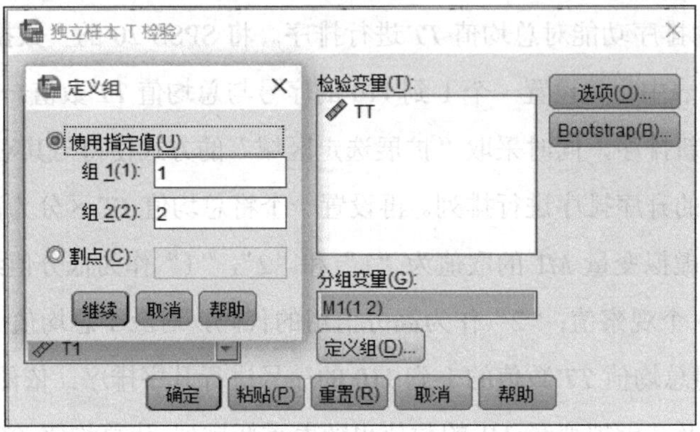

图 8.9　输入相关变量

（2）用鼠标左键单击“独立样本 *t* 检验”对话框下方的“确定”按键，完成独立样本 *t* 检验的计算。SPSS 20 输出计算结果“独立样本检验”表。

在“独立样本检验”表中，SPSS 20 首先进行了方差齐性的 *F* 检验，称之为“方差方程的 Levene 检验”，对每一变量给出了“假设方差相等”和“假设方差不相等”的零假设和备择假设，再进行独立样本 *t* 检验，称之为“均值方程的 *t* 检验”。

表 8.9 是对总均值 *TT* 的独立样本 *t* 检验。

表 8.9　“A 产品问卷调查”总均值 *TT* 的独立样本 *t* 检验分析表

变量	方差齐性 *F* 检验			*t* 检验		
	零假设	*F* 检验值	伴随概率	*t* 检验值	自由度	伴随概率
TT	假设方差相等	8.650	0.004	−17.244	108.000	0.000
	假设方差不相等			−17.244	96.927	0.000

在表 8.9 中，首先列出了两个总体方差是否相等的方差齐性假设检验，为正确选择独立样本 *t* 检验方法提供了依据。就表 8.9 中的“方差齐性 *F* 检验”而言，总均值 *TT* 高低分分组之间的总体方差均存在显著性差异。因此，采用式（8.6）计算总体联合方差的估计量，进而采用式（8.7）进行独立样本 *t* 检验，即采用 SPSS 20 给出的“独立样本检验”表中“假设方差不相等”一栏中的检验结

果，进行独立样本 t 检验。

由表 8.9 可知，总均值 TT 高低分分组独立样本 t 检验的伴随概率趋于 0，说明在高低分分组之间存在着非常显著的差异，说明从整体上来看“A 产品问卷调查”具有明显的结构效度。

8.2.4 SPSS 20独立样本 t 检验的其他应用

作为一种统计分析方法，独立样本 t 检验广泛地应用于社会调查的众多领域。例如，用于有关指标之间的分组分析。仍然以“A 产品问卷调查”为例，分析该项社会调查的被调查者性别对 3 项一级指标均值 $T1$、$T2$、$T3$ 的影响。

（1）在 SPSS 20 的主菜单栏中选择“分析”→“比较均值”→“独立样本 t 检验”，单击鼠标左键，打开“独立样本 t 检验”对话框。

将准备进行检验的变量，导入到“独立样本 t 检验”对话框中的“检验变量”数据框。在本例中，把 3 项一级指标均值 $T1$、$T2$、$T3$，导入到“检验变量”数据框中。然后，将 A 产品问卷调查个人特征的性别 S 导入到“分组变量”数据框中。这时在“分组变量”数据框中显示出“S（??）”，要求设置性别 S 的定类尺度的代码。在 A 产品问卷调查的问卷设计中将男士的代码设置为 1，女士的代码设置为 0。由此，用鼠标左键单击“分组变量”数据框下方的按键“定义组”。接下来在弹出的“定义组”对话框中，选定“制定使用值”，在“组 1”后的数据框中填上“1”，在“组 2”后的数据框中填上“0”。然后，用鼠标左键单击“继续”按钮，完成对分组变量的设置，确认并返回到“独立样本 t 检验”对话框。如图 8.10 所示。

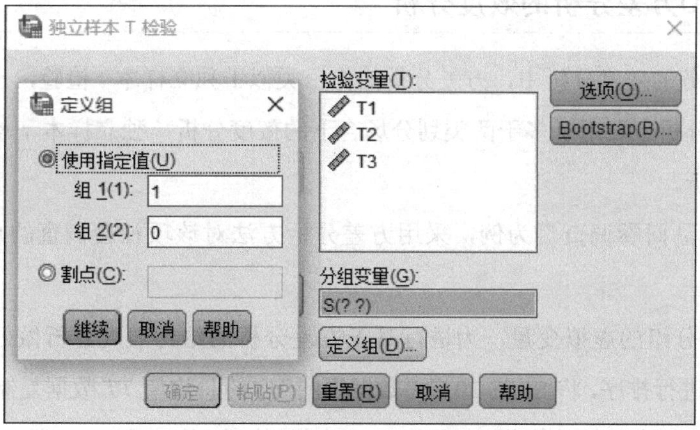

图 8.10 设置分组变量

（2）用鼠标左键单击“独立样本 t 检验”对话框下方的“确定”按钮，完成独立样本 t 检验的计算。SPSS 20 输出计算结果“独立样本检验”表。以下表 8.10 是对“A 产品问卷调查”的 3 项一级指标的独立样本 t 检验结果。

表 8.10　　　　　　“A 产品问卷调查”的独立样本 t 检验分析表

变量	方差齐性 F 检验			t 检验		
	零假设	F 检验值	伴随概率	t 检验值	自由度	伴随概率
$T1$	假设方差相等	2.492	0.117	0.872	108.000	0.385
	假设方差不相等			0.915	93.253	0.363
$T2$	假设方差相等	0.057	0.812	4.227	108.000	0.000
	假设方差不相等			4.230	81.481	0.000
T3	假设方差相等	2.783	0.098	8.686	108.000	0.000
	假设方差不相等			8.649	80.266	0.000

在表 8.10 中的“方差齐性 F 检验”，“A 产品问卷调查”的 3 项一级指标在不同性别之间的总体方差均不存在显著性差异。因此，采用式（8.5）计算总体联合方差的估计量，进而采用式（8.6）进行独立样本 t 检验，即采用 SPSS 20 给出的“独立样本检验”表中“假设方差相等”一栏中的检验结果，进行独立样本 t 检验。

由表 8.10 可知，第一项一级指标独立样本 t 检验的伴随概率高达 0.385，说明在不同性别的被调查者之间不存在显著性差异；而第二项和第三项一级指标独立样本 t 检验的伴随概率均趋于零，说明在不同性别的被调查者之间存在着非常显著的差异。表明性别因素是影响第二项一级指标“产品品质”和第三项一级指标“产品价格”的个体评价的系统性成因，不同的性别具有不同的评价。

8.2.5　SPSS 20方差分析的效度分析

在社会调查实务的效度分析中，方差分析的作用类似于独立样本 t 检验，也是用于结构效度分析。不同的是方差分析主要用于多于两类划分场合下的效度分析，独立样本 t 检验只能用于两类划分场合下的效度分析。

仍然以“A 产品问卷调查”为例，采用方差分析方法对该项社会调查的总均值 TT 进行效度分析。

（1）构建一个分组的虚拟变量，为进行基于方差分析的结构效度分析做好数据的准备。采用 Excel 对总均值 TT 进行排序，将 SPSS 20 的“数据视图”中的总均值 TT 数据复制到 Excel 工作表中，并设置一个 1 到 110 的序号与总均值 TT 数值一一对应；然后，将总均值 TT 数值按照升序重新排序，同时采取“扩展选定区域”的方式使得与其对应的 1 到 110 的序号，也按照总均值 TT 数值的升序排序进行排列。再设置一个区分总均值 TT 高低分值，将此其分为从高分值到低分值 5 个部分的虚拟变量 $M2$。该虚拟变量 $M2$ 取值为“1、2、3、4、5”5 个数值，将总均值 TT 数值按照 22 个分值一个小组，分为由低到高分值的 5 个部分。其中，“1”作为最低分值组的代码；“5”作为最高分值组的代码。接下来，再对总均值 TT 数值的 1 到 110 的序号进行升序排序，依然采取“扩展选定区域”

的方式，使得总均值 *TT* 及其虚拟变量 *M2* 的数值也随着重新排列，让总均值 *TT* 数列的排序恢复到 SPSS 20 的“数据视图”中原来的次序，并且得到与其相对应的虚拟变量 *M2* 数值。最后，在 SPSS 20 的“数据视图”中插入一个新的变量 *M2*，将所获得的 *M2* 数值序列复制到 SPSS 20 的“数据视图”中。

显然，这时总均值 *TT* 按照其数值大小被划分为 5 组，不再适合使用独立样本 *t* 检验方法，需要采用方差分析方法进行效度分析。

在 SPSS 20 的主菜单栏中选择“分析”→“比较均值”→“单因素 ANOVA”，ANOVA（Analysis of Variance）即为方差分析。然后，单击鼠标左键，打开“单因素方差分析”对话框。如图 8.11 所示。

图 8.11 打开“单因素方差分析”对话框

将准备进行方差分析的变量，导入到“单因素方差分析”对话框中的“因变量列表”数据框中。在本例中，即将总均值 *TT* 导入到“因变量列表”数据框中。然后将总均值 *TT* 分为从高分值到低分值 5 个部分的虚拟变量 *M2* 导入到“因子”数据框中。如图 8.12 所示。

（2）用鼠标左键单击“单因素方差分析”对话框右侧的“两两比较”按钮，在弹出的“单因素 ANOVA：两两比较”对话框的上方“假定方差齐性”选项框中，选定“LSD（L）”，LSD 即为最小显著差法（Least-Significant Difference）。以在单因素方差分析具有显著性时，对其进行两两配对的多重比较，以进一步明确究竟哪些总体均值之间存在显著差异。然后，用鼠标左键单击“继续”按钮，完成对分组变量的设置，确认并返回到“单因素方差分析”对话框。如图 8.13 所示。

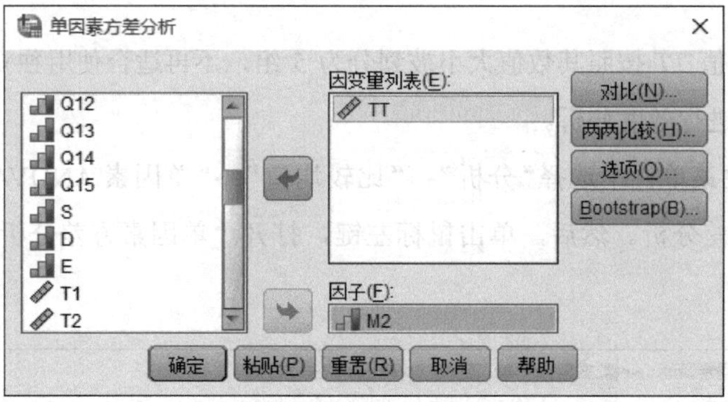

图 8.12　设置“单因素方差分析”变量

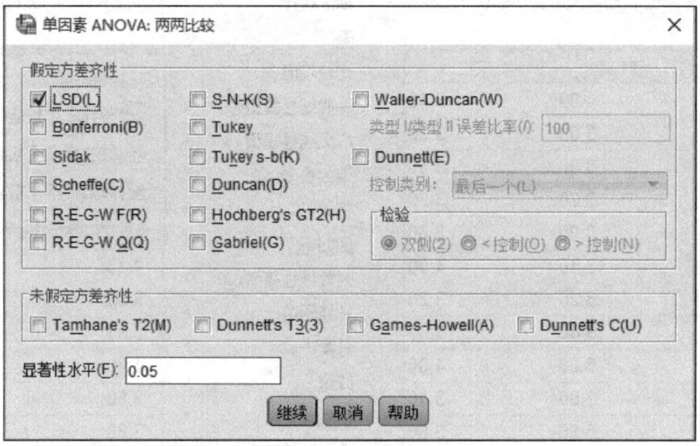

图 8.13　设置两两比较

（3）用鼠标左键单击“单因素方差分析”对话框下方的“确定”按钮，完成单因素方差分析。SPSS 20 输出计算结果“单因素方差分析”表和“多重比较”表。

SPSS 20 的“单因素方差分析”表与一般的方差分析表类似，设有组内、组间和总数的“离差平方和”数据以及“自由度”数值，给出了组内和组间“均方”，和“*F* 检验值”及其“伴随概率”。见表 8.11。

表 8.11　　　“A 产品问卷调查”总均值 *TT* 的单因素方差分析表

统计量		离差平方和	自由度	均方	*F* 检验值	伴随概率
TT	组间	6.161	4	1.540	374.114	0.000
	组内	0.432	105	0.004		
	总数	6.594	109			

由表 8.11 可知，划分为 5 组的总均值 *TT* 单因素方差分析的伴随概率趋于 0，具有非常高的显著性，表明从整体上来看“A 产品问卷调查”具有明显的结构效度。

还可以利用方差分析中的两两配对显著性检验，进一步分析出总均值 *TT* 划分为 5 组的总体均值之间的显著性，对“A 产品问卷调查”的调查过程及其资料的效度水平进行进一步的分析。具体结果如表 8.12 所示。

表 8.12 “A 产品问卷调查”总均值 *TT* 的两两比较分析表

两两比较		伴随概率
1 组	2 组	0.000
	3 组	0.000
	4 组	0.000
	5 组	0.000
2 组	3 组	0.000
	4 组	0.000
	5 组	0.000
3 组	4 组	0.000
	5 组	0.000
4 组	5 组	0.000

由表 8.12 可知，总均值 *TT* 划分为 5 组的总体均值之间的伴随概率均趋于 0，具有非常高的显著性。表明“A 产品问卷调查”总均值 *TT* 不仅在高分组与低分组之间存在显著差异，而且在任一相邻的两组之间都存在着显著差异，进一步说明从整体上来看“A 产品问卷调查”具有理想的结构效度。

8.2.6 SPSS 20方差分析的其他应用

方差分析也是普遍应用于社会调查研究中的一种有效方法。仍然以“A 产品问卷调查”为例，采用方差分析方法，分析该项社会调查中被调查者的居住地区因素对 3 项一级指标均值 *T*1、*T*2、*T*3 的影响。

“A 产品问卷调查”中的居住地区分为了甲区、乙区、丙区和丁区这样 4 个类别，不再适合使用独立样本 *t* 检验方法，需要采用方差分析方法进行分析。

（1）在 SPSS 20 的主菜单栏中选择“分析”→“比较均值”→“单因素 ANOVA”，ANOVA（Analysis of Variance）即为方差分析。然后，单击鼠标左键，打开“单因素方差分析”对话框。

如图 8.11 所示。

将准备进行方差分析的变量，导入到“单因素方差分析”对话框中的“因变量列表”数据框中。在本例中，即将 3 项一级指标均值 *T*1、*T*2、T3，导入到“因变量列表”数据框中。然后，将“A 产品问卷调查”第四项一级指标个人特征的居住地区 *D* 导入到“因子”数据框中。如图 8.14 所示。

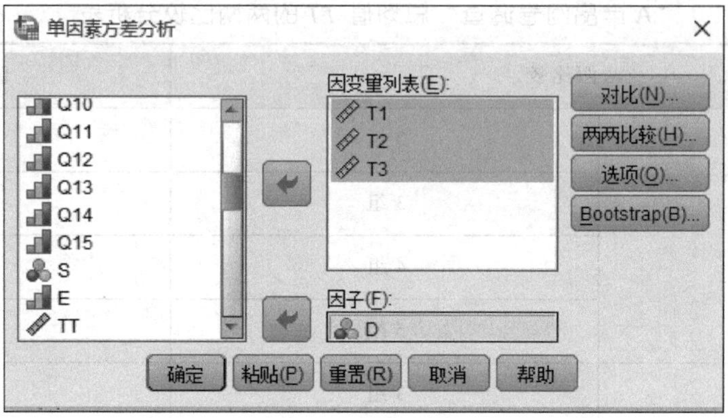

图 8.14　设置“单因素方差分析”变量

（2）选用最小显著差法设置“两两比较”，完成对分组变量的设置，确认并返回到“单因素方差分析”对话框。

（3）用鼠标左键单击“单因素方差分析”对话框下方的“确定”按钮，完成单因素方差分析。SPSS 20 输出计算结果“单因素方差分析”表和“多重比较”表。

SPSS 20 的“单因素方差分析”表与一般的方差分析表类似，设有组内、组间和总数的“离差平方和”数据，以及“自由度”数值；给出了组内和组间“均方”，进而计算出“*F* 检验值”，及其“伴随概率”。见表 8.13。

表 8.13　“A 产品问卷调查”的单因素方差分析表

统计量		离差平方和	自由度	均方	*F* 检验值	伴随概率
*T*1	组间	0.991	3	0.330	3.814	0.012
	组内	9.180	106	0.087		
	总数	10.171	109			
*T*2	组间	0.512	3	0.171	2.031	0.114
	组内	8.915	106	0.084		
	总数	9.427	109			
*T*3	组间	0.223	3	0.074	0.579	0.630
	组内	13.574	106	0.128		
	总数	13.797	109			

由表8.13可知，第一项一级指标的方差分析是显著的，其伴随概率为0.012，表明不同居住地区的被调查者在A产品的“产品营销”的评价方面存在显著差异；而在第二项和第三项一级指标的方差分析不存在显著差异，反映不同居住地区的被调查者在A产品的“产品品质”和“产品价格”的评价大同小异，没有显著不同。

经过方差分析得出了第一项一级指标“产品营销”存在显著差异，但是究竟是居住在什么地区的被调查者之间存在显著差异呢，这就需要进行两两配对的多重比较。表8.14是对居住在不同地区的被调查者对第一项一级指标“产品营销”评价的两两比较。

表8.14 “产品营销”的居住区域D的两两比较分析

两两比较		伴随概率
甲区	乙区	0.315
	丙区	0.250
	丁区	0.034
乙区	丙区	0.048
	丁区	0.354
丙区	丁区	0.002

如表8.14所示，本例中4个居住地区两两配对的组合数为6，其中有甲区与丁区，乙区与丙区，丙区与丁区之间存在显著差异。由此可见，对A产品“产品营销”的态度在居住地区D上的差异呈现出带状分布，表现为丙区与甲区、甲区与乙区、乙区和丁区相互接近的基本特征，这与该4个居住地区在地理空间上的分布基本吻合。

关键术语

因子分析　KMO检验　Bartlett检验　累积方差贡献率

探索性因子分析　相关分析　独立样本t检验　方差分析

思考与练习

1. 试利用书中例题数据，运用SPSS 20进行KMO检验和Bartlett检验效度分析。
2. 试利用书中例题数据，运用SPSS 20进行累积方差贡献率效度分析。
3. 试利用书中例题数据，运用SPSS 20进行探索性因子分析。
4. 试利用书中例题数据，运用SPSS 20采用相关系数进行效度分析。

5. 试利用书中例题数据，运用SPSS 20采用独立样本t检验对3项一级指标均值T1、T2、T3进行效度分析。

6. 试利用书中例题数据，运用SPSS 20采用方差分析方法对3项一级指标均值T1、T2、T3进行效度分析。

7. 试利用书中例题数据，运用SPSS 20采用方差分析方法分析个人学历因素对3项一级指标均值T1、T2、T3的影响。

8. 自行进行社会调查，试采用采集的数据，运用SPSS 20进行有关的效度分析。

第9章 描述统计分析

【学习目标】

学习集中趋势与离散程度的统计意义以及相互之间的辩证关系。

掌握众数、中位数、均值等集中趋势测度的基本定义及其计算方法。

掌握异众比率、四分位差、取值范围、标准差、离散系数等离散程度测度的基本定义和计算方法。

掌握不同计量尺度下集中趋势和离散程度的正确运用。

熟练掌握并科学运用SPSS 20进行集中趋势和离散程度分析。

描述统计分析是对数据的分布状况的概括性分析，描述统计分析只是对数据本身的分布状况进行的一种传统的统计分析，不具有推断总体数量特征的功能。若要运用描述统计量研究总体特征，则需要计算相关统计量的抽样误差，进行相应的显著性检验。

任何事物都是一般性和特殊性两个方面的辩证统一，共性和个性的辩证统一。集中趋势度量了数据分布趋向中心数值的一般水平，所反映的是事物的一般属性，是事物共性特征的测度；离散程度则是一种差异分析，它度量了数据分布的离中趋势，反映的是事物的特殊性，是事物个性特征的测度。因此，集中趋势度和离散程度是分析事物基本特征的两个重要测度，也是社会调查研究中两个最基本的测度。其中，集中趋势的测度主要有众数、中位数、均值；离散趋势的测度主要有异众比率、四分位差、取值范围、标准差、离散系数。

9.1 集中趋势分析

集中趋势（Central Tendency）是指一组数据所趋向的中心数值。对集中趋势的度量就是采用具体的统计方法和统计测度对这一中心数值的测量和计量，并以一综合数值来表述数据所趋向的这一中心数值的具体水平。

9.1.1 众数

众数（Mode）是一组数据中频数最大的变量值，直观地反映了数据的集中趋势。众数是度量定类数据集中趋势的测度，在任一变量中出现次数最多的变量值就是众数，一般用 M_0 表示。

众数是度量定类尺度集中趋势的测度，属于对数据要求最低的集中趋势测度，基于计量尺度向下兼容的性质，众数也可以用于层次更高的计量尺度测定的定序数据和数字型数据的集中趋势的度量。

在社会调查实务中，有许多数据属于定类尺度，例如在“A产品问卷调查”中的“个人特征”的性别S、居住地区D都属于定类尺度，只能用众数来度量其集中趋势。

以“A产品问卷调查”为例，采用该调查中的性别S、居住地区D和个人学历E 3组数据，按照众数的定义，可以得出性别S的众数为1，即男性被调查者是性别S的众数；居住地区D的众数为3，即居住在丙区被调查者人数最多，因此是居住地区D的众数；个人学历E的众数为1，表示被调查者中高中及以下学历人数最多，因此是个人学历E的众数。

在性别S、居住地区D和个人学历E 3个变量中，性别S、居住地区D属于定类尺度的数据，个人学历E属于定序尺度的数据，都可以采用众数来度量其集中趋势。对于个人学历E这一属于定序尺度的数据而言，在采用众数来度量其集中趋势时，其定序尺度的排序特征没有得到反映，在采用中位数度量其集中趋势时，定序尺度的排序信息才能得到充分利用。

9.1.2 中位数

中位数（Median）是位于有序数据正中间位置上的变量值，中位数用其位置属性体现了集中趋势的中心数值特征。中位数是度量定序数据集中趋势的测度，一般用Me表示。中位数是一种顺序统计量，也是一种位置型的代表数值，计算中位数要求数值至少具备定序数据的性质。中位数一旦确定，就可以根据中位数的具体取值，将全部数据分成数量相等的两个部分，一半数据的数值小于或等于中位数；另一半数据的数值大于或等于中位数。由此可得出中位数的计算公式。当数据的个数为奇数时，有

$$M_e = X_{\frac{N+1}{2}} \tag{9.1}$$

当数据的个数为偶数时，有

$$M_e = \frac{X_{\frac{N}{2}} + X_{\frac{N}{2}+1}}{2} \tag{9.2}$$

式（9.1）和式（9.2）中，X表示变量的观察值，N表示变量观察值的总数。

仍然采用“A产品问卷调查”为例，按照中位数的定义，采用该调查中的个人学历E和3项主观数据一级指标均值的$T1$、$T2$、$T3$数据，计算出这4个变量的中位数。“A产品问卷调查”中样本容量均为110，即各项变量观察值的总数为偶数，应采用式（9.2）来计算中位数。

个人学历E的中位数为2，说明按照学历水平高低，排在第55和56位上的被调查者的学历均为中专和大专。

第一项一级指标“产品营销”均值$T1$的中位数为3.3；第二项一级指标“产品品质”均值$T2$的中位数为3.4；第三项一级指标“产品价格”均值$T3$的中位数为4.4。可以看出，这3项一级指标均值的中位数均大于3，尤其是第三项一级指标“产品价格”均值$T3$的中位数为4.4，在量表最高分值为5的场合下，4.4分是非常高的评分了。

按照中位数的定义，“A产品问卷调查”中的性别S、居住地区D不具备计算中位数的条件。

因为，性别 S、居住地区 D 不具有可供排序的属性，性别 S、居住地区 D 的数值只是一个类别的代码，不具有大小、优劣、高低、轻重等可供排序的意义。

中位数是度量定序数据集中趋势的测度，根据计量尺度的向下兼容性质，中位数也可以用于度量量表层次更高的数字型数据的集中趋势。3 项主观数据一级指标均值 $T1$、$T2$、$T3$ 属于定距尺度的数据，当然也具有可供排序的属性，可以按照数值大小进行排序，构成有序数列，进而计算中位数。

9.1.3 均值

均值（Mean）为一组数字型数据之和除以该组数据总数所得到的商，即同一组数据的总值与其频数的比值。由于均值是采用算术平均方法计算的，所以均值也称为算术平均数（Arithmetical Average）。

计算均值的数据需要具备数字型数据的属性，即均值是一个数字型的集中趋势测度。通过计算均值的运算公式和计算过程可知，首先均值将各个数据之间的数量差异抽象掉了，以一个抽象性的综合测度概括地反映事物的集中趋势；其次均值将不同总体的总量规模抽象掉了，表现出来的只是一个一般性的代表水平，可以用于不同规模的同类总体在不同空间和时间上的比较分析。

均值符合人们关于集中趋势的一般概念，在各个方面得到广泛应用。均值属于参数统计内容，只能用作数字型数据集中趋势的测度，不能用于度量非数字型数据的集中趋势。

$$\bar{X} = \frac{\sum X}{N} \tag{9.3}$$

式（9.3）中的 $\bar{X}$ 表示均值。

仍然采用“A 产品问卷调查”为例，采用该调查中的三项主观数据一级指标的 $T1$、$T2$、$T3$，按照均值的定义和式（9.3），计算出这 3 个变量的均值。

第一项一级指标“产品营销”$T1$ 的均值为 3.344；第二项一级指标“产品品质”$T2$ 的均值为 3.411；第三项一级指标“产品价格”$T3$ 的均值为 4.486。在这 3 项一级指标中，仍然是第三项一级指标“产品价格”$T3$ 的均值为 4.486 最高，明显优于其他两项一级指标。

9.1.4 SPSS 20的集中趋势分析

运用 SPSS 20 可以非常方便地实现对数据集中趋势的描述性分析。

仍然以“A 产品问卷调查”为例。

首先，在 SPSS 20 的主菜单栏中选择“分析”→“描述统计”，选中“频率”并用鼠标左键单击，则会弹出“频率”选项框。如图 9.1 所示。

在弹出的“频率”选项框里，将“个人特征”的性别 S，居住地区 D，个人学历 E，以及 3 项一级指标均值 $T1$、$T2$、$T3$ 和总均值 TT 选中，一并导入到“变量”框中，做好进行集中趋势分析的准备。如图 9.2 所示。

图 9.1　调出 SPSS 20 的“频率”选项框

接下来，用鼠标左键单击“频率”选项框右上方的“统计量”，打开“频率：统计量”选项框。在“频率：统计量”选项框右上方的“集中趋势”中选中“均值”“中位数”和“众数”这 3 项集中趋势测度。然后，用鼠标左键单击“频率”选项框下端的“继续”按钮，确认刚刚关于集中趋势测度的选择，并退出“频率：统计量”选项框。如图 9.3 所示。

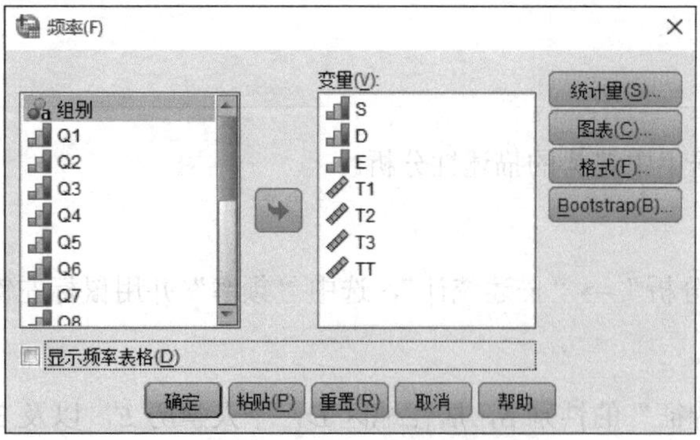

图 9.2　将变量导入“频率”选项框的“变量”框

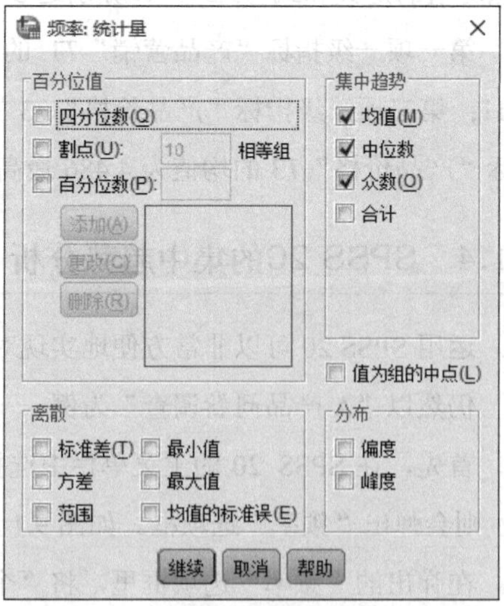

图 9.3　在“频率：统计量”中设置集中趋势测度

最后，用鼠标左键单击“频率”对话框下方的“确定”按键，完成集中趋势分析的有关设置。SPSS 20 输出计算结果“统计量”表。如表 9.1 所示。

表 9.1　　SPSS 20 输出的集中趋势计算结果“统计量”表

		S	D	E	T1	T2	T3	TT
N	有效	110	110	110	110	110	110	110
	缺失	0	0	0	0	0	0	0
均值		0.64	2.45	1.89	3.343 6	3.410 9	4.485 5	3.746 7
中值		1.00	3.00	2.00	3.300 0	3.400 0	4.400 0	3.733 3
众数		1	3	1	3.40	3.20[a]	4.80	3.93

在表 9.1 的 SPSS 20 输出的集中趋势计算结果“统计量”表中，最初两行是原始数据状况，在本例中样本容量为 110，均为有效。这两行的内容主要是用于分析和判断 SPSS 20 运算过程中数据的有效性，以及说明计算结果的有效性，当其不存在缺失时，可以不用在社会调查分析报告中具体列出。

接下来 3 行分别为均值、中位数和众数。在“统计量”表中将中位数表述为“中值”，一般还是将其改为“中位数”为宜。

在表 9.1 中，SPSS 20 输出了所有变量的均值、中位数和众数的 3 项集中趋势测度，而性别 *S* 和居住地区 *D* 是定类尺度的数据，只能计算众数；个人学历 *E* 属于定序尺度的数据，也不能计算均值，只有一级指标均值 *T1*、*T2*、*T3* 和总均值 *TT* 属于定距尺度的数据，可以计算均值、中位数和众数这 3 项集中趋势测度。

因此，对表 9.1 的 SPSS 20 输出的“统计量”表进行整理，所得结果如表 9.2 所示。

表 9.2　　“A 产品问卷调查”有关数据的集中趋势分析表（经过整理后）

统计量	S	D	E	T1	T2	T3	TT
均值	—	—	—	3.344	3.411	4.486	3.747
中位数	—	—	2	3.300	3.400	4.400	3.733
众数	1	3	1	3.400	3.200	4.800	3.933

由集中趋势测度的特征可知，同一个变量其均值、中位数和众数往往有所不同。例如，在表 9.2 中的个人学历 *E* 的众数是 1，即高中及以下学历出现的次数最多；而中位数是 2，即中专和大专学历。表示在整个被调查者中，虽然高中及以下学历人数最多，但是没有过半，排在学历这个有序数列正中间的被调查者，具体为第 55 位和 56 位被调查者，均为中专和大专学历。

9.2 离散程度分析

9.2.1 异众比率

异众比率（Variation Ratio）是众数所在组的频数占总频数的比率，一般用V_r表示。

$$V_r = \frac{\sum F - F_{M_0}}{\sum F} = 1 - \frac{F_{M_0}}{\sum F} \tag{9.4}$$

式（9.4）中，F表示频数，F_{M_0}表示众数所在组频数。

异众比率是用于评价众数的代表性的测度。异众比率取值在1到0之间，一般用百分数表示。异众比率数值越大，越趋近于1，说明众数所在组的频数占总频数的比率越低，众数的代表性越弱，反映数据的频数分布不存在显著集中的态势，借助众数来反映数据的集中趋势的代表性越弱；异众比率数值越小，越趋近于 0，说明众数所在组的频数占总频数的比率越高，众数作为集中趋势测度的代表性越强。

仍然以“A产品问卷调查”为例，根据异众比率的定义和式（9.4），可以计算出被调查者住地区D的异众比率为69.091%，个人学历E的异众比率为56.364%。

9.2.2 四分位差

四分位差（Quartile Deviation）为上四分位数与下四分位数的绝对离差，也称为四分间距（Inter-Quartile Range），用Q_d表示。计算公式为

$$Q_d = Q_U - Q_L \tag{9.5}$$

式（9.5）中的Q_U和Q_L分别为上四分位数与下四分位数。将原始数据按照由小到大，由低到高排序后得到的有序数据中，上四分位数是处在后四分之一位置上数据的数值；下四分位数是处在前四分之一位置上数据的数值。

所以，也可以将上四分位数与下四分位数理解为是在计算了中位数的基础上，将排序后的有序数据分为大于和小于中位数的两个部分，然后再分别计算出这两个部分的中位数。其中，将大于中位数的那部分有序数据基础上计算出来的中位数，称为上四分位数；将小于中位数的那部分有序数据基础上计算出来的中位数，称为下四分位数。四分位差则是反映了处在有序数据中间位置上的 50%的数据取值的最大绝对离差。因此，四分位差是与中位数相联系的离散程度测度。

以“A产品问卷调查”为例，试计算被调查者个人学历E的四分位差。依据四分位差的定义和式（9.5），先计算出个人学历的上四分位数与下四分位数。将个人学历的数据按照高中及以下、中专和大专、本科及以上3个层次依序排列，可以得出个人学历E的上四分位数为3，下四

分位数为 1，得出个人学历的四分位差为 2。由此可见，调查者个人学历中位数为 2 的代表性偏弱。实际上，通过调查者个人学历众数为 1，而中位数为 2，也可以大约知道其中位数的代表性不高。

仍然以“A 产品问卷调查”为例，计算 3 项一级指标均值 *T*1、*T*2、*T*3 的四分位差。由四分位差的定义和式（9.5），可以得出 3 项一级指标均值 *T*1、*T*2、*T*3 的四分位差依次为 0.4、0.4 和 0.6。因此，可以认为，依据四分位差的度量，第三项一级指标均值 *T*3 的离散程度最大，第一项和第二项一级指标均值 *T*1 和 *T*2 的中位数的代表性要优于第三项一级指标均值 *T*3。

9.2.3 取值范围

取值范围（Value Area）为全体数据中最大数值与最小数值之差，反映了数值变量取值的变动幅度。取值范围也称为全距，一般用 *R* 表示，有

$$R = \mathrm{Max}\left\{X\right\} - \mathrm{Min}\left\{X\right\} \tag{9.6}$$

取值范围只能用于数字型变量，要求数据至少满足定距量表的要求。

仍然以“A 产品问卷调查”为例，试计算 3 项一级指标均值 *T*1、*T*2、*T*3 的取值范围。依据取值范围的定义和式（9.6），可以计算出一级指标均值 *T*1 的取值范围为 1、*T*2 的取值范围为 1.2、*T*3 的取值范围为 1.4。其中，*T*3 的取值范围数值水平最高，*T*1 的取值范围水平最低。可以认为，从取值范围测度的视角，第三项一级指标 *T*3 的离散程度最大，均值的代表性最低；第一项一级指标 *T*1 的离散程度最小，均值的代表性最高；第二项一级指标 *T*2 处于居中位置。

由取值范围的定义和式（9.6）可以看出，取值范围的计算只使用了数值变量中的最大与最小两个数值，具有计算简洁，意义明确，易于理解的特点，但是没有充分利用数据的全部信息，只是一个粗略的容易受到极端数值影响的测度。在数据中存在极端数值时，往往不能全面和准确地度量数据分布的离散程度。

方差和标准差则是采用了全部数据计算的离散程度测度，消除了取值范围只使用了数值变量中的最大与最小两个数值的局限。

9.2.4 方差和标准差

方差（Variance）是指全部变量值与其均值的离差平方的均值。

方差以数据的重心——均值作为基准数值来度量数据分布的离散程度，同时用平方的方式消除了变量值与均值离差数值正负相抵的问题，便于数学上的处理，方差是正态分布等概率分布的重要参数，因此是度量数值变量离散程度的基本测度。方差一般用 σ^2 或 $V(X)$ 表示。

方差计算公式

$$\sigma^2 = \frac{\sum (X - \bar{X})^2}{N} \tag{9.7}$$

由于方差的量纲是变量原有量纲的平方，其实际的社会经济意义不直观，不符合人们的习惯，在实际使用时有所不便。因此，更常用的是具有与变量相同量纲的测度，即方差的算术平方根——标准差。

标准差（Standard Deviation）为方差的算术平方根，即全部变量值与其均值离差平方的均值的算术平方根。其标准差计算公式为

$$\sigma = \sqrt{\frac{\sum (X - \bar{X})^2}{N}} \tag{9.8}$$

仍然以“A 产品问卷调查”为例，试计算 3 项一级指标均值 $T1$、$T2$、$T3$ 的标准差。依据标准差的定义和式（9.8），可以计算出第一项一级指标均值 $T1$ 的标准差为 0.305、第二项一级指标均值 $T2$ 的标准差为 0.294、第三项一级指标均值 $T3$ 的标准差为 0.356。其中，依然是第三项一级指标均值 $T3$ 的离散程度最高，但是离散程度最低不再是取值范围的第一项一级指标均值 $T1$，而是第二项一级指标均值 $T2$ 了。

9.2.5 离散系数

离散系数（Coefficient of Variation）为同一变量的标准差与均值的比值。

标准差为全部变量值与其均值离差的平方的均值的算术平方根。其取值高低要受到中心数值——均值水平高低的制约，并且具有与变量相同的量纲，在不同数值水平的变量，以及不同量纲的变量所计算的标准差不具有直接可比性，不能直接用来进行比较分析。

离散系数用标准差除以同一数据的均值，剔除了均值数值水平高低和不同量纲的差异，得到了一个没有变量的数值水平差异，消除了具体量纲的相对数测度。计算离散系数的目的就是消除标准差在数值水平和量纲上的差异，使其成为一个抽象的纯粹反映数据分布离散程度的测度，一个具有广泛的直接可比性的离散程度测度。从形式上看，离散系数是一个相对的比值，一个相对数。离散系数的计算公式为

$$V_\sigma = \frac{\sigma}{\bar{X}} \tag{9.9}$$

仍然以“A 产品问卷调查”为例，试计算 3 项一级指标均值 $T1$、$T2$、$T3$ 的离散系数。依据离散系数定义和式（9.9），可以计算出第一项一级指标均值 $T1$ 的离散系数为 0.091、第二项一级指标均值 $T2$ 的离散系数为 0.086、第三项一级指标均值 $T3$ 的离散系数为 0.079。在离散系数的度量下，离散程度最高的转变为第一项一级指标均值 $T1$，而在取值范围的度量下，$T1$ 的数值水平是最低的；离散系数数值水平最低的转换为第三项一级指标均值 $T3$，在取值范围和标准差的度量下，$T3$ 的数值水平一直是最高的。如表 9.3 所示。

表 9.3　　　　一级指标均值 $T1$、$T2$、$T3$ 的离散程度测度对比分析表

测度	$T1$	$T2$	$T3$
均值	3.344	3.411	4.486
标准差	0.305	0.294	0.356
离散系数	0.091	0.086	0.079

由表 9.3 可知，第三项一级指标均值 $T3$ 之所以由标准差度量时的最高数值水平，降到离散系数度量时的最低数值水平，其原因就是 $T3$ 的数值水平在 3 项一级指标均值 $T1$、$T2$、$T3$ 中最高，其均值为 4.486，明显高于其他两项一级指标。在采用离散系数度量其时，剔除了数值水平的差异，使其具有可比性的相对离散程度数值为最低。

将式（9.9）稍加转换，可以将标准差表述为离散系数与其均值的乘积。即有

$$\sigma = V_{\sigma} \cdot \bar{X} \tag{9.10}$$

式（9.10）直观地说明标准差既包含了单纯的，具有直接可比性的相对离散程度——离散系数因素；又包含了具有具体数值水平和量纲的均值。所以，不能将标准差直接用于变量之间离散程度的比较分析，必须剔除其具体数值水平和量纲，即将标准差除以均值，计算出离散系数之后，才可以进行比较分析。

9.2.6　SPSS 20的离散程度分析

这里，仍然以“A 产品问卷调查”为例。

（1）类似于集中趋势的 SPSS 20 设置。在 SPSS 20 的主菜单栏中选择“分析”→“描述统计”，选中“频率”并用鼠标左键单击，弹出“频率”选项框。

在“频率”选项框里，将“个人特征”的性别 S，居住地区 D，个人学历 E，以及 3 项一级指标均值 $T1$、$T2$、$T3$ 和总均值 TT 选中，一并导入到“变量”框中，做好进行集中趋势分析的准备。

（2）用鼠标左键单击“频率”选项框右上方的“统计量”，打开“频率：统计量”选项框。在“频率：统计量”选项框左上方的“百分位值”中选中“四分位数”，为计算四分位差提供上四分位数和下四分位数数据；在左下方的“离散”中选中“标准差”和“范围”。这里的“范围”就是“取值范围”。然后，用鼠标左键单击“频率”选项框下端的“继续”按钮，确认相关的选择，退出“频率：统计量”选项框，返回到“频率”选项框。如图 9.4 所示。

在“频率”选项框的左下方，选中“显示频率表格”选项，为计算被调查者的性别 S 和居住地区 D 的异众比率提供基础数据。如图 9.5 所示。

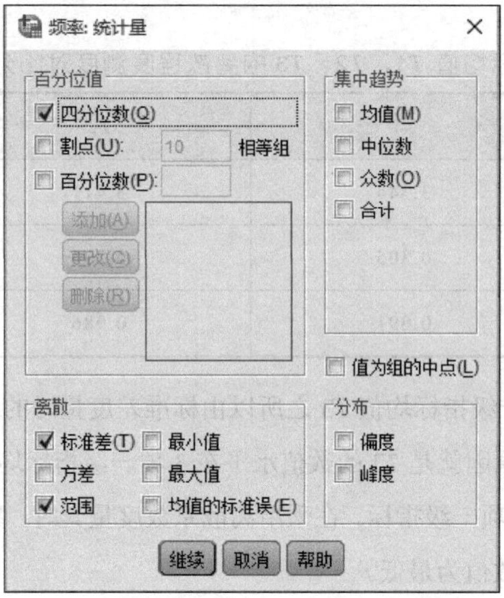

图 9.4 在“频率：统计量”中设置离散程度测度

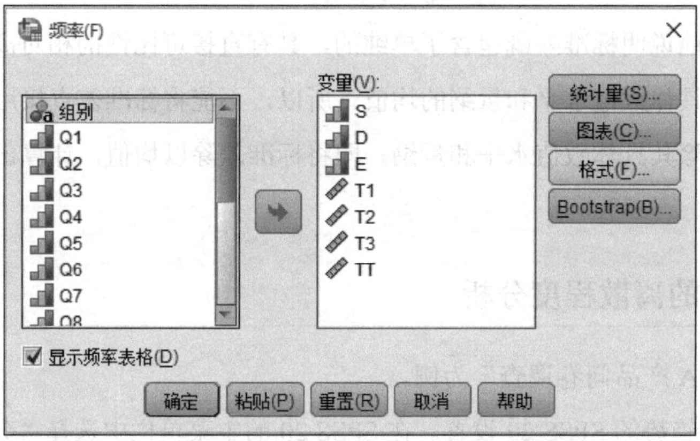

图 9.5 在“频率”选项框选中“显示频率表格”

(3) 用鼠标左键单击“频率”对话框下方的“确定”按钮，完成离散程度分析的有关设置。SPSS 20 输出计算结果“统计量”表。见表 9.4。

表 9.4　　SPSS 20 输出的离散程度计算结果“统计量”表

		S	*D*	*E*	*T*1	*T*2	*T*3	*TT*
N	有效	110	110	110	110	110	110	110
	缺失	0	0	0	0	0	0	0
标准差		0.483	1.138	0.871	0.305 46	0.294 08	0.355 77	0.245 95
全距		1	3	2	1.00	1.20	1.40	0.93
百分位数	25	0.00	1.00	1.00	3.000 0	3.200 0	4.200 0	3.533 3
	50	1.00	3.00	2.00	3.300 0	3.400 0	4.400 0	3.733 3
	75	1.00	3.00	3.00	3.400 0	3.600 0	4.800 0	3.933 3

在表9.4的SPSS 20输出的离散程度计算结果“统计量”表中，最初两行是原始数据状况，在本例中样本容量为110，均为有效。接下来两行分别为标准差和取值范围，在SPSS 20输出的“统计量”表中将取值范围称为“全距”。最下面3行的“百分位数”，其25和75的百分位数即为下四分位数和上四分位数，50的百分位数即为中位数。

根据表9.4中个人学历*E*提供上四分位数为3和下四分位数为1，即可根据四分位差的定义和式（9.5），计算出个人学历*E*的四分位差等于2。

表9.5为SPSS 20输出的被调查者的居住地区*D*“频数”分布表。

表 9.5　　SPSS 20 输出的被调查者的居住地区 *D*“频数”分布分析表

		频率	百分比	有效百分比	累积百分比
有效	1	33	30.0	30.0	30.0
	2	19	17.3	17.3	47.3
	3	34	30.9	30.9	78.2
	4	24	21.8	21.8	100.0
	合计	110	100.0	100.0	

按照异众比率的定义和式（9.4）计算，1减去众数所在组，即丙区“3”所在组的频率30.9%，可得出被调查者居住地区*D*的异众比率为69.1%。

综上所述，按照各个变量的计量尺度，将SPSS 20输出的数据加工整理，构成对“A产品问卷调查”有关数据的离散程度分析表。如表9.6所示。

表 9.6　　“A 产品问卷调查”有关数据的离散程度分析表

统计量	*S*	*D*	*E*	*T*1	*T*2	*T*3	*TT*
异众比率（%）	36.364	69.091	56.364	—	—	—	—
四分位差	—	—	2.000	0.400	0.400	0.600	0.400
全距	—	—	—	1.000	1.200	1.400	0.933
标准差	—	—	—	0.305	0.294	0.356	0.246
离散系数	—	—	—	0.091	0.086	0.079	0.066

在表9.6中，被调查者的性别*S*和居住地区*D*属于最低层次计量尺度定类尺度的数据，只能计算的异众比率。被调查者的个人学历D属于定序尺度的数据，可以计算四分位差。

3项一级指标均值*T*1、*T*2、*T*3和总均值*TT*属于定距尺度数据，为数字型变量，可以计算四分位差、全距、标准差、离散系数。对于数字型变量而言，标准差是最基本的离散程度测度，在变量显著偏离正态分布时，可以采用四分位差、全距作为辅助测度。

在对多个变量的离散程度进行比较分析时，必须采用离散系数剔除其数值水平差异和量纲不同等不可比因素。

关键术语

集中趋势	离散程度	众数	中位数	均值
异众比率	四分位差	取值范围	标准差	离散系数

思考与练习

1. 分析集中趋势与离散程度之间的辩证关系。
2. 简述众数、中位数、均值的基本定义和计算公式。
3. 简述异众比率、四分位差、取值范围、标准差、离散系数的基本定义和计算公式。
4. 简述离散系数分析的意义和作用。
5. 分析不同计量尺度下集中趋势和离散程度的正确运用。
6. 简析集中趋势和离散程度的结合应用。
7. 运用SPSS 20计算集中趋势测度。
8. 运用SPSS 20计算离散程度测度。

第10章 列联表分析

【学习目标】

学习列联表及其χ^2检验的基本概念。

掌握列联表的观测分布、期望分布、频数、频率、边缘分布、条件分布。

掌握列联表的χ^2检验。

掌握φ相关系数、C相关系数、V相关系数等定类尺度相关系数。

掌握Gamma系数、Kendall's tau-b和Kendall's tau-c等定序尺度相关分析测度。

10.1 列联表及其χ^2检验

10.1.1 列联表的结构

顾名思义，列联表分析就是基于列联表的统计分析。

在社会调查研究中，需要从不同视角观察社会现象的具体表现，需要在各种分层下来剖析社会现象之间的相互联系以及互相影响，以达到对研究对象发展运动内在规律的认识和把握。这种基于不同视角和各种分层下对社会调查资料的各种交叉分组，就构成了所谓的列联表（Crosstabs）。

在社会调查研究中，大量的原始资料属于定类尺度和定序尺度的非数字型变量，不满足进行参数统计分析的要求。然而，任何社会调查研究对象，只要可以同时按照两个社会特征对调查资料进行交叉分类或交叉分层，就可以构建列联表，采用列联表进行分析研究，分析这两个社会特征相互之间的联系和影响。列联表分析是社会调查研究中应用最广泛的基本方法，也是社会调查实务的数据分析中普遍使用的主要工具。

例如，某一社会调查研究对象具有A与B两个社会特征，即变量A与变量B，其中变量A有r个等级$A1$，$A2$，…，A_r，变量B有c个等级$B1$，$B2$，…，B_c。假若，以变量A作为行的分类变量，以变量B作为列的分类变量，即构成一个r行c列的二维交叉分组表，即列联表。如表10.1所示。

表 10.1 变量A与变量B构成的列联表

序号	B_1	B_2	…	B_c	合计
A_1	n_{11}	n_{12}	…	n_{14}	$n_{1\cdot}$
A_2	n_{21}	n_{22}	…	n_{24}	$n_{2\cdot}$
⋮	⋮				⋮
A_r	n_{31}	n_{32}	⋮	n_{34}	$n_{r\cdot}$
合计	$n_{\cdot 1}$	$n_{\cdot 2}$	…	$n_{\cdot c}$	n

由表 10.1 可知，在 B_1 和 A_1 交叉的表格中的 n_{11} 为同时具有变量 A 的第一种特征 A_1，以及变量 B 的第一种特征 B_1 的单位数量，称为同时具有 B_1 和 A_1 特征的频数（或次数）n_{11}。更一般的有同时具有 A_i 和 B_j 特征的频数 n_{ij}。

由相应的行的频数，可以计算出各行的合计数，其计算公式为

$$n_{i\cdot}=\sum_{j=1}^{c}n_{ij}\ ,\ (i=1,2,\cdots,r) \tag{10.1}$$

在式（10.1）中，这一第 i 行的合计数 $n_{i\cdot}$ 是第 i 行边缘频数。在列联表中由 r 行的边缘频数构成的数列，即 $n_{1\cdot}$，$n_{2\cdot}$，…，$n_{r\cdot}$，称为列联表中行的边缘分布。

类似的，由相应的列的频数，可以计算出各列的合计数，其计算公式为

$$n_{\cdot j}=\sum_{i=1}^{r}n_{ij}\ ,\ (j=1,2,\cdots,c) \tag{10.2}$$

式（10.2）中，这一第 j 列的合计数 $n_{\cdot j}$ 是第 j 列边缘频数。在列联表中由 c 列的边缘频数构成的数列，即 $n_{\cdot 1}$，$n_{\cdot 2}$，…，$n_{\cdot c}$，称为列联表中列的边缘分布。

由行或者列的边缘频数加总，可以计算得到总的频数，即样本容量 n。

这样由两个变量进行交叉分组，给出所有的频数，包括每个表格的频数，以及行和列的边缘频数，构成了完备的频数分布的表 10.1，这就是列联表。

表 10.1 的列联表是以频数分布的绝对数，即采用频数本身来直接表述的列联表；还可以构造采用频数分布的相对数，即用每一频数除以样本容量 n 计算出的比值，即频率来表述的列联表。所以，列联表是指以频数或频率表述其分布特征的交叉分组表。一般将列联表定义为一个 r 行 c 列的二维表，又称为 $r\times c$ 列联表。

【案例】以“A产品问卷调查”中，被调查者的性别S和个人学历E为为例，构建一个列联表。如表10.2所示。

表 10.2　“A 产品问卷调查”性别 S 和个人学历 E 的列联（频数分布）分析表

分组标识		个人学历 E			合计
		高中及以下	中专和大专	本科及以上	
性别 S	女性	15	11	14	40
	男性	33	15	22	70
合计		48	26	36	110

表10.2以被调查者的性别S作为行的分组标识，将行分为女性和男性两行；以被调查者的个人学历E作为列的分组标识，将列分为高中及以下、中专和大专、本科及以上3列，然后按照被调查者在性别S和个人学历E两个方面的特征，给出频数分布。例如，在个人学历E为中专和大专这一列中，女性被调查者有11人，男性被调查者有15人，合计有26人。

表10.2中行与列的合计数即为对应的边缘分布。例如，行的合计数反映了性别S的边缘分布，

其中女性为40人，男性为70人；列的合计数反映了个人学历E的边缘分布，其中高中及以下为48人，中专和大专为26人，本科及以上为36人。

表10.2是采用频数来表述列联表的分布结构，在这个示例中是具体的人数。还可以计算出表10.2中列联表的分布结构的相对数，以各个对应表格中频数的相对形式——频率来表述列联表的分布结构。见表10.3。

在表10.3中，采用频率来表述列联表的分布结构。例如，在个人学历E为中专和大专的这一列中，女性被调查者的频率为10%，表示在总的被调查者中有10%为中专和大专学历的女性；男性被调查者的频率为13.636%，表示在总的被调查者中有13.636%为中专和大专学历的男性；其合计，即边缘频率为23.636%，表示在总的被调查者中有23.636%为中专和大专学历。

表 10.3 "A 产品问卷调查"性别 S 和个人学历 E 的列联表的频率分布分析表（%）

分组标识		个人学历 E			合计
		高中及以下	中专和大专	本科及以上	
性别 S	女性	13.636	10.000	12.727	36.364
	男性	30.000	13.636	20.000	63.636
合计		43.636	23.636	32.727	100.000

10.1.2 列联表的χ^2检验

在列联表分析中，χ^2检验用来研究两个定类变量间是否独立，即是否存在某种关联性。χ^2检验是以χ^2分布为基础的一种假设检验方法。在列联表分析χ^2检验中的零假设是观察频数与期望频数之差等于0。列联表分析中进行χ^2检验的基本程序如下。

（1）构造列联表。即构造由两个或两个以上变量进行交叉分类的频数分布表，其行变量的类别数为r项，列变量的类别数为c项，称为$r×c$列联表。

（2）给出χ^2检验的零假设。即有

$$H_0: n_{ij} - e_{ij} = 0$$

其中，n_{ij}为观察频数，e_{ij}为期望频数。假定行变量和列变量相互独立，有

$$e_{ij} = n(\frac{n_{i.}}{n})(\frac{n_{.j}}{n}) = \frac{n_{i.}\ n_{.j}}{n} \tag{10.3}$$

（3）构造χ^2检验量，计算χ^2检验值，进行显著性检验。χ^2检验量计算公式为

$$\chi^2 = \sum_{i=1}^{r}\sum_{j=1}^{c}\frac{(n_{ij}-e_{ij})^2}{e_{ij}} \tag{10.4}$$

该χ^2检验量服从自由度为$(r-1)\ (c-1)$的χ^2分布。

由式（10.4）可以了解χ^2检验量的统计意义。式（10.4）分子为观察频数n_{ij}与期望频数e_{ij}的离

差，反映观察频数 n_{ij} 与期望频数 e_{ij} 之间的偏离水平，称之为残差。将该残差平方后求和，以观察频数 n_{ij} 与期望频数 e_{ij} 的离差平方和来度量两者之间的差异水平。

阿贝（Abbe）于 1863 年首先提出 χ^2 分布，随后海尔墨特（Hermert）于 1875 年，卡尔·皮尔逊（Karl Pearson）于 1900 年也分别独立地推导出了 χ^2 分布。卡尔 · 皮尔逊在运用 χ^2 分布进行显著性检验方面做了很多工作，因此 χ^2 检验量也称为 Pearson χ^2。

10.2 定类尺度的相关分析

列联表中的变量通常为定类尺度或定序尺度，对于定类尺度的相关分析一般称为非参数的品质相关。品质相关系数主要有 φ 相关系数、C 相关系数（列联系数）和 V 相关系数 3 种。

10.2.1 φ相关系数

φ 相关系数适用于 2×2 列联表的品质相关分析。有 φ 相关系数的计算公式为

$$\varphi = \frac{ad-bc}{\sqrt{(a+b)(c+d)(a+c)(b+d)}} \tag{10.5}$$

其中 a、b、c、d 为 2×2 列联表的频数分布。参见表 10.4。

表 10.4　　2×2 列联表及其 φ 相关系数分析示意表

序号	C_1	C_2	合计
R_1	a	b	$a+b$
R_2	c	d	$c+d$
合计	$a+c$	$b+d$	n

由式（10.5）和表 10.4 可知，若 ad 等于 bc，则 $\varphi=0$，表明两个变量 A 与 B 之间相互独立，若 $b=0$，$c=0$，或 $a=0$，$d=0$，则意味着各观察频数全部落在对角线上，此时 $|\varphi|=1$，表明两个变量 A 与 B 之间完全相关。显然，两个变量 A 与 B 在 2×2 列联表中的位置可以互换，φ 的正负符号没有实际意义，一般取其绝对值。

φ 相关系数与 χ^2 检验量之间的关系，可以通过式（10.6）表述出来。有

$$\begin{aligned}\chi^2 &= \frac{(a-e_{11})^2}{e_{11}} + \frac{(b-e_{12})^2}{e_{12}} + \frac{(c-e_{21})^2}{e_{21}} + \frac{(d-e_{22})^2}{e_{22}} \\ &= \frac{n(ad-bc)^2}{(a+b)(c+d)(a+c)(b+d)} \\ &= n\left(\frac{ad-bc}{\sqrt{(a+b)(c+d)(a+c)(b+d)}}\right)^2 = n\phi^2\end{aligned} \tag{10.6}$$

因此，可以用χ^2检验量来计算φ相关系数，即

$$\varphi=\sqrt{\frac{\chi^2}{n}} \tag{10.7}$$

由式（10.7）可知，φ相关系数是基于列联表的，并且与χ^2检验量相互关联的品质相关分析方法。

10.2.2 C相关系数

C相关系数一般也称为列联系数，在SPSS 20中称为“相依系数”。在品质相关分析中，C相关系数克服了φ相关系数只适用于2×2列联表的局限，可以适用于任意行列数的列联表品质相关分析。

C相关系数的计算公式为

$$C=\sqrt{\frac{\chi^2}{\chi^2+n}} \tag{10.8}$$

同样，由式（10.8）可知，C相关系数也是基于列联表的，并且与χ^2检验量相互关联的品质相关分析方法。

由式（10.8）可知，由于样本容量n永远大于1，所以C相关系数的数值不可能等于1，只能永远小于1。

由式（10.8）还可知，C相关系数的数值不仅取决于χ^2检验量的数值水平，还受到样本容量大小的影响。因此，样本容量不同的C相关系数之间不具有直接的可比性。

10.2.3 V相关系数

V相关系数修正了C相关系数数值小于1的局限，在两个变量之间相互独立时V=0；两个变量完全相关时V=1。

在SPSS 20中，V相关系数称为“Cramer的V”。

V相关系数的计算公式为

$$V=\sqrt{\frac{\chi^2}{n\cdot\min\left[(r-1),(c-1)\right]}} \tag{10.9}$$

其中$\min\left[(r-1),(c-1)\right]$表示列联表中$(r-1)$和$(c-1)$的较小者。若使用$L$来表示列联表中行数和列数中较小者，即$L=\min\left[\mathrm{r},c\right]$。则有$V$相关系数的计算公式为

$$V=\sqrt{\frac{\chi^2}{n(L-1)}} \tag{10.10}$$

式（10.10）也是V相关系数的计算公式的常用形式。

由式（10.9）可知，当列联表中变量的维数为2时，即$\min\left[(r-1),(c-1)\right]=1$，这时，$V$相关系数等价于$\varphi$相关系数。

由式（10.9）和式（10.10）可知，不同样本容量，以及不同行和列的列联表之间，定类尺度相关分析不具有直接可比性。

10.3 定序尺度的相关分析

列联表中的变量通常为定类尺度或定序尺度，对于定序尺度的相关分析一般称为非参数的等级相关。其中有 Spearman 等级相关系数（参阅“7.2.3 效度的相关分析”中有关内容），以及 Gamma 系数、Kendall 等级相关系数。

10.3.1 Gamma系数

Gamma 系数（伽马系数，γ 系数）为两个定序尺度变量之间的相关关系的度量方法。Gamma 系数的取值介于-1 到 1 之间，所有观察实际数集中于左上角和右下角时，取值趋于-1 或 1，表示两个变量之间高度相关；取值为 0 时，则表示两个变量之间相互独立。

计算 Gamma 系数首先要确定观测值中一致或不一致的对数。设（$A1$，$B1$）和（$A2$，$B2$）是一对观测，若有 $A1>A2$ 且 $B1>B2$，或 $A1<A2$ 且 $B1<B2$，则称该对观测值是一致的，一致的对数用 P 表示；若有 $A1>A2$ 且 $B1<B2$，或 $A1<A2$ 且 $B1>B2$，则称该对观测是不一致的。不一致的对数用 Q 表示。得到一致的对数 P 和不一致的对数 Q，就可以计算出 Gamma 系数的数值，有 Gamma 系数的计算公式

$$\gamma=\frac{P-Q}{P+Q} \qquad (10.11)$$

Gamma 系数中的关于观测值一致的基本思想，以及一致的对数 P 和不一致的对数 Q 数据，是计算 Kendall 等级相关系数和 Kendall 和谐系数的基础。

10.3.2 Kendall等级相关系数

Kendall 等级相关系数（Kendall's coefficient of rank correlation）是除 Spearman 等级相关系数之外，度量定序尺度变量相关程度的重要测度。

在 SPSS 20 中，将 Kendall 等级相关系数表示为“Kendall's tau”，并将 Kendall 等级相关系数的三个计算公式分别称为 Kendall's tau-a、Kendall's tau-b、Kendall's tau-c。

其中，Kendall's tau-a 的计算公式为

$$\tau_a=\frac{P-Q}{\frac{1}{2}n(n-1)} \qquad (10.12)$$

式中，τ_a 表示 Kendall's tau-a。

由式（10.12）可知，Kendall's tau-a 的计算公式简单，易于计算。但是存在相同等级的场合，该公式的极大值和极小值就会达不到 1 或-1，并且 Kendall's tau-a 仅仅适宜在不存在相同等级的情况下使用。因此，SPSS 20 没有给出 Kendall's tau-a 的数值，只给出了 Kendall's tau-b 和 Kendall's tau-c 的计算结果。

Kendall's tau-b 针对 Kendall's tau-a 的局限，对式（10.12）的分母进行了改进，将相同等级的对数进行了相应的校正，以实现 Kendall's tau-b 的取值区间为[-1，1]，符合相关系数的一般要求。当不存在相同等级的时候，Kendall's tau-b 则等价于 Kendall's tau-a。

Kendall's tau-c 根据列联表行和列的数量，以及整张列联表的大小，对 Kendall's tau-b 做出进一步的校正，使其更加合理。

Kendall's tau-b 和 Kendall's tau-c 的计算公式较为繁杂，这里就不一一列出。

10.4 SPSS 20 的列联表分析

10.4.1 定类尺度的SPSS 20列联表分析

1. 计算以整数形式表现的一级指标均值

“A 产品问卷调查”采用了以李克特量表为主体的调查设计，对该调查的分析应以 3 项一级指标均值 *T*1、*T*2 和 *T*3 为中心展开。由问卷采集的被调查者主观评分原始数据是离散的定序尺度变量，由其加总得到的一级指标的总分或均值趋于定距尺度，虽然依然是离散变量，但是其具体取值的个数会大大增加。例如，在“A 产品问卷调查”中，调查问卷的主体部分采用的是李克特五级量表，因此任一问题最多只会存在 5 个取值。若是计算一级指标的总分或均值，则其取值就会随着样本容量的增大而增多。例如，第三项一级指标均值 *T*3 就有 8 个取值，而总均值 *TT* 有 19 个取值，如此之多的取值使得列联表的分组明显过多，不再适宜进行列联表分析。

列联表分析是适用于定类尺度数据和定序尺度数据的非参数统计分析方法，按照变量的取值进行两维交叉分组，进而开展交叉分组的频数或频率的列联表分析。列联表分析也可以用于数字型变量的定距和定比尺度数据，但是要求数字型变量是离散型的，并且变量的取值项数不宜过多。因此，直接采用李克特量表一级指标的总分或者均值进行列联表分析，就会遭遇依据李克特量表一级指标的总分或者均值的取值项数过多，导致分组项数过多的问题，不仅不能满足列联表交叉分组的每一交叉表格的频率大于 5%的要求，还会增大社会调查研究的复杂性，降低分析结果的可用性和有效性。

因此，在进行 SPSS 20 的列联表分析之前，需要按照李克特五级量表的标准，对一级指标均值进行四舍五入的取整运算，计算出以整数形式表现的一级指标均值，为进行列联表分析提供数据准备。这里，可采用 SPSS 20 的四舍五入的取整函数 RAD（1）来获得以整数形式表现的一级指标均值。

仍然以“A 产品问卷调查”为例。

（1）在 SPSS 20 的主菜单栏中选择“转换”→“计算变量”，单击鼠标左键，打开“计算变量”对话框。

在打开“计算变量”对话框的右边“函数组”的选项框中，用鼠标左键单击选中“算术”，并在其下方“函数和特殊变量”选项框中选中四舍五入的取整函数“RAD（1）”。如图 10.1 所示。

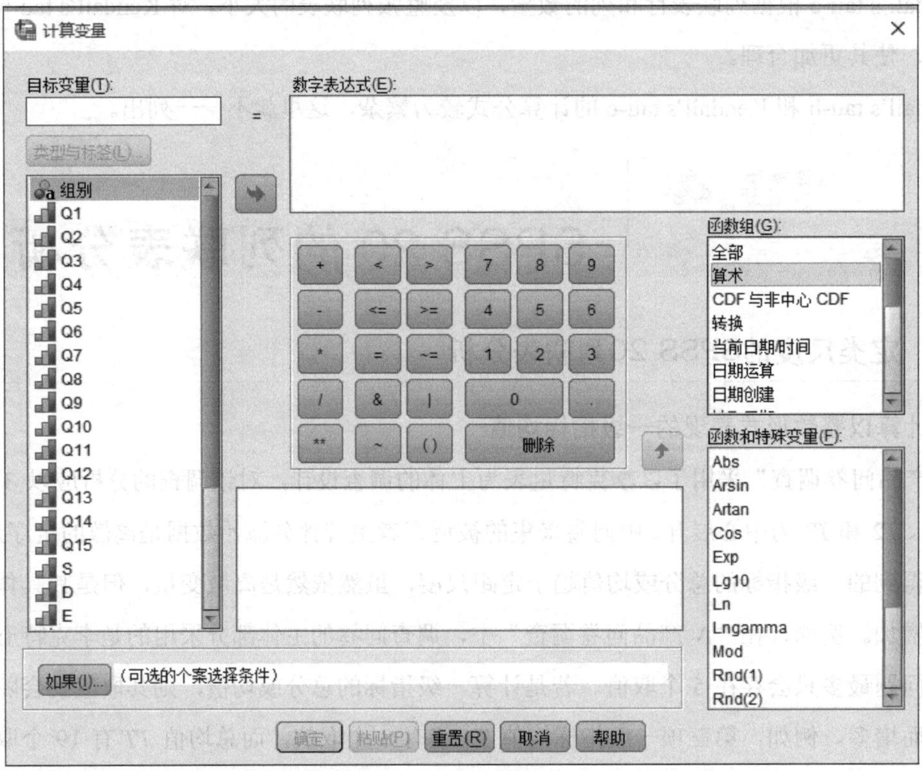

图 10.1　选中四舍五入的取整函数“RAD（1）”

（2）用鼠标左键双击四舍五入的取整函数“RAD（1）”，这时“RAD（?）”就会出现在“数字表达式”的公式框中。接下来，若要计算“A 产品问卷调查”的第一项一级指标“产品营销”均值的四舍五入数值，在“计算变量”对话框的左上方“目标变量”框中，填入将要计算出来的一级指标“产品营销”均值的四舍五入数值的变量名称，例如可设其为“*T1I*”。然后再在“计算变量”对话框的上方“数字表达式”框中的“RAD（?）”的括号中填入“*T*1”，即有“RAD（*T*1）”。如图 10.2 所示。

（3）用鼠标左键单击“计算变量”对话框下方的“确定”按钮，完成一级指标“产品营销”均值四舍五入取整的计算。在 SPSS 20 的变量视图中可以看到又增添了一个新变量 *T1I*，在数据视图中可以看到新添了 *T1I* 一列数据。对照一级指标“产品营销”均值 *T*1，可知该新变量 *T1I* 正是第一项一级指标“产品营销”均值 *T*1 的四舍五入取整数值。

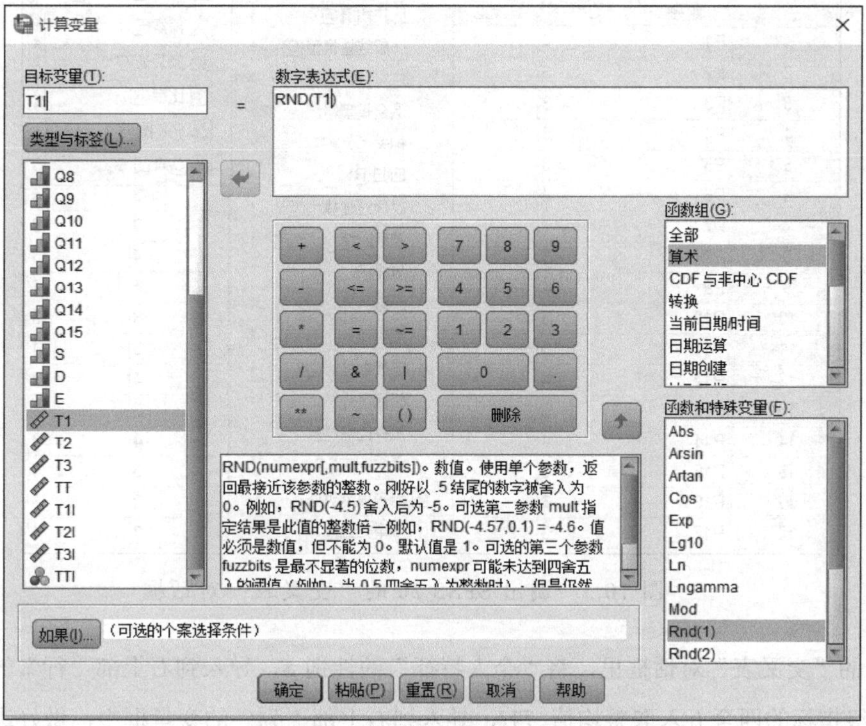

图 10.2　设置四舍五入的取整函数“RAD（1）”

照此操作，可以逐一计算出“A 产品问卷调查”的第二项一级指标“产品品质”的均值 *T*2 的四舍五入取整数值 *T2I*；第三项一级指标“产品价格”的均值 *T*3 的四舍五入取整数值 *T3I*；以及“A 产品问卷调查”的综合总均值 *TT* 的四舍五入取整数值 *TTI*。为进行列联表分析做好数据准备。实质上，这里的四舍五入取整过程就是以整数为分组标识的分组过程。

2. 基于四舍五入取整均值的列联表分析

仍然以“A 产品问卷调查”为例，进行定类尺度的 SPSS 20 列联表分析。

（1）在 SPSS 20 的主菜单栏中选择“分析”→“描述统计”，选中“交叉表”并用鼠标左键单击，调出“交叉表”对话框。如图 10.3 所示。

本例中，采用“A 产品问卷调查”的“个人特征”的性别 S 与第一项一级指标“产品营销”的四舍五入取整均值 *T1I* 作为分析变量，构建列联表，进行 χ^2 检验和 φ 相关系数、V 相关系数、C 相关系数分析。这里，虽然第一项一级指标四舍五入取整均值 *T1I* 属于定距尺度变量，但是在这个列联表分析中，受限于“个人特征”的性别 *S* 定类尺度的局限，仍然只能采用基于定类尺度量表的相关分析。

图 10.3 调出 SPSS 20 的“交叉表”对话框

在弹出的“交叉表”对话框里，将“个人特征”的性别 *S*，导入到右上部“行”的变量框中，将第一项一级指标的四舍五入取整均值 *T1I*，导入到右上部“列”的变量框中，做好进行列联表分析的准备。如图 10.4 所示。

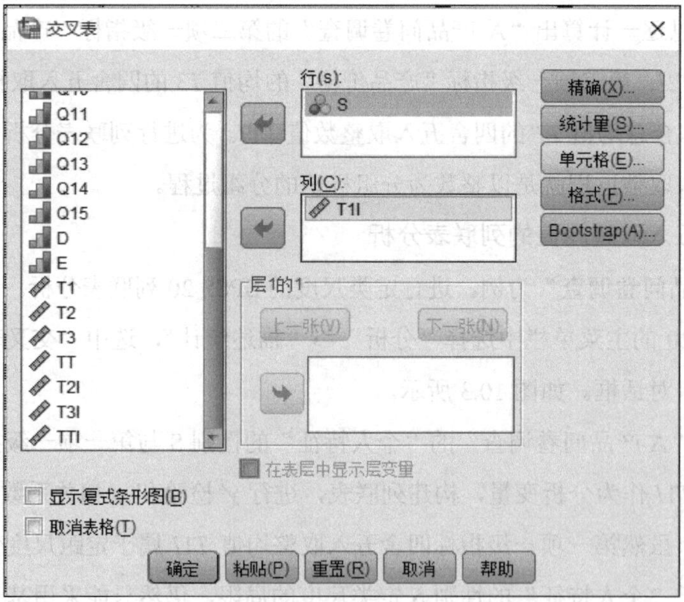

图 10.4 设置列联表分析的变量

（2）用鼠标左键单击“交叉表”对话框右上方的“统计量”按钮，在弹出的“交叉表：统计量”的左上方选中“卡方”选项，计算列联表的 χ^2 检验值；接着在其下方的“名义”（即定类尺度）选项区中，选中“相依系数”，即 C 相关系数，以及选中“Phi 和 Cramer 变量”，即 φ 相关系数和 V 相关系数。然后，用鼠标左键单击“交叉表：统计量”下方的“继续”按钮，确认刚刚作出的选择，完成列联表分析关于相关统计量的设置，并返回到“交叉表”对话框。如图 10.5 所示。

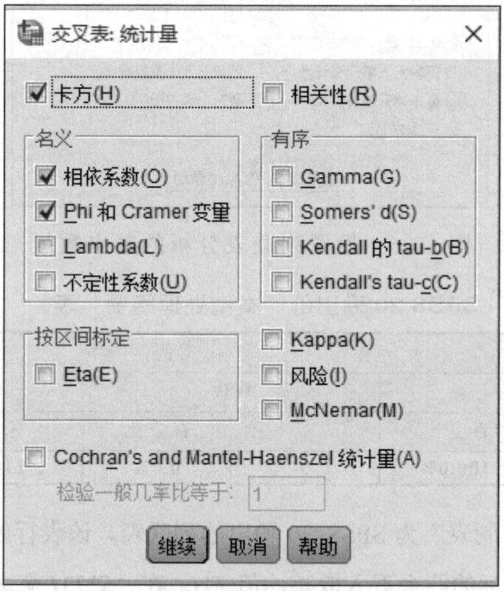

图 10.5　设置列联表分析的统计量

（3）用鼠标左键单击“交叉表”对话框右上方的“单元格”按钮，在弹出的“交叉表：单元显示”的左上方“计数”选项区选中“观察值”和“期望值”，并在其下方的“百分比”选项区选中“总计”，要求 SPSS 20 在列联表输出观察频数 n_{ij}，期望频数 e_{ij}，以及观察频数 n_{ij} 占样本容量的百分比（即频率），一共 3 项数值。然后，用鼠标左键单击“交叉表：单元显示”下方的“继续”按钮，确认刚刚做出的选择，完成列联表分析关于输出数据的设置，并返回到“交叉表”对话框。如图 10.6 所示。

（4）用鼠标左键单击“交叉表”对话框下方的“确定”按钮，完成对于定类尺度变量列联表分析的设置。SPSS 20 输出“案例处理摘要”“*S*T1I* 交叉制表”“卡方检验”和“对称度量”4 张表格。

“案例处理摘要”给出了进行列联表分析的样本容量，以及数据状况。这些只是用来说明进行列联表分析的样本大小，以及数据质量和计算结果的有效性，一般不用列入社会调查研究报告之中。如表 10.5 所示。

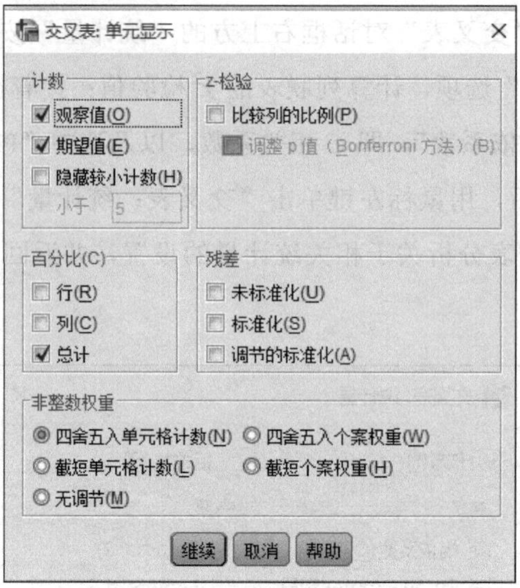

图 10.6 设置列联表分析的输出数据

表 10.5 SPSS 20 输出的“案例处理摘要”表

	案例					
	有效的		缺失		合计	
	N	百分比	N	百分比	N	百分比
S * T1	110	100.0%	0	0.0%	110	100.0%

表 10.6 的“*S***T1I* 交叉制表”为 SPSS 20 输出的列联表。该表行的分组标识是性别 *S*；该表列的分组标识是第一项一级指标的四舍五入取整均值 *T1I*。在“*S***T1I* 交叉制表”的列联表中，按照在“图 10.6 设置列联表分析的输出数据”中的具体设置，SPSS 20 的输出给出了三项数值。包括，在“计数”选项区选中的“观察值”，表 10.6 中的“计数”，即为观察频数 n_{ij}；和在“计数”选项区选中的“期望值”，表 10.6 中的“期望的计数”，即为期望频数 e_{ij}；以及在“百分比”选项区选中的“总计”，表 10.6 中的“总数的%”，即为观察频数 n_{ij} 占样本容量的百分比，也就是观察频率。

表 10.6 SPSS 20 输出的“*S***T1I* 交叉制表”

			T1I		合计
			3	4	
S	0	计数	34	6	40
		期望的计数	30.5	9.5	40.0
		总数的 %	30.9%	5.5%	36.4%
	1	计数	50	20	70
		期望的计数	53.5	16.5	70.0
		总数的 %	45.5%	18.2%	63.6%
合计		计数	84	26	110
		期望的计数	84.0	26.0	110.0
		总数的 %	76.4%	23.6%	100.0%

在表10.7 SPSS 20输出的“卡方检验”表中，给出了列联表的χ^2检验值，自由度和渐进的χ^2检验伴随概率。在本例中，列联表的χ^2检验值为2.597，自由度为$(r-1)(c-1)$等于1，伴随概率为0.107，说明本例的列联表的χ^2检验不具有统计显著性，不能拒绝观察频数f_{ij}与期望频数e_{ij}之差等于0，即性别S与“产品营销”均值$T1I$之间线性无关的零假设，认为被调查者的不同性别S对“产品营销”均值$T1I$的评价不构成系统性影响。如表10.7所示。

表10.7　　SPSS 20输出的“卡方检验”表

	值	*df*	渐进 Sig.（双侧）
Pearson 卡方	2.597	1	0.107
连续校正[b]	1.900	1	0.168
似然比	2.733	1	0.098
Fisher 的精确检验			
线性和线性组合	2.574	1	0.109
有效案例中的 *N*	110		

表10.8的“对称度量”表中，SPSS 20输出了在“图10.5 设置列联表分析的统计量”设定的φ相关系数、V相关系数和C相关系数，其中，“φ”为φ相关系数，“Cramerde V”为V相关系数，“相依系数”为C相关系数；此外，“对称度量”表中的“近似值Sig”即为渐进的χ^2检验伴随概率。在本例中，φ相关系数、V相关系数和C相关系数的渐进的χ^2检验伴随概率数值均为0.107，说明“A产品问卷调查”的“个人特征”的性别S与“产品营销”的评价之间不存着的相关关系。如表10.8所示。

表10.8　　SPSS 20输出的“对称度量”表

		值	近似值 Sig.
按标量标定	φ	0.154	0.107
	Cramer 的 V	0.154	0.107
	相依系数	0.152	0.107
有效案例中的 *N*		110	

按照规范的表格形式，以及规范的定类尺度相关系数名称对表10.8进行整理之后，可以得到关于“A产品问卷调查”的性别S与“产品营销”均值$T1I$的评价之间的相关分析，及其χ^2检验的伴随概率分析表。如表10.9所示。

表10.9　　性别S与“产品营销”均值$T1I$的相关分析及其显著性检验

定类尺度相关系数	相关系数数值	χ^2检验的伴随概率
φ相关系数	0.154	0.107
V相关系数	0.154	0.107
C相关系数	0.152	0.107

在表 10.9 中，χ^2 检验的伴随概率为 0.107，说明“*A* 产品问卷调查”调查对象的性别 *S* 与“产品营销”均值 *T1I* 不存在明显关系，性别不构成“产品营销”均值 *T1I* 的影响因素；也可以从另一个视角来分析，即不同的“产品营销”均值 *T1I* 之间具有相同的性别分布。

10.4.2　列联表的定类尺度综合分析

仍然以“A 产品问卷调查”为例，采用列联表的 χ^2 检验和定类尺度相关系数进行综合分析。

1. 对一级指标均值和总均值的列联表分析

采用被调查者的性别 *S* 作为分组标志，对“A 产品问卷调查”的 3 项一级指标四舍五入后的均值 *T1I*、*T2I* 和 *T3I*，以及四舍五入后的总均值 *TTI* 进行综合分析。显然调查者的性别 *S* 属于定类尺度变量，因此运用列联表的定类尺度的分析方法进行分析。

采用“10.4.1 定类尺度的 SPSS 20 列联表分析”中的分析方法，分别对 3 项一级指标均值 *T1I*、*T2I* 和 *T3I* 和总均值 *TTI* 与性别 *S* 进行列联表分析，并将列联表分析的结果列在同一张表上，以便于进行对比分析。具体见表 10.10。

表 10.10　　　　一级指标均值和总均值与性别 *S* 的列联表分析

测度	均值 *T1I*	均值 *T2I*	均值 *T3I*	总均值 *TTI*
χ^2 检验的伴随概率	0.107	0.003	0.000	0.000
φ 相关系数	0.154	0.283	0.553	0.454
V 相关系数	0.154	0.283	0.553	0.454
C 相关系数	0.152	0.272	0.484	0.414

因为，同一列联表的 χ^2 检验的伴随概率是相同的，所以在表 10.10 中每一列联表只需要列出一项 χ^2 检验的伴随概率数值。

在表 10.10 中，第一项一级指标均值 *T1I* 的 χ^2 检验的伴随概率为 0.107，不具有统计显著性；第二项一级指标均值 *T2I* 的 χ^2 检验的伴随概率为 0.003，第三项一级指标均值 *T3I* 和总均值 *TTI* 的 χ^2 检验伴随概率均趋于 0，非常显著。并且，第三项一级指标均值 *T3I* 的三项相关系数 φ 相关系数、*V* 相关系数和 *C* 相关系数数值水平最高。说明，在“A产品问卷调查”中，性别 *S* 不构成“产品营销”均值 *T1I* 的系统性成因，而构成“产品品质”均值 *T2I*、“产品价格”均值 *T3I* 和总均值 *TTI* 的系统性成因。其中，被调查者的性别 *S* 对于“产品价格”均值 *T3I* 的影响最大。同理，也可以说“产品品质”均值 *T2I*、“产品价格”均值 *T3I* 和总均值 *TTI* 的不同评价水平具有显著不同的性别 *S* 构成。

在社会调查实务中，通常会考虑以 10%、5%和 1%作为判断是否拒绝零假设的临界水平。一般来说，以 5%作为判断是否拒绝零假设的临界水平较为普遍，即当伴随概率小于 5%时，就认为犯一类错误“弃真”错误的概率足够小了，它是一小概率事件，因此拒绝零假设；反之，当伴随概率大于 5%时，认为不再是一小概率事件，因此不能拒绝零假设。当然，5%这个临界水平只是一个经验数值，社会调查实务的研究对象千差万别，研究背景丰富多彩，在进行实际调查研究时，还是要具体问题具体分析。

必须指出，在假设检验中不能拒绝零假设并不意味零假设成立，统计的显著性检验本身是一种典型的证伪性的判断。在表 10.10 中，第一项一级指标均值 *T1I* 的 χ^2 检验的伴随概率为 0.107，不具有统计显著性，只是说明在这次“A 产品问卷调查”的样本容量和样本信息条件下，由于犯一类错误的概率过大，不能拒绝关于被调查者性别与第一项一级指标均值 *T1I* 线性无关的零假设，这并不意味被调查者性别与第一项一级指标均值 *T1I* 一定不存在任何关联。任何统计显著性假设检验，都是基于具体样本信息对某一假设的统计判断。在社会调查实务中，样本容量过小往往是影响显著性水平的主要成因，适当增加样本容量，进行补充调查是处理这类问题的通常手段。

2. 对某一一级指标下的二级指标的列联表分析

还可以采用列联表的定类尺度的分析方法，对任一一级指标下的二级指标进行列联表分析，以分析某一分组标识所反映的具体因素与同一一级指标下的所有二级指标之间相互联系。

仍然以“A 产品问卷调查”为例，并以“个人特征”中的性别 *S* 为分组标识，对 3 项一级指标下的二级指标，逐一地进行列联表分析。这里，二级指标为定序尺度数据，被调查者的性别 *S* 为定类尺度变量，仍属于使用定类量表的列联表分析。

下面，以第三项一级指标“产品价格”下的 5 项二级指标，即 5 项问题 *Q*11、*Q*12、*Q*13、*Q*14、*Q*15，分别与被调查者的“个人特征”中的性别 *S* 构成列联表，进行基于 χ^2 检验和定类尺度相关系数的列联表分析。分析结果如表 10.11 所示。

表 10.11　　“产品价格”的 5 项问题与性别 *S* 的列联表分析

测度	问题 *Q*11	问题 *Q*12	问题 *Q*13	问题 *Q*14	问题 *Q*15
χ^2 检验的伴随概率	0.000	0.007	0.000	0.000	0.000
φ 相关系数	0.538	0.258	0.588	0.450	0.411
V 相关系数	0.538	0.258	0.588	0.450	0.411
C 相关系数	0.474	0.250	0.507	0.410	0.380

由表 10.11 可知，“产品价格”的 5 项问题分别与性别 *S* 的列联表分析的 χ^2 检验伴随概率数值均显著小于 5%，除问题 *Q*12 与性别 S 的列联表 χ^2 检验伴随概率为 0.7%外，其余的均趋于 0，说明对这五个列联表 χ^2 检验的结果极为显著，因此拒绝观察频数 n_{ij} 与期望频数 e_{ij} 之差等于 0 的零假设，认为被调查者的性别 *S* 是影响问题 *Q*11、*Q*12、*Q*13、*Q*14、*Q*15 这 5 项问题评价水平的显著性成因。

已知性别 *S* 是问题 *Q*11、*Q*12、*Q*13、*Q*14、*Q*15 的显著性成因，则应该对这 5 个列联表进行进一步的具体分析，研究其影响的具体方向、内容和特征。这里仅以被调查者的性别 *S* 与问题 *Q*11 的列联表分析为例。

由表 10.11 可知，性别 S 与问题 $Q11$ 列联表的 χ^2 检验伴随概率趋于 0，三项相关系数分别为 0.538 和 0.474，说明不同性别的被调查者在回答问题 $Q11$ 时有着显著不同的主观评价。但是，究竟是差异在什么地方，是女性评价偏高，还是男性评价偏高呢？需要借助列联表进行具体比较分析。

表 10.12 给出了对“A 产品问卷调查”中的性别 S 与问题 $Q11$ 列联表的频数分析，如表 10.12 所示。

表 10.12　　性别 S 与问题 Q11 列联表的频数分析

性别 S	问题 $Q11$		合计
	4	5	
女性	36	4	40
男性	24	46	70
合计	60	50	110

由表 10.12 可知，在该列联表的下端的“合计”为列分组标志问题 $Q11$ 的合计数，也称为列的频数边缘分布，在本例中评价为“4”的共有 60 人，评价为“5”的共有 50 人；在该列联表的右端的“合计”为行分组标志性别 S 的合计数，也称为行的频数边缘分布，其中女性共有 40 人，男性共有 70 人。列联表中间部分为按照性别 S 与问题 $Q11$ 进行交叉分组的部分，从行的角度来看，女性的被调查者中有 36 人选择评价为“4”，只有 4 人选择评价为“5”；而男性的被调查者中选择评价为“4”有 24 人，选择评价为“5”高达 46 人，两性之间存在着明显差异，男性的评价水平明显高于女性。

表 10.12 的数值是频数，不具有直接的可比性。在本例中，通过表 10.12 的频数分布可以知道不同性别被调查者对问题 $Q11$ 评分选择的具体人数，但是不清楚这种差异的相对程度，这时可以在“交叉表：单元显示”的“百分比”选项区选中“总计”，得到的是以频率形式表述的列联表。如表 10.13 所示。

表 10.13　　性别 S 与问题 Q11 列联表的频率分析（%）

性别 S	问题 $Q11$		合计
	4	5	
女性	32.727	3.636	36.364
男性	21.818	41.818	63.636
合计	54.545	45.455	100.000

在表 10.13 中的频率数值 f_{ij} 由表 10.12 的对应的观察频数 n_{ij} 除以样本容量 n 得出。在该列联表的下端的“合计”为以频率形式表述的列，即问题 $Q11$ 的频率边缘分布，评价为等级“4”的占 54.545%，评价为等级“5”的占 45.455%，两者总和为 100%；在该列联表的右端的“合计”为以频率形式表述的行性别 S 的频率边缘分布，其中女性占 36.364%，男性占 63.636%，两者总和也为 100%。该表中间部分为按照性别 S 与问题 $Q11$ 进行的交叉分组，表示对应的性别 S 某一属性与问

题 $Q11$ 的某一主观评分等级同时发生的频率。例如，性别 S 为女性与问题 $Q11$ 为等级“4”同时发生的频率，即被调查者为女性并且问题 $Q11$ 的选择为等级“4”同时发生的频率为 32.727%；女性与问题 $Q11$ 为等级“5”同时发生的频率为 3.636%；男性与问题 $Q11$ 为等级“4”同时发生的频率为 21.818%；男性与问题 $Q11$ 为等级“5”同时发生的频率为 41.818%。交叉分组区域这 4 项频率之和为 100%。

3. 基于列联表的条件分布分析

统计学认为事件发生的频率与事件发生的概率之间存在着一定的联系。频率是指某一事件出现的次数与观测总数的比值。例如，在表 10.13 中，若令女性与问题 $Q11$ 被评价为等级“4”同时发生为事件 U，则有该事件 U 发生频率为 32.727%。概率是对随机事件发生的可能性的度量。在一定条件下，无限重复进行测定某一事件发生频率的试验，可以发现随着试验次数的不断增加，该事件发生频率的将会逐渐稳定在某一数值附近，这一数值就是该事件发生的概率。按照统计学的大数定理，当实验次数趋向于无穷大时，频率的极限就是概率，这就是概率的统计定义。一般来说，当样本容量充分大时，可以近似地将事件 A 发生的频率的数学期望视为事件 A 发生的概率。

所以，在样本容量充分大的情况下，计算列联表中频数的相对数——频率，不仅可以进行直接的对比分析，同时还可以使用事件 A 发生的频率近似地表述事件 A 发生的概率。例如，在表 10.13 中，女性与问题 $Q11$ 为等级“4”同时发生的频率为 32.727%，则可近似地理解为在该社会调查中女性和对问题 $Q11$ 的评价为等级“4”同时出现的可能性大约为 32.727%。

因此，在列联表分析中，可以借用概率和条件概率的一些概念，来解释频率和条件频率的相关概念。例如，在已知被调查者是女性，选择问题 $Q11$ 为等级“4”的可能性是多少呢？这是一个关于条件概率的问题。所谓条件概率是指事件 A 在另外一个事件 B 已经发生条件下的发生概率。条件概率一般表示为 $p(A|B)$，读作“在 B 条件下 A 发生的概率”。条件概率的公式为

$$p(A|B)=\frac{P(AB)}{P(B)} \tag{10.13}$$

$p(A|B)$ 表示在事件 B 条件下事件 A 发生的概率，$p(B)$ 表示事件 B 发生的概率，$p(AB)$ 表示事件 A 与事件 B 同时发生的概率。在本例中，令问题 $Q11$ 为等级“4”为事件 A，被调查者是女性为事件 B。则有，问题 $Q11$ 为等级“4”与被调查者是女性同时发生的概率为 $p(AB)$，被调查者是女性发生的概率为 $p(B)$，已知被调查者是女性条件下问题 $Q11$ 为等级“4”发生的概率为条件概率 $p(A|B)$。

对应的条件频率也可按照条件概率的定义及其计算公式得出。在本例中，被调查者是女性条件下问题 $Q11$ 为等级“4”发生的频率，可以使用表 10.12 中女性被调查者选择问题 $Q11$ 为等级“4”的频数 36 人，除以女性被调查者总数 40 人，得出该条件频率为 90%；也可以使用表 10.13 中女性被调查者问题 $Q11$ 选择等级“4”的频率 32.727%，除以女性被调查者的频率 36.364%，也可得出该

条件频率为90%。假若认为样本容量充分大，则可使用这一条件频率近似地表述对应的条件概率，对本例而言，意味着在已知被调查者是女性时，可以推断她有90%的可能性在问题 *Q*11 这一问题上选择等级“4”。

也可以利用 SPSS 20 来直接给出相关的条件频率。例如，若需要得到本例中有关性别 *S* 的条件频率，则可在“交叉表：单元显示”的“百分比”选项区选中“行”，这时得到的是该列联表“行”的分组标志性别 *S*，进行分类的女性被调查者和男性被调查者关于问题 *Q*11 的条件频率。如表 10.14 所示。

表 10.14　　性别 *S* 与问题 Q11 列联表行的条件频率分析表（%）

性别 *S*	问题 *Q*11		合计
	4	5	
女性	90.000	10.000	100.000
男性	34.286	65.714	100.000
全体	54.545	45.455	100.000

表 10.14 给出了列联表“行”，即以性别 *S* 分类的女性被调查者和男性被调查者分类关于问题 *Q*11 的条件频率。在表 10.13 性别 *S* 分类中女性对应的行中给出的是已知被调查者为女性时，问题 *Q*11 的条件频率。其中，评价为等级“4”的频率为 90%，评价为等级“5”的频率为 10%，两者合计不再是表 10.13 中频率的边缘分布，而是女性被调查者各种评价的频率之和为 100%；男性对应的行中给出的是已知被调查者为男性时，问题 *Q*11 的条件频率。其中，评价为等级“4”的频率为 34.286%，评价为等级“5”的频率为 65.714%，两者合计是 100%。最下一行是问题 *Q*11 频率的边缘分布，反映的是所有被调查者对问题 *Q*11 评价的边际频率，评价为等级“4”的边际频率为 54.545%，评价为等级“5”的边际频率为 45.455%，这一数值与表 10.13 中一致。

通过表 10.14 的条件频率分析可知，条件频率可以清晰地呈现出不同性别被调查者在回答问题 *Q*11 上的明显差异。女性被调查者的评价明显偏于相对的低分等级“4”，有 90%的选择等级“4”；而男性被调查者的评价明显偏于最高分的等级“5”，有 65.714%的选择等级“5”。

4. 其他的定类尺度列联表综合分析

在进行社会调查实务中，除了以上分析之外，还可以有许多方面可以运用列联表分析方法，借助 SPSS 20 的相关功能，进行定类尺度数据的列联表综合分析。例如，在以上分析的例题中采了以被调查者性别 *S* 作为分组标识进行列联表综合分析，还可以采用被调查者居住地区 *D* 等定类尺度数指标作为分组标识进行列联表综合分析。

10.4.3 定序尺度的SPSS 20列联表分析

仍然以“A 产品问卷调查”为例，进行定序尺度的 SPSS 20 列联表分析。

（1）在 SPSS 20 的主菜单栏中选择“分析”→“描述统计”，选中“交叉表”并用鼠标左键单击，调出“交叉表”对话框。

本例中，采用“A 产品问卷调查”中的“个人特征”的个人学历 *E* 和第一项一级指标的四舍五入后的均值 *T1I* 作为分析变量，构建列联表，进行 χ^2 检验和基于定序尺度量表的 Gamma 系数、Kendall's tau-b 和 Kendall's tau-c 相关分析。这里，个人学历 *E* 属于定序尺度变量，第一项一级指标的均值 *T1I* 属于定距尺度变量。

在弹出的“交叉表”对话框里，将“个人特征”的个人学历 *E*，导入到右上部“行”的变量框中，将第一项一级指标的均值 *T1I* 导入到右上部“列”的变量框中，做好进行列联表分析变量的设置。如图 10.7 所示。

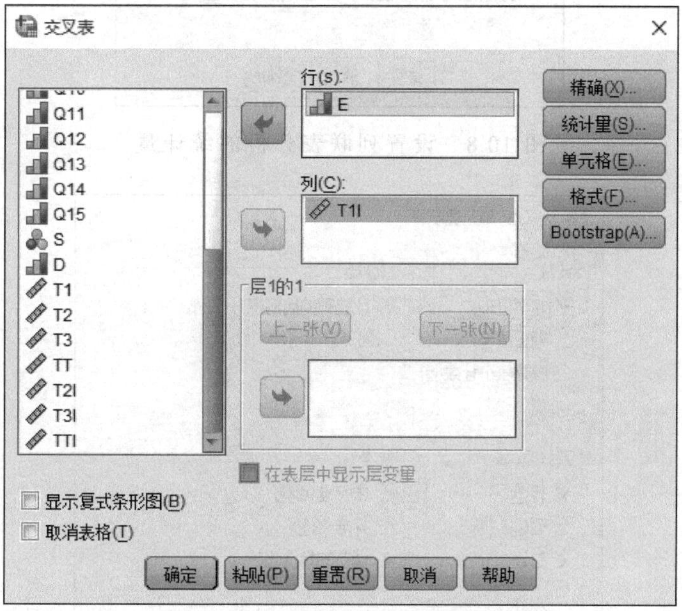

图 10.7 设置列联表分析的变量

（2）用鼠标左键单击“交叉表”对话框右上方的“统计量”按键，在弹出的“交叉表：统计量”的左上方选中“卡方”选项，计算列联表的 χ^2 检验值；接着在其下方右侧的“有序”（即定序尺度）选项区中，选中“Gamma”，即计算 Gamma 系数，以及选中“Kendall 的 tau-b”和“Kendall's tau-c”，即进行 Kendall's tau-b 和 Kendall's tau-c 分析。然后，用鼠标左键单击“交叉表：统计量”下方的“继续”按钮，确认刚刚做出的选择，完成列联表分析关于相关统计量的设置，并返回到“交叉表”对话框。如图 10.8 所示。

（3）用鼠标左键单击“交叉表”对话框右上方的“单元格”按钮，在弹出的“交叉表：单元显示”的左上方“计数”选项区选中“观察值”，并在其下方的“百分比”选项区选中“行”和“总计”，要求 SPSS 20 在列联表输出观察频数，观察频数占样本容量的百分比（即频率），以及行的条件频率，一共 3 项数值。然后，用鼠标左键单击“交叉表：单元显示”下方的“继续”按钮，确认刚刚做出的选择，完成列联表分析关于输出数据的设置，并返回到“交叉表”对话框。如图 10.9 所示。

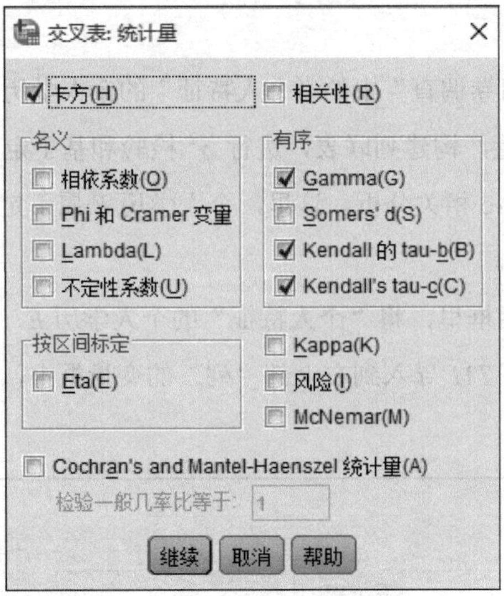

图 10.8　设置列联表分析的统计量

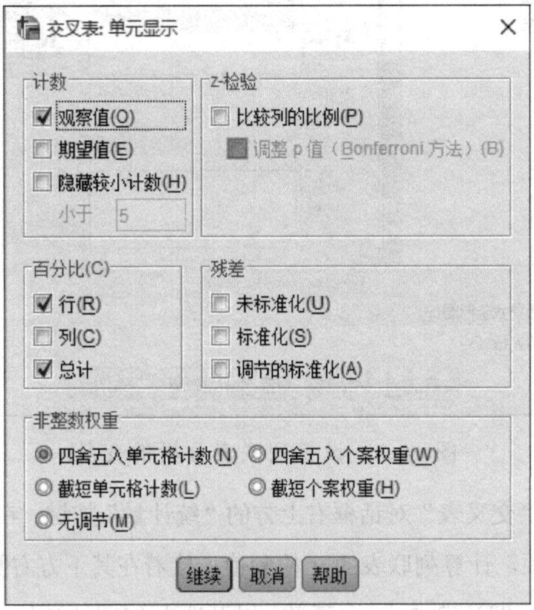

图 10.9　设置列联表分析的输出数据

（4）用鼠标左键单击“交叉表”对话框下方的“确定”按钮，完成对于定序尺度变量列联表分析的设置。

如同对定类尺度列联表的分析那样，SPSS 20 依然输出“案例处理摘要”“T1I*E 交叉制表”“卡方检验”和“对称度量”4 张表格。前三张表格差异不大，“对称度量”表格由于选择的是适用于定序尺度变量的测度，因此有所不同。如表 10.15 所示。

在表 10.15 中 SPSS 20 输出的“对称度量”中给出了 Kendall's tau-b、Kendall's tau-c，以及“γ”即为 Gamma 系数这 3 项定序尺度的相关分析测度。

表 10.15　　SPSS 20 输出的“对称度量”表格

		值	渐进标准误差	近似值 T	近似值 Sig.
按顺序	Kendall's tau-b	−0.113	0.093	−1.206	0.228
	Kendall's tau-c	−0.121	0.100	−1.206	0.228
	γ	−0.208	0.171	−1.206	0.228
有效案例中的 N		110			

表 10.16 为按照规范的表格形式，对表 10.15 进行整理之后的“A 产品问卷调查”的个人学历 E 与第一项一级指标的均值 $T1I$ 的相关分析表。同样，表 10.15 中的“有效案例中的 N”为样本容量中的有效数据项数，对具体的研究和分析没有直接的意义，一般不用列入该分析表中。如表 10.16 所示。

表 10.16　　个人学历 E 与问题 Q1 的相关分析表

测度	测度值	渐进的标准误差	近似的 t 检验值	伴随概率
Kendall's tau-b	−0.113	0.093	−1.206	0.228
Kendall's tau-c	−0.121	0.100	−1.206	0.228
Gamma 系数	−0.208	0.171	−1.206	0.228

在表 10.16 中，3 项定序尺度的相关分析测度 Kendall's tau-b、Kendall's tau-c 和 Gamma 近似值 t 检验的伴随概率均为 0.228，非常不显著，说明的“A 产品问卷调查”调查对象的个人学历 E 不构成对第一项一级指标的均值 $T1I$ 评价差异的系统性成因，即个人学历 E 不会影响到被调查者对于第一项一级指标“产品营销”均值 $T1I$ 的数值。或者说，第一项一级指标“产品营销”均值 $T1I$ 的不同数值下被调查者的个人学历 E 结构不存在显著差异。

10.4.4　列联表的定序尺度综合分析

不同评价结果之间进行的交叉分组分析，对于研究社会现象之间的内在联系，解释研究对象的规律性特征有着非常重要的现实意义，属于社会调查实务中经常采用的分析方法。并且这种交叉分组构成的列联表，可以运用列联表 χ^2 检验和相关分析，进一步提高社会调查研究的科学性和有效性。

1. 对一级指标均值和总均值的列联表分析

采用被调查者的个人学历 E 作为分组标志，对“A 产品问卷调查”的 3 项一级指标四舍五入后的均值 $T1I$、$T2I$ 和 $T3I$，以及“A 产品问卷调查”的四舍五入后的总均值 TTI 进行综合分析。调查者的个人学历 E 属于定序尺度变量，可以运用列联表的定序尺度的分析方法进行分析。

采用“10.4.1 定类尺度的 SPSS 20 列联表分析”中的分析方法，分别对 3 项一级指标均值 $T1I$、$T2I$ 和 $T3I$ 和总均值 TTI 与个人学历 E 进行列联表分析，并将列联表分析的结果列在同一张表上，以便于进行对比分析。如表 10.17 所示。

表 10.17　　一级指标均值和总均值与个人学历 *E* 的列联表分析

测度	均值 *T1I*	均值 *T2I*	均值 *T3I*	总均值 *TTI*
χ^2 检验的伴随概率	0.251	0.201	0.084	0.329
Kendall's tau-b	-0.010	0.130	-0.147	-0.008
Kendall's tau-c	-0.010	0.144	-0.167	-0.007
Gamma 系数	-0.021	0.232	-0.253	-0.017

由表 10.17 可知，3 项一级指标均值 *T1I*、*T2I* 和 *T3I* 和总均值 *TTI* 与个人学历 *E* 的列联表分析的 χ^2 检验的伴随概率均大于 5%。其中仅第三项一级指标均值 *T3I* 与个人学历 *E* 的 χ^2 检验的伴随概率小于 10%，为 8.4%；其他均大于 20%。即使在以 10%作为具有显著性的临界水平下，也只有第三项一级指标均值 *T3I* 与个人学历 *E* 可以拒绝不存在相关关系的零假设。

假如认为第三项一级指标均值 *T3I* 与个人学历 *E* 的 χ^2 检验的伴随概率 8.4%具有统计显著性，第三项一级指标均值 *T3I* 与个人学历 *E* 的 Kendall's tau-b、Kendall's tau-c，以及 Gamma 系数这三项定序尺度的相关测度数值都为负数，反映个人学历 *E* 水平低的被调查者的第三项一级指标“产品价格”评价的均值水平偏高，而个人学历 *E* 水平高的被调查者的评价的均值水平偏低。

2. 对某一一级指标下的二级指标的列联表分析

“A 产品问卷调查”的二级指标属于定序尺度变量，对某一一级指标下的二级指标可以采用列联表的 χ^2 检验和定序尺度相关系数进行综合分析。

仍然以“A 产品问卷调查”为例，对表 10.17 中 χ^2 检验的伴随概率小于 10%的第三项一级指标均值 *T3I* 下的 5 项二级指标问题 *Q*11、*Q*12、*Q*13、*Q*14、Q15，分别与被调查者的“个人特征”中的个人学历 *E* 构成列联表，进行基于 χ^2 检验和定类尺度相关系数的列联表分析。分析结果如表 10.18 所示。

表 10.18　　“产品价格”的 5 项问题与个人学历 E 的列联表分析

测度	问题 *Q11*	问题 *Q12*	问题 *Q13*	问题 *Q14*	问题 *Q15*
χ^2 检验的伴随概率	0.206	0.373	0.350	0.279	0.029
Kendall's tau-b	-0.057	-0.124	-0.132	-0.096	-0.137
Kendall's tau-c	-0.065	-0.134	-0.112	-0.083	-0.155
Gamma 系数	-0.100	-0.230	-0.229	-0.163	-0.234

在表 10.18 中，列联表的 χ^2 检验伴随概率只有问题 *Q*15 为 0.029，小于 5%；其余 4 项均大于 20%。因此，仅有有问题 *Q*15 是显著的，拒绝个人学历 *E* 与问题 *Q*15 不存在相关联系的零假设。“产品价格”中的其他 4 个问题与个人学历 *E* 之间均不具有统计显著性。

3. 二级指标之间的列联表分析

可以根据社会调查实务的需要，在相同的一级指标下的二级指标之间进行多重的两两配对的列联表分析；或者在不同一级指标下的二级指标之间进行多重的两两配对的列联表分析。

接下来，以“产品价格”中的第三项一级指标“产品价格”的5项问题 $Q11$、$Q12$、$Q13$、$Q14$、$Q15$，分别与第一项一级指标“产品营销”的第一个问题 $Q1$ 两两配对，构成列联表，进行基于 χ^2 检验和定序尺度相关分析测度的列联表分析。分析的结果如表10.19所示。

表10.19　“产品价格”的5项问题与问题Q1的列联表分析

测度	问题 $Q11$	问题 $Q12$	问题 $Q13$	问题 $Q14$	问题 $Q15$
χ^2 检验的伴随概率	0.000	0.000	0.009	0.036	0.000
Kendall's tau-b	0.393	0.389	0.292	0.241	0.418
Kendall's tau-c	0.370	0.347	0.274	0.231	0.393
Gamma 系数	0.709	0.700	0.597	0.491	0.774

由表10.19可知，“产品价格”的5项问题分别与问题 $Q1$ 的列联表分析 χ^2 检验伴随概率数值均趋于0，说明对这五个列联表 χ^2 检验的结果都具有统计显著性，拒绝观察频数 f_{ij} 与期望频数 e_{ij} 之差等于0的零假设，认为问题 $Q1$ 不同的评价水平与问题 $Q11$、$Q12$、$Q13$、$Q14$、$Q15$ 评价水平之间存在显著的相关联系。在此基础之上，可以对“产品价格”的5项问题分别与问题 $Q1$ 构成的5张列联表的频数分布、频率分布，及其边缘分布和条件分布进行深入分析。

在表10.19中，第三项一级指标“产品价格”下的5项问题分别与问题 $Q1$ 的Kendall's tau-b、Kendall's tau-c，以及Gamma系数这3项定序尺度的相关测度数值均为正数，反映“产品价格”下的5项问题与问题 $Q1$ 呈现为显著的正相关关系，对问题 $Q1$ 评价偏高的被调查者对于“产品价格”下的5项问题 $Q11$、$Q12$、$Q13$、$Q14$、$Q15$ 一般也偏高。

以下以具有统计显著性的问题 $Q1$ 与问题 $Q11$ 为例，进行列联表的频数分析。如表10.20所示。

表10.20　问题Q1与问题Q11列联表的频数分析

问题 $Q1$	问题 $Q11$		合计
	4	5	
3	50	23	73
4	10	27	37
合计	60	50	110

首先，分析问题 $Q1$ 与问题 $Q11$ 这两个问题的边缘分布频数。在表10.20中，问题 $Q1$ 的评价总体水平相对偏低，落在等级“3”和等级“4”两个等级上；问题 $Q11$ 的评价总体水平相对偏高，落在等级“4”和等级“5”两个等级上。并且，问题 $Q1$ 和问题 $Q11$ 的评价都偏向相对偏低的等级，问题 $Q1$ 选择等级“3”的有73人，选择等级“4”的人数就少多了，只有37人；问题 $Q11$ 选择等级“4”的有60人，选择等级“4”的只有50人，差异不如问题 $Q1$ 的差异那么明显。

再分析列联表的中部的交叉部分。从问题 $Q1$ 的角度来看，选择等级“3”的被调查者对于问题 $Q11$ 的评价倾向偏低，在73人中有50人选择了相对低的等级“4”，只有23人选择了相对高的等级“5”；选择等级“4”的被调查者恰好相反，他们对于问题 $Q11$ 的评价倾向偏高，在37人中只有10

人选择了相对低的等级“4”，而有27人选择了相对高的等级“5”。

还可以对“A产品问卷调查”的问题$Q1$与问题$Q11$列联表的频率分析，基于剔除了数值水平差异的相对数视角，对问题$Q1$与问题$Q11$列联表的分布特征进行比较和分析。如表10.21所示。

表 10.21　　问题 Q1 与问题 Q11 列联表的频率分析（%）

问题 $Q1$	问题 $Q11$		合计
	4	5	
3	45.455	20.909	66.364
4	9.091	24.545	33.636
合计	54.545	45.455	100.000

先分析问题$Q1$与问题$Q11$这两个问题的边缘分布，与表10.20不同，这里分析的是相对数形式的频率。在表10.21中，问题$Q1$和问题$Q11$的评价同样都偏向相对偏低的等级，其中，问题$Q1$选择等级“3”占66.364%，选择等级“4”的只有33.636%；问题$Q11$选择等级“4”的占了54.545%，选择等级“4”的只有45.455%。

再分析列联表的中部的交叉部分。在本例的被调查者之中，同时选择问题$Q1$等级“3”和问题$Q11$的等级“4”的占45.455%，这是占比最大的选择；同时选择问题$Q1$等级“3”和问题$Q11$的等级“5”的占20.909%；同时选择问题$Q1$等级“4”和问题$Q11$的等级“4”的占9.091%，这是占比最小的选择；同时选择问题$Q1$等级“4”和问题$Q11$的等级“5”的占24.545%，这是占比次大的选择。表明在问题$Q1$中选择较低等级“3”的被调查者，倾向于在问题$Q11$选择较低等级“4”；而在问题$Q1$中选择较高等级“4”的被调查者，有较大可能性会在问题$Q11$上选择较高等级“5”。

若已知被调查者在问题$Q1$上的选择，要分析他们在问题$Q11$的选择频率时，可以计算基于问题$Q1$的条件频率。如表10.22所示。

表 10.22　　问题 Q1 与问题 Q11 列联表的条件频率分析（%）

问题 $Q1$	问题 $Q11$		合计
	4	5	
3	68.493	31.507	100.000
4	27.027	72.973	100.000
全体	54.545	45.455	100.000

表10.22给出了按照列联表“行”，即以问题$Q1$分类被调查者的条件频率。包括已知被调查者在问题$Q1$上选择等级“3”，以及选择等级“4”的前提下，在问题$Q11$选择等级“4”和等级“5”的条件频率。

由表10.22给出的条件频率可知，在问题$Q1$上选择了等级“3”的被调查者中有68.493%在问题$Q11$选择了等级“4”，只有31.507%选择了等级“5”，还不到选择等级“4”人数的一半；而在问

题 $Q1$ 上选择了等级“4”的被调查者中只有 27.027%选择了等级“4”，却有 72.973%选择了等级“5”，为选择等级“4”人数的 2.7 倍。在主对角线上的两个条件频率数值最高，进一步解释了问题 $Q1$ 与问题 $Q11$ 的正向相关特征，更加清晰地说明了对问题 $Q1$ 评价偏高的被调查者对于问题 $Q11$ 的评价一般也偏高。

10.4.5　列联表的定距尺度综合分析

在社会调查实务中，可以通过李克特量表的一级指标总分或均值来获得渐进的定距尺度变量，进而可以采用方差分析，回归分析、独立样本 t 检验等参数统计方法进行分析，也可以转换为取值项数较少的离散变量，例如借助四舍五入为整数之后，进行基于列联表的分析研究。社会调查中的各项一级指标之间的列联表分析是研究各项一级指标之间的相互联系的基本方法，也是列联表分析的主要应用和率先分析的内容。①

仍然以“A 产品问卷调查”为例，对 3 项一级指标之间进行两两配对，逐一地进行列联表分析。即采用 3 项一级指标四舍五入后的均值 $T1I$、$T2I$ 和 $T3I$，构成 $T1I$ 与 $T2I$、$T1I$ 与 $T3I$，以及 $T2I$ 与 $T3I$ 三个两两配对的组合，逐一对其进行列联表分析的 χ^2 检验，具体结果如表 10.23 所示。

表 10.23　　一级指标之间两两配对的列联表分析

测度	$T1I$ 与 $T2I$	$T1I$ 与 $T3I$	$T2I$ 与 $T3I$
χ^2 检验的伴随概率	0.001	0.000	0.000
Kendall’s tau-b	0.312	0.353	0.351
Kendall’s tau-c	0.257	0.300	0.341
Gamma 系数	0.634	0.733	0.642

由表 10.23 可知，在“A 产品问卷调查”的 3 项一级指标之间三个两两配对组合的 χ^2 检验的伴随概率均非常小，因此拒绝不存在线性联系的零假设。从 Kendall’s tau-b，Kendall’s tau-c 和 Gamma 这三项定序尺度相关测度的数值水平来看，3 项一级指标之间存在着中等程度的正相关关系。

关键术语

列联表	χ^2检验	观测分布	期望分布	频数分布
频率分布	边缘分布	条件分布	φ相关系数	C相关系数
V相关系数	Gamma系数	Kendall’s tau-b	Kendall’s tau-c	

① 本章的章节安排次序是按照定类尺度、定序尺度和定距尺度的顺序逐一排列的。在实际的社会调查实务中，则应按照调查研究的要求的分析的逻辑顺序进行基于列联表的分析研究，而不是照搬本章的章节安排次序，按照变量的定类尺度、定序尺度和定距尺度性质的顺序进行列联表分析。

思考与练习

1. 简述列联表和χ^2检验的基本概念。

2. 如何进行列联表的χ^2检验?

3. 什么是列联表的观测分布、期望分布、频数分布、频率分布、边缘分布、条件分布?

4. 什么是φ相关系数、C相关系数、V相关系数等定类尺度相关系数?

5. 什么是Gamma系数、Kendall's tau-b和Kendall's tau-c等定序尺度相关分析测度?

6. 熟练运用SPSS 20进行列联表的χ^2检验。

7. 根据数据的计量尺度,熟练运用SPSS 20进行定类尺度和定序尺度的相关分析。

8. 熟练运用SPSS 20开展列联表分析,进行频数和频率表述的列联表分析,以及条件分布分析。

第11章 因子分析与主成分分析

【学习目标】

学习因子分析和主成分分析的基本概念。

熟练掌握和运用因子分析和主成分分析。

运用SPSS 20进行因子分析和主成分分析。

熟练掌握主因子命名分析方法。

掌握主因子得分和主成分得分的计算和分析。

11.1 主成分分析

11.1.1 主成分分析的基本概念

主成分分析（Principal Component Analysis，PCA）是根据各指标数值之间的相互关系，通过正交旋转变换，形成的一组由原变量的线性组合构成的互不相关新变量，所进行降维、综合评价和消除多重共线性等分析。

主成分分析的研究起源于数据的降维分析，1901 年，Karl Pearson 首先提出主成分分析方法，并在 1933 年由 Hoteling 加以完善，将主成分分析的思想推广到了随机变量中。主成分分析采取正交旋转，从原始数据中概括出互不相关的主成分，实现对高维数据的降维。由于主成分分析采用正交旋转，使得各个主成分之间彼此互不相关，可以用于消除原始数据的多重共线性。

设原有变量的数目为 n，主成分分析法就是寻找由 m 个线性组合组成的新的变量，即 m 个主成分 $P_1,P_2,\cdots,P_m$，P 表示主成分，新的变量的项数 m 为 1 到 n，即有$1\leqslant m\leqslant n$。主成分的数学表达式为：

$$\begin{cases} P_1 = u_{11}x_1 + u_{12}x_2 + \cdots + u_{1n}x_n \\ P_2 = u_{21}x_1 + u_{22}x_2 + \cdots + u_{2n}x_n \\ \cdots\cdots \\ P_m = u_{m1}x_1 + u_{m2}x_2 + \cdots + u_{mn}x_n \end{cases} \tag{11.1}$$

其中，由 $u_{ij}\left(i,j=1,2,\cdots,n\right)$ 组成的矩阵 U （$U'U=I$）是具有正交性质的主成分系数矩阵，由原始变量的线性组合构成的新的综合变量 $P_1,P_2,\cdots,P_m$ 分别被称为第一，第二，……，第 m 个主成分，

其中 P_1 的方差在总方差中所占比重最大，$P_2,\cdots,P_m$ 的方差在总方差中所占比重依次递减。

主成分分析的基本思想是通过构造少数几个新的变量，这些新的变量是原始变量的线性组合，并且这几个新的变量之间互不相关，能够反映原始变量变动的大部分比重。其中反映原始变量的变动程度最大的新的变量最重要，称其为原始变量的第一主成分，一般记为 P_1；反映原始变量的变动程度次大的新的变量，称为原始变量的第二主成分，一般记为 P_2；……即主成分以反映原始变量变动的大小顺序排列，第 m 个新的变量称为原始变量的第 m 个主成分，记为 P_m。

由式（11.1）可知，正确地计算主成分系数矩阵 U 是计算 m 个线性组合组成的新的变量，进行主成分分析的关键所在。

由未经旋转的因子负荷与对应的特征值的算术平方根的比值来计算主成分系数，由此得到主成分系数的计算公式。

$$u_{i,j}=\frac{C_{i,j}}{\sqrt{\lambda_j}} \tag{11.2}$$

在式（11.2）中，$u_{i,j}$ 为主成分系数矩阵 U 中第 i 行第 j 列主成分系数，主成分系数的列数 j 的最大取值为原始变量的个数 n，当使用主成分分析进行降维时，则有 $j<n$。$C_{i,j}$ 是第 i 行第 j 列未经旋转的因子负荷，λ_j 为第 j 项特征值。式（11.2）中计算主成分系数矩阵 U 所需的未经旋转的因子负荷 $C_{i,j}$ 和特征值 λ_j 均可以通过 SPSS 20 的“因子分析”得到。

由主成分分析的基本思想和计算过程可以看出，主成分分析是把 n 个变量的总方差分解为 n 个互不相关的变量的方差之和，主成分的方差的值越大表明该主成分对原始变量的综合解释能力越强。

11.1.2 主成分分析的主要作用

主成分分析主要应用在以下几个方面。

1. 降维分析

主成分分析运用方差最大化方法，通过在多维空间中对数轴进行旋转，得到一组方差水平依次下降的新的线性组合，可以采用排在前列的少数线性组合构成的新变量，来反映原始变量变异的大部分份额，由于主成分的方差一般下降较快，所以只要取为数不多的主成分就足以反映全部原始变量的基本变化，从而达到降维的作用，实现对高维数据的降维。

在采用主成分方法进行降维时，通常第一主成分并不足以代表全部原始变量的主要变动，需要选取前几个方差最大的主成分，来综合反映全部原始变量的主要变动。

在主成分分析过程中，特征值（Eigenvalue）和累积方差贡献率（Cumulative Variance Rate）是用于判断主成分影响大小的两个重要的基本测度，构成了判断和确定主成分项数的两个重要依据。

特征值的具体数值反映了对应主成分解释原始变量信息的相对水平，若特征值小于 1，说明该主成分的解释原始变量信息能力还不如直接使用原始变量的平均水平。因此，一般场合以特征值是否大于 1，作为选择主成分的基本判断标准。特征值大于 1 也是 SPSS 20 预设的选项值。

方差贡献率是某一主成分的方差与总方差的比值，反映该主成分所解释的原始变量信息占信息总量的比重。累积方差贡献率则是将主成分按照各自方差贡献率的数值由大到小排序，所得到的前

k 项个主成分方差贡献率累计之和，即为第 k 个主成分的累积方差贡献率。对于社会调查研究进行主成分分析来说，累积方差贡献率一般不应小于于60%。

在特征值大于 1 的主成分累积方差贡献率过小时，可以考虑适当补充特征值小于 1 的主成分，来保证所选择主成分对原有数据的总体解释能力。不过，当这样的状况出现时，往往表明其主成分分析的降维效率偏低。

2. 综合评价

主成分分析对原始数据进行标准化处理，消除了原有数据水平高低，离散程度大小不同的不可比性，使其具有了直接的可加性和可比性。并且，可以利用主成分分析中各项主成分的方差数值在总方差中的比重，即方差贡献率，作为各项主成分得分的客观权数，对各项主成分得分进行加权，计算出总主成分综合得分，一般简称为主成分总分。

主成分利用客观的加权综合方法，计算得到的各项主成分得分和主成分总分，作为多指标评价体系的综合评分，为科学地进行多指标评价体系的综合评价及其分析提供了有效的方法，规避了各种依靠主观评价进行权数赋值方法的弊端和偏倚，成为了现代社会调查研究实务中进行综合评价的首选方法。

3. 消除多重共线性

正交旋转之后得到的主成分得分之间具有相互之间线性无关的属性，可以通过主成分的正交旋转消除指标体系中各项指标之间的多重共线性，得到一组新的变量——主成分及其得分，并且这一组新变量相互之间的相关系数为 0，即线性无关，从而成为消除构建线性回归模型的多重共线性问题的有效手段。即当在线性回归模型存在多重共线性问题时，可以运用主成分分析消除原有变量的多重共线性，然后再进行线性回归模型的拟合，构建基于主成分的回归模型。

在主成分方法单纯用于综合评价和消除多重共线性的场合，理论上可以不再考虑降维的问题，不用考虑选择主成分项数的特征值与累积方差贡献率，采用与原有数据同等项数的主成分及其得分来进行综合评价和消除多重共线性。

11.1.3 主成分分析的一般步骤

主成分分析的一般步骤。

（1）逆指标的正向化处理。

（2）原始数据的标准化处理。SPSS 20 在进行因子分析时，其计算过程是对标准化之后的数据进行的，但是并不输出标准化后的数值。由于主成分分析需要标准后的数据计算主成分得分，因此在主成分分析时需要专门对原始数据进行标准化处理，并且将标准后的数据存为新变量。

（3）指标之间的相关性及其相关程度判定。一般采用 KMO 检验和 Bartlett 检验。

（4）确定主成分个数。根据特征值以及累积方差贡献率来确定。

（5）计算主成分的主成分系数矩阵 U。SPSS 20 没有提供相关的计算程序，可以采用 Excel 的矩阵运算函数“MMULT”进行计算，也采用 SPSS 20 的数值计算功能，即在“转换”下拉菜单下，选择“计算变量”，利用未经旋转的因子负荷和特征值的算术平方根的数据，采用式（11.2）来计算。

（6）检验主成分系数矩阵 U 的正交性。检验主成分系数矩阵 U 的正交性，需要计算主成分系数转置阵 U' 与主成分系数矩阵 U 的积。可以采用 Excel 的矩阵运算函数“MMULT”来计算，当主成分系数转置阵 U' 与主成分系数矩阵 U 的积为单位矩阵 I 时，即证明主成分系数矩阵 U 具有正交性，满足主成分分析的要求。

（7）进行主成分命名。根据主成分系数矩阵 U 对各个主成分进行命名。主成分的这种命名方法，直接基于主成分线性组合权数所反映的社会经济属性特征，一般而言，主成分命名的清晰程度低于因子分析中采用旋转后的因子负荷进行的因子命名。

（8）计算主成分得分（主成分值）。SPSS 20 没有提供相关的计算，可以采用 Excel 的矩阵运算函数“MMULT”来计算，用标准化后的原始数据矩阵 Z 乘以主成分系数矩阵 U，即可得到主成分得分矩阵 P。

（9）检验主成分得分的线性无关特征。通过计算各项主成分得分之间的 Pearson 矩相关系数，来检验主成分分析是否满足线性无关的特征。

（10）计算主成分总分（综合主成分得分）。以各项主成分对应的方差贡献率为权数，对相应的主成分得分进行加权，计算出主成分总分。依然可以采用 Excel 的矩阵运算函数“MMULT”来进行计算。

（11）运用主成分得分和主成分总分进行相关的分析。例如进行基于主成分的回归分析，利用主成分得分和主成分总分进行排序比较研究等。

11.2 因子分析

11.2.1 因子分析的基本概念

因子分析（Factor Analysis）是一种多元统计方法。因子分析是从多个变量中选择出少数几个综合变量，并且研究这一降维之后的少数综合变量的社会特征以及相互之间的联系和差异的多元统计方法。

按照社会调查实务的一般程序，需要从社会调查研究的目的出发，根据研究对象的实际情况，基于相关的基本理论，进行社会调查设计，构建社会调查的指标体系。社会调查的指标体系采用多个指标从不同层面的不同视角来反映研究对象的综合特征，使社会调查的观测记录更加全面，让社会调查研究过程趋于完整。但是，社会调查研究中的指标太多，又会使得资料整理和数据分析更趋复杂。因子分析针对社会调查的这一客观矛盾，利用指向同一社会问题的众多指标之间通常存在的相关性，所呈现的信息中具有相互重叠的特征，在降维的基础上，采用较少的指标代替原来众多的指标，来反映原有指标中绝大比重信息，进而对研究对象的内部成因及其相互联系进行深入探索，于是形成了因子分析方法在社会调查研究中的应用。

因子分析通过对变量之间的内部依赖关系的研究，通过寻找反映所有变量信息的几个主要公共因子，称之为主因子，一般以 F 表示因子。因子分析通过降维的方式来确定主因子，进而简化社会调查研究的系统，明晰社会调查研究对象影响动因之间的关联脉络，借助主因子的社会属性对错综复杂的社会现象进行分析和评价。

因子分析需要通过确定主因子实现降维，有效地开展对研究问题的分析。但是，进行因子分析的主要目的不仅仅是提取主因子，而是要借助主因子来剖析研究对象的内在联系，揭示主因子所代表的主要动因的基本特征，主因子的可解释性才是因子分析的目的所在。因此，因子分析最重要的目的是研究各项主因子本身的具体意义，即主因子内在的社会属性及其相互联系。

在大多数因子分析的结果中，以未经旋转的因子负荷矩阵所描述的因子和原始变量之间的联系并不明显，为了凸显主因子与原始变量之间的关联，以明晰主因子的社会属性，需要对因子负荷矩阵进行旋转，使得主因子与原始变量之间的相关系数进一步趋向 0 和 1 两端分化。在社会调查实务中，通过旋转之后的因子负荷矩阵来明确各项主因子的社会属性的过程和获得的结果，就是所谓的因子命名。

计算各项主因子得分也是因子分析的主要内容之一。

11.2.2 因子分析的主要作用

因子分析的主要功能是进行成因分析，包括通过降维确定主因子，进行主因子命名和主因子相互之间的联系和差异分析，以及在主因子得分基础上开展的其他分析。

（1）确定主因子。因子分析中确定因子表现为降维分析的过程，或者说是通过降维来确定主因子。因此，这一部分与主成分分析中的降维过程基本相同，根据特征值和累积方差贡献率同样是用于判断主因子影响大小的两个重要的基本测度，也是选择主因子项数的两个重要的基本依据。

一般以特征值大于 1 的累积方差贡献率大于 60%，作为选择主因子的基本判断标准。同样，在特征值大于 1 的主成分累积方差贡献率过小时，说明主因子对原有数据的总体解释能力过弱，社会调查过程及其资料的效度过低（参见第 8 章 效度分析），原始数据不太适合开展因子分析。一般需要通过完善调查设计，增大样本容量来加以改善。在这里，数据的降维效率、社会调查过程及其资料的效度，因子分析的有效性三者的意义是同一的。

（2）进行因子命名。因子分析中的因子命名是通过旋转之后的因子负荷矩阵，根据各项主因子与原始变量之间的关联及其关联程度，来确定各项主因子的社会属性特征的方法和过程。在社会调查实务中，因子命名本身就是对研究对象的一种探索性的分析，在依据各项主因子的社会属性给其命名的同时，也是分析以主因子来表述的所研究的社会现象的主要成因，研究这些主要成因的基本属性，探讨主因子之间的相互联系及其密切程度。

（3）分析因子得分。因子得分是指各项主因子的具体得分数值。可以利用计算出来的各项主因子得分对相关的样本单位，例如被调查单位、被调查者等，进行排序和比较分析；利用主因子得分进行聚类分析、进行因子回归分析等。

这里关于因子分析的确定主因子，进行因子命名和分析因子得分的三项主要作用并不是相互独立的，而是相互依存前后相继的。因子分析的核心是成因分析。

11.2.3 因子分析的一般步骤

因子分析的一般步骤如下。

（1）逆指标的正向化处理。

（2）指标之间的相关性判定。一般采用 KMO 检验和 Barlett 检验。

（3）确定主因子个数。根据特征值以及累积方差贡献率来确定。

以上 3 个步骤与主成分分析类似。

（4）确定主因子的提取方法。因子分析从主成分分析法发展而来，提取主因子时可以选择不同的方法。在 SPSS 20 的菜单栏中选择“降维”→“因子分析”，在“抽取”对话框中的“方法”下拉列表框中，可以选择不同的因子分析法。SPSS 20 主要提供以下这些因子分析方法。

① 主成分法（Principal Components）。主成分法为 SPSS 20 的默认选项。假设变量是各因子的线性组合，从解释变量的变异视角出发，尽量使原始变量的方差能够被主成分所解释，且保证各主因子对方差的解释比例依次减少。主成分法适用性强，实际应用效果好，绝大多数情况下无需更改。主成分法是进行主成分分析提取主成分的唯一方法。

② 不加权最小平方法（Unweight Least Square）。不加权最小平方法按照使原始的相关矩阵和再生的相关矩阵之差的平方和达到最小的原则，进行主因子的提取。

③ 广义最小二乘法（Generalized Least Square）。该方法的基本原则与不加权最小平方法类似，也是遵循使原始的相关矩阵和再生的相关矩阵之差的平方和达到最小的原则，进行主因子的提取。

④ 最大似然法（Maximum Likelihood）。最大似然法要求变量服从多元正态分布，此时它生成的参数估计最接近观察到的相关矩阵。在样本容量充分大，并且满足多元正态分布假定时，最大似然法具有优于主成分法的理想效率。

⑤ 主轴因子法（Principal Axis Factoring）。该方法从原始变量的相关性出发，基本思想是使变量之间的相关程度能够尽可能地被主因子解释。因此，该主轴因子法重在解释变量的相关性，而不是考虑对变量方差的解释。

⑥ α 因子分析法（Alpha Factoring）。该方法将变量看成是从潜在变量空间中抽取出的样本，在计算中尽量使变量的信度达到最大化。

⑦ 映像因子法（Image Factoring）。该方法把一个变量视为其他变量的多元回归，按照多元回归的拟合优度提取主因子。

（5）因子旋转。因子旋转就是依照某一原则，对因子负荷矩阵进行旋转，使得主因子与原始变量之间的相关系数进一步向 0 和 1 分化，通过旋转之后的因子负荷矩阵来明确各项主因子的社会经济属性特征，以此确定各项主因子具有实际社会经济意义的名称。因子旋转是因子命名的基础条件和前期工作。

因子负荷 a_{ij} 为第 i 个变量在第 j 个因子上的负荷，就是变量 X_i 与 F_j 的相关系数，表示变量 X_i 对主因子 F_j 的依赖程度，或者说反映了第 i 个变量 X_i 对第 j 个主因子 F_j 的重要程度。

SPSS 20 提供了 5 种因子旋转方法，分为正交旋转和斜交旋转两大类。其中，正交旋转保持了坐标轴的正交性，因此得到了广泛使用。正交旋转的方法很多，其中以方差最大化法最为常用。

① 最大方差法（Varimax）方法。也称为方差最大正交旋转（Varimax Orthogonal Rotation）方法，该方法通过尽量使得各主因子的方差差异达到最大，即使主因子的相对负荷的方差之和最大，且保持原主因子的正交性和公共方差总和不变，并可以使每个因子上的具有最大负荷的变量数最小，从而明晰了对主因子的解释。

② 4 次方最大正交旋转（Quartimax）方法。该方法对各主因子方差差异化的效果强于方差最大正交旋转，有利于进一步减少主因子个数，从而简化对主因子的解释。

③ 最大平衡值法（Equamax）方法。该方法的特点介于方差最大正交旋转和 4 次方最大正交旋转之间，属于一种折中的因子旋转。

④ 直接 Oblimin 法。该方法属于斜交旋转方法，需要由分析者主观指定一个因子映像的自相关范围。

⑤ Promax 方法。该方法为最常用的斜交旋转方法，它是在方差最大正交旋转的基础上再进行的斜交旋转。斜交旋转允许因子之间存在线性相关，这种旋转方式往往是在有具体的结果倾向时选用，它可以按分析者的目的将因子分解为最希望的形式。

⑥ 斜交旋转（Oblique Rotation）方法。该方法通过对主因子的斜交旋转，使得因子负荷发生变化，趋于两极分化。在斜交旋转时，各主因子之间不再相互独立，而是彼此相关。各因子对各变量的贡献的总和也发生了改变。当各主因子间存在明显的相关关系，以及在样本容量充分大的场合，适用采用该斜交旋转。

（6）因子命名。因子命名就是在因子旋转的基础上，根据旋转之后的因子负荷矩阵，对每一主因子进行一一分析，依据各个主因子与原始变量之间的关联，研究主因子的具体社会经济属性特征，给出相应的命名。

通过因子旋转之后得到的因子负荷矩阵，使每个变量尽可能地仅在一个主因子上有较大的负荷，而在其余的主因子上的负荷比较小。因而，因子命名从旋转之后的因子负荷矩阵出发，首先从行的视角，即从原始变量的角度，逐行确定并标识一个绝对数值最大的因子负荷。当完成了这一项工作之后，旋转之后的因子负荷矩阵中每一行都有一个因子负荷被选中，即每一个原始变量都有一个因子负荷被选中。这时，再转为从列的视角，即从主因子的角度，逐列归集该列上被选中的因子负荷对应的原始变量，分析和归纳的这些原始变量社会属性之中的共性特征，将其作为该主因子的名称，以反映该主因子的具体社会意义。在社会调查实务中，通过因子命名来明确各项主因子的社会属性和基本特征，让后续的社会分析研究能够顺利开展。

不过，即使采用旋转之后的因子负荷矩阵进行因子命名，不能保证每个变量只会在一个主因子上有较大的负荷，而在其余的主因子上的负荷一定比较小，也有可能出现两个主因子上的负荷数值相差无几的情况，即出现横跨负荷现象。这时候就需要将这两个因子负荷同时选中并标识出来，导致在进行最后的各项主因子命名时，就会出现两个主因子同时考虑某一个原始变量属性特征的情况。当然，在出现横跨负荷现象时，表明该变量因子分析的效率相对偏低，变量调查设计的效度偏低。当两个主因子上的负荷数值相差无几的横跨负荷现象出现较多时，说明该项社会调查的整体效度偏低，因子分析的效率偏低。

（7）因子得分。主因子确定以后，可以根据进行因子分析采用的因子提取方法估计出每一主因子的综合得分，即因子得分。

计算因子得分就是将因子变量表示为原始变量的线性组合，也称为因子得分函数。在因子分析中，SPSS 20 给出了回归法、Bartlett 和 Anderson-Rubin 3 种估计方法。

因子得分可用于模型诊断，也可用于开展进一步的社会调查分析如聚类分析、因子回归分析等。

11.2.4 因子分析与主成分分析

综合以上分析可知，因子分析是对主成分的拓展，其方法和内容更加丰富；从具体的方法特征来看，也可说主成分又是因子分析的一个特例。可以将主成分分析和因子分析的不同归结以下几个方面。

1. 降维

降维是主成分分析，也是因子分析产生的起点。

因子分析的目的是分析研究社会现象产生和发展的成因。在社会调查实务中，因子分析通过降维的方式来实现确定主因子，简化和明晰社会调查研究对象影响因素分析和评价。降维是因子分析的基本特征和基础环节，降维效率制约着因子分析的效果。

在主成分分析过程中，降维依然是其直接的目的之一，即为了降维而进行主成分分析。另一方面，主成分分析的应用也可以完全不考虑降维功能。例如当主成分方法单纯用于综合评价和消除多重共线性的场合，可以不再考虑降维的问题，而采用与原有数据同等项数的主成分，即采用与原始变量相同项数的 P 项主成分来进行综合评价和消除多重共线性。这时的主成分分析与降维无关。

2. 提取

主成分分析采取正交变换方法来提取主成分，主成分系数矩阵 U 必须满足正交性要求，因此其提取方法也称为主成分法，主成分法也是进行主成分分析提取主成分的唯一方法，得到的主成分及其主成分得分也是唯一的。

因子分析中提取主因子有多重方法可供选择，不同提取方法所提取的主因子，及其主因子负荷矩阵，以及主因子的因子得分均会有所不同。

3. 命名

因子分析的目的就是对主因子的具体意义，以及相互之间的联系进行深入剖析。因子命名是根据旋转之后的因子负荷矩阵，依据各个主因子与原始变量之间的关联，研究主因子的具体属性特征，进而给出相应的命名，并在因子命名的基础开展后续的分析研究。因子命名是因子分析的核心环节。

主成分分析除了降维之外，其主要作用还有综合评价和消除多重共线性。并且，无论是否降维，主成分分析结果的基本表现形式为主成分得分。因此，主成分是根据主成分系数矩阵进行命名。

主成分分析的命名方法，一般较基于旋转后的因子负荷进行的因子命名的清晰性要低。因此，在主成分分析中也可以采用“最大方差法（Varimax）”方法进行正交旋转的因子负荷矩阵，借用因子命名的方式，来对相应的主成分进行命名分析。在社会调查实务中，常常将因子分析和主成分分析结合在一起使用，在命名阶段大多采用因子分析的因子命名方法，根据旋转之后的因子负荷矩阵进行命名分析；在综合评价阶段则采用主成分方法计算主成分得分进行综合比较和排序对比分析。

4. 应用

主成分分析因其主成分提取方法固定，以及对主成分系数矩阵 U 必须满足正交性等要求，保证了主成分分析过程和主成分得分的客观性，适合用于综合评价和基于主成分的回归分析等场合。

因子分析重在对研究现象的形成因素和基本动因的探索性研究和社会调查设计的效度分析，在社会调查实务中具有重要的地位，是开展社会调查研究的基本方法。因子分析在因子提取，负荷矩阵旋转，主因子得分计算等场合，均需要结合研究对象的实际情况做出选择，给深入开展社会调查分析提供了丰富的工具。因子分析进程中的多种选择，对研究人员的专业素养提出了更高的要求，注意尽量规避和降低由于研究人员的主观意识参与其中而导致的人为偏误。

11.3 SPSS 20 的因子分析

11.3.1 因子分析的步骤

仍然以“A 产品问卷调查”为例，采用“A 产品问卷调查”中 15 项二级指标，即问题 *Q*1，*Q*2，…，*Q*15 进行因子分析。

（1）是进行逆指标的正向化处理。

在“A 产品问卷调查”的调查设计中已经考虑过这一点，所有问题均为正指标，因此不需要再进行逆指标的正向化处理。

（2）采用 SPSS 20 进行因子分析。

第一步，进行主因子计算的设置。在 SPSS 20 的主菜单栏中选择“分析”→“降维”→“因子分析”，打开“因子分析”对话框。如图 11.1 所示。

图 11.1 打开“因子分析”对话框

在弹出的“因子分析”对话框中，将“A 产品问卷调查”中 15 项问题 *Q*1，*Q*2，…，*Q*15 导入

“变量”框中。如图 11.2 所示。

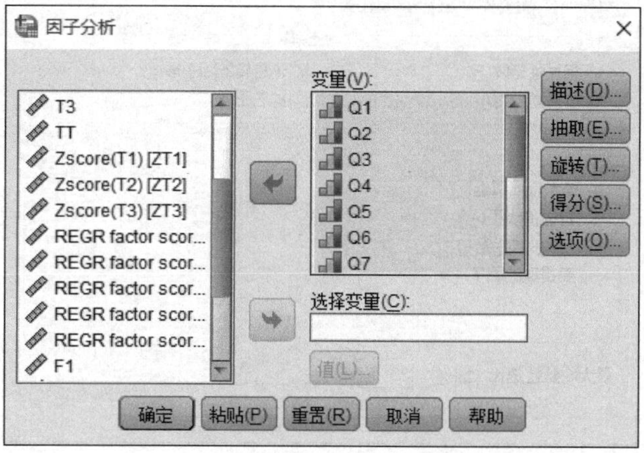

图 11.2　将变量导入“变量”框中

用鼠标左键单击“因子分析”对话框右上方的“描述”按键，在弹出的“因子分析：描述统计”的上方选中“原始分析结果”选项，并在其下方选中“KMO 和 Bartlett 的球形检验”选项，要求进行 KMO 检验和 Bartlett 检验。再用鼠标左键单击“因子分析：描述统计”对话框底端的“继续”按钮，确认刚刚的选项设置，返回到“因子分析”对话框。如图 11.3 所示。

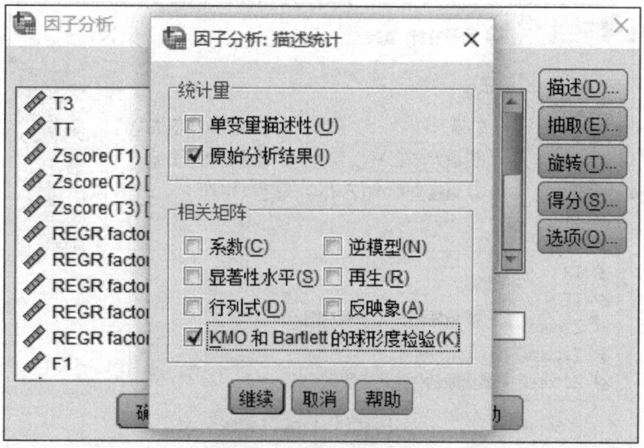

图 11.3　设置 KMO 检验和 Bartlett 检验

第二步，用鼠标左键单击“因子分析”对话框右方的“抽取”按钮，在弹出的“因子分析：抽取”的上方的“方法”下拉菜单中，保留 SPSS 20 默认的“主成分”选项，即采用“主成分”方法抽取主因子；再在“因子分析：抽取”中部的“抽取”选项框选中“基于特征值”，并在“特征值大于”的数值框中，保留 SPSS 20 默认的“1”数值，即将特征值大于 1 的因子抽取出来作为主因子。再用鼠标左键单击“因子分析”对话框底端的“继续”按钮，确认刚刚的选项设置，返回到“因子分析”对话框。如图 11.4 所示。

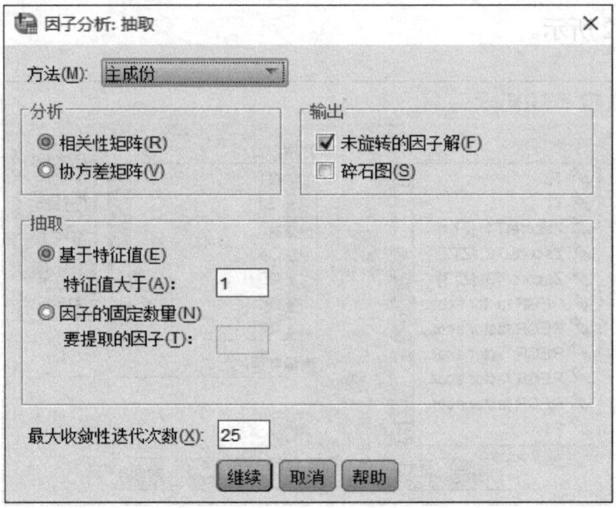

图 11.4　设置主因子的抽取

第三步，用鼠标左键单击“因子分析”对话框右方的“旋转”按钮，在弹出的“因子分析：旋转”的上方的“方法”选项框中，选中“最大方差法”，即采用“最大方差法”对主因子负荷矩阵进行旋转。再用鼠标左键单击“因子分析：旋转”对话框底端的“继续”按钮，确认设置，返回到“因子分析”对话框。如图 11.5 所示。

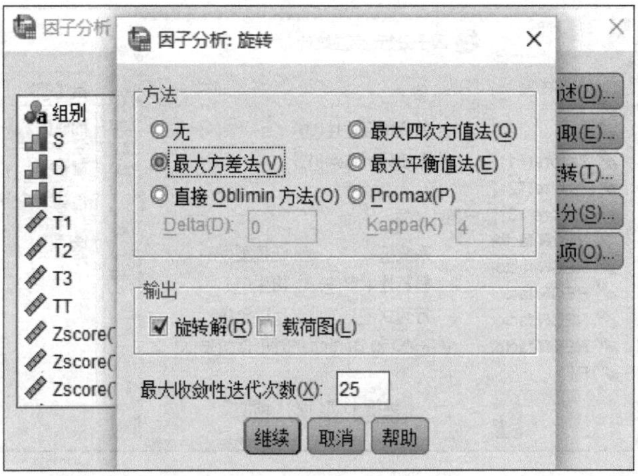

图 11.5　设置因子负荷矩阵的旋转

第四步，设置因子得分的计算和存储。用鼠标左键单击“因子分析”对话框右方的“得分”按钮，在弹出的“因子分析：因子得分”的上方选中“保存为变量”，并在其下部的“方法”选项框中选中“回归法”，即采用“回归法”计算主因子得分，并将计算出来的主因子得分以新的变量的形式，保存在 SPSS 20 的数据编辑器中。再用鼠标左键单击“因子分析：因子得分”对话框底端的“继续”按钮，确认设置，并返回“因子分析”对话框。如图 11.6 所示。

在“因子分析”对话框中，单击“确定”按钮完成 SPSS 20 的“因子分析”设置。

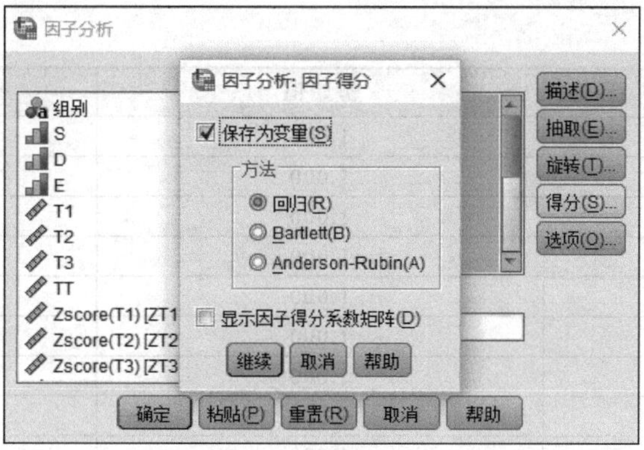

11.6 设置因子得分的计算和存储

11.3.2 因子分析的输出

按照以上的因子分析设置，SPSS 20 输出了因子分析的“KMO 和 Bartlett 的检验”“主因子方差”“解释的总方差”“成分矩阵”“旋转成分矩阵”和“成分转换矩阵”等 5 张数据表格。

SPSS 20 的因子分析输出的第一张表为“KMO 和 Bartlett 的检验”，一般可称为“KMO 和 Bartlett 检验分析表”，表 11.1 为经过整理之后的表格。

表 11.1 “A 产品问卷调查”的 KMO 和 Bartlett 检验分析表

KMO 检验		0.675
Bartlett 的球形度检验	近似的卡方检验值	421.306
	自由度	105.000
	伴随概率	0.000

表 11.1 中“A 产品问卷调查”的 KMO 检验值为 0.675，Bartlett 检验值为 421.306，伴随概率趋于 0，拒绝相关系数矩阵为单位阵的零假设，可以进行因子分析。

SPSS 20 的因子分析输出的“主因子方差”表，一般可称为“主因子的提取效率的方差比率分析表”，通过主因子所解释的每一原始变量的部分方差占其整个方差数值的比重，来描述通过因子分析得出的主因子对于每一原始变量的解释能力。

在表 11.2 中采用相对数来度量主因子对于每一原始变量的解释能力。该表中的“初始值”表示对应的原始变量的方差初始值的占比，其数值自然是 1。“提取比率”是指主因子所解释的原始变量的部分方差占其整个方差数值的比重，这一比值的最大值是 1，越是趋于 1，说明主因子对于该原始变量的解释能力越强。如表 11.2 所示。

表 11.2 “A 产品问卷调查”的主因子的提取效率的方差比率分析表

问题	初始值	提取比率
*Q*1	1.000	0.804
*Q*2	1.000	0.584
*Q*3	1.000	0.453

续表

问题	初始值	提取比率
$Q4$	1.000	0.584
$Q5$	1.000	0.575
$Q6$	1.000	0.674
$Q7$	1.000	0.631
$Q8$	1.000	0.773
$Q9$	1.000	0.778
$Q10$	1.000	0.559
$Q11$	1.000	0.634
$Q12$	1.000	0.649
$Q13$	1.000	0.577
$Q14$	1.000	0.492
$Q15$	1.000	0.610

由表 11.2 可知，有问题 $Q3$ 和 $Q14$ 的"提取比率"小于 0.5，即有一半以上的变异不为所提取的主因子解释；有问题 $Q1$ 的"提取比率"大于 0.8，问题 $Q8$ 和 $Q9$"提取比率"大于 0.7，表明"A 产品问卷调查"中这 3 项二级指标的问题，被所提取的主因子解释部分较多。从总体上来看，在本例中的主因子解释能力一般。这与 KMO 检验值为 0.675 所表述程度基本一致。

SPSS 20 的因子分析输出表格中的"解释的总方差"，即为所提取的主因子的"方差贡献率分析表"。如表 11.3 所示。

表 11.3　"A 产品问卷调查"的方差贡献率分析表

主因子	特征值	方差贡献率（%）	累积方差贡献率（%）
$F1$	3.826	25.508	25.508
$F2$	1.668	11.117	36.625
$F3$	1.559	10.393	47.018
$F4$	1.245	8.297	55.315
$F5$	1.079	7.196	62.511

由表 11.3 可知，"A 产品问卷调查"因子分析的特征值大于 1 的因子共有 5 个，即得出 5 个主因子。这 5 个主因子的累积方差贡献率为 62.511%。该主因子的累积方差贡献率略大于 60%，说明本例因子分析的降维效率不是很高。

计算表 11.2 中的 15 项"提取比率"的均值，等于这 5 个主因子的累积方差贡献率为 62.511%，表明累积方差贡献率数值也是这 15 项原始变量"提取比率"的平均水平，反映了所提取的 5 项主因子的总体解释能力。

11.3.3　因子命名分析

因子命名是因子分析中的核心环节。

因子命名是根据经过旋转之后的因子负荷矩阵中的数据来进行判断和取名的。例如，在表 11.4

中的第一行，即第一个二级指标问题 $Q1$ 上，数值最大的旋转之后的因子负荷为第二个主因子 $F2$，数值为 0.703，即可将其选中，并以深色的字符底纹标识出来。这样逐行地进行比较和辨识，就可以完成对总计 15 行（即 15 项二级指标）上数值最大的因子负荷的确定和标注。

由上述对表 11.1、表 11.2 和表 11.3 分析可以，本例只是达到了开展因子分析的基本要求，因子分析的总体效率不是很高，主因子对原始变量的解释能力也不是很强，即使采用了“最大方差法”进行因子负荷旋转，依然有可能出现在一行中出现两个数值较大的因子负荷数值，即同一项二级指标分属两个主因子的现象，除一项数值最大的旋转之后的因子负荷外，还有另外一项绝对数值较大，不可忽略的横跨两个主因子的次大因子负荷，可以将其称之为“横跨负荷”。在因子命名中，横跨负荷只能作为辅助分析因素。

例如，若以绝对值大于 0.4 的因子负荷数值视为不可忽略的横跨负荷，在本例中的问题 $Q1$ 上，就有第一项主因子 $F1$ 对应的因子负荷数值为 0.450，问题 $Q10$ 对应于第五项主因子 $F5$ 的因子负荷数值为 0.427，以及问题 $Q12$ 对应于第四项主因子 $F4$ 的因子负荷数值为−0.408，一共有 3 项这样的横跨负荷，在表 11.4 中用稍浅的字符底纹标识出来。如表 11.4 所示。

表 11.4　“A 产品问卷调查”的因子命名分析表

问题	F1	F2	F3	F4	F5
Q1	0.450	0.703	0.281	0.016	-0.167
Q2	−0.107	0.156	0.724	−0.069	-0.137
Q3	-0.027	0.495	0.188	-0.133	0.392
Q4	0.088	0.423	0.545	0.141	0.283
Q5	−0.018	0.758	0.017	−0.017	0.014
Q6	0.179	-0.174	0.768	0.126	0.078
Q7	0.208	0.669	-0.193	0.320	0.037
Q8	0.089	0.017	-0.043	0.162	0.858
Q9	0.203	0.121	0.032	0.846	0.075
Q10	0.339	0.050	0.450	-0.237	0.427
Q11	0.705	0.078	0.162	0.324	-0.01
Q12	0.658	0.223	0.008	-0.408	-0.01
Q13	0.578	0.011	0.265	0.361	0.207
Q14	0.669	0.008	-0.086	0.004	0.191
Q15	0.759	0.106	0.038	0.141	-0.03

根据表 11.4，对这 5 项主因子一一进行因子命名。

（1）对第一项主因子 $F1$ 进行的因子命名。

第一项主因子 $F1$ 由第三项一级指标“产品价格”的 5 项问题，即问题 $Q11$、$Q12$、$Q13$、$Q14$、$Q15$ 和一项横跨负荷的问题 $Q1$ 构成，表明第三项一级指标“产品价格”的 5 项问题的调查过程及其调查资料特征具有优良的效度，与其一级指标名称高度吻合。第一项主因子 $F1$ 的因子命名应该决定于此一级指标的名称。

第一项主因子 $F1$ 的横跨负荷问题 $Q1$ 所在的一级指标为“产品营销”，问题 $Q1$ 的具体内容如下。

$Q1$ “您对A产品的产品包装的评价”

在本例中，有可能被调查者认为“产品包装”的状况，例如包装的档次，包装的成本，都会直接影响到产品价格，会认为高档包装必然增加成本，进而提升价格；而简易包装可以节省成本，降低价格。因而，对问题 $Q1$ 的评价与“产品价格”的问题的评价存在一定的同构性，进而产生了横跨负荷现象。而同属一级指标“产品营销”下的其他4个问题，即“货架摆放”“产品广告”“导购服务”和“系列设计”则与产品价格没有这种关系。

因此，将第一项主因子 $F1$ 命名为“价格”。

（2）对第二项主因子 $F2$ 进行的因子命名。

第二项主因子 $F2$ 由第一项一级指标“产品营销”中的3个问题，即问题 $Q1$、$Q3$ 和 $Q5$，以及第二项一级指标“产品品质”中的问题 $Q7$，一共4项问题构成。该4项问题的具体内容如下。

$Q1$：您对A产品的产品包装的评价

$Q3$：您对A产品的产品广告的评价

$Q5$：您对A产品的系列设计的评价

$Q7$：您对A产品的营养成分的评价

可以看出，第一项一级指标“产品营销”中的问题 $Q1$、$Q3$ 和 $Q5$ 为“产品包装”、“产品广告”和产品的“系列设计”，同为第一项一级指标“产品营销”未入选第二项主因子 $F2$ 的问题 $Q2$ 和 $Q4$ 分别为“货架摆放”和“导购服务”。显然，问题 $Q1$、$Q3$ 和 $Q5$ 所涉及是“A产品”营销的全面策略，是针对整个市场的总体营销活动；而问题 $Q2$ 和 $Q4$ 则是面向具体市场的局部营销行为。

对于问题 $Q7$ 而言，普通被调查者并不具备分析产品营养成分的能力，不可能了解“A产品”实质上的营养成分，因此不可能依据“A产品”真实的营养成分对问题 $Q7$ 的“营养成分”做出评价。因此，对于第二项一级指标“产品品质”中的问题 $Q7$ 的“营养成分”，大多只能将的“营养成分”理解为“A产品”在产品说明书上，或者产品包装上面标注的产品成分视同为该产品的“营养成分”。对被调查者而言，更多是将问题 $Q7$ 的“营养成分”与产品包装和产品说明相联系，在潜意识中将问题 $Q7$ 的“营养成分”视同为“A产品”的广告营销，而很少能够将其与“A产品”实质的“营养成分”联系在一起。

因此，可以将第二项主因子 $F2$ 命名为“广告”。

（3）对第三项主因子 $F3$ 进行的因子命名。

第三项主因子 $F3$ 由第一项一级指标“产品营销”中的2个问题，即问题 $Q2$ 和 $Q4$，以及第二项一级指标“产品品质”中的问题 $Q6$ 和 $Q10$，一共由4项问题构成。该4项问题的具体内容如下。

$Q2$：您对A产品的货架摆放的评价

*Q*4：您对A产品的导购服务的评价

*Q*6：您对A产品的分割方式的评价

*Q*10：您对A产品的清洁卫生的评价

第一项一级指标“产品营销”中的问题*Q*2和*Q*4分别为“货架摆放”和“导购服务”，反映了“A产品”在顾客购物过程中提供的相应服务，通过方便顾客购物，来提高顾客的购物体验，进行产品营销。

第二项一级指标“产品品质”中的问题*Q*6和*Q*10分别为产品的“分割方式”和“清洁卫生”。其中，“分割方式”通过对产品出售的规格，分割的种类，来方便顾客的购买和食用；“清洁卫生”则是对食品品质的根本要求，清洁卫生的食品也方便了顾客的加工和食用。

因此，将第三项主因子*F*3命名为“便利”。

（4）对第四项主因子*F*4进行的因子命名。

第四项主因子*F*4由一项第二项一级指标“产品品质”中的问题*Q*9，一项横跨负荷问题第三项一级指标“产品价格”中的问题*Q*12构成，具体如下。

*Q*9：您对A产品的产品口味的评价

*Q*12：您对A产品的组合优惠的评价

第二项一级指标“产品品质”中问题*Q*9的“产品口味”反映的是购买“A产品”的顾客对产品口味的感受，通过被调查者最直观的感官印象，来评判产品品质。

第三项一级指标“产品价格”中问题*Q*12的“组合优惠”原本考察的是被调查者对采用组合方式出售产品的价格水平的评价，为什么会出现在以问题*Q*9的“产品口味”为主要特征的第四项主因子*F*4中呢？这是因为“A产品”的组合产品往往将不同口味的产品“打包捆绑”，尤其是对一些销路不太理想的特殊口味，以及新近推出的新口味产品采用“打包捆绑”的方式进行推销，有可能部分被调查者对组合产品的口感印象造成负面影响，从而与问题*Q*9的“产品口味”形成了相互联系，并且其因子负荷为负值。这说明“A产品”的组合优惠陷入了捆绑销售的陷阱，对客户形成了负面效应，这是厂家营销亟需改进的方面。

因此，将第四项主因子*F*4命名为“口味”。

（5）对第五项主因子*F*5进行的因子命名。

第五项主因子*F*5由第二项一级指标“产品品质”中的问题*Q*8，一项横跨负荷问题*Q*10构成，具体如下。

*Q*8：您对A产品的保质时间的评价

*Q*10：您对A产品的清洁卫生的评价

问题*Q*8和*Q*10同属第二项一级指标“产品品质”。问题*Q*8反映的是产品的“保质时间”，问题*Q*10反映的是产品的“清洁卫生”，两者考虑都是作为食品的“A产品”的品质的现状，即保质状况。

因此，将五项主因子 *F*5 命名为“保质”。

这样，完成了对“A 产品问卷调查”的因子命名分析，得出了这 5 项主因子的名称依次为“价格”、“广告”、“便利”、“口味”和“保质”。由此可见，通过“A 产品问卷调查”采集的信息，以及进行的因子分析，认为对于“A 产品”这类大批量生产的食品，消费者实际关注的问题依次为“价格”“广告”“便利”“口味”和“保质”这五个方面，而不是“A 产品问卷调查”最初设计的 3 项一级指标——“产品营销”“产品品质”和“产品价格”的三个方面。

所以，后续的“A 产品问卷调查”可以根据以上因子命名的结果，在现有的一级指标和二级指标的基础上，对“A 产品问卷调查”设计和实施的全过程进行补充、调整和完善，重点是问卷设计环节。

首先，在问卷设计环节中更换和补充一级指标。按照因子命名的结果，把现有问卷的 3 项一级指标扩展为五项一级指标，即将该调查的原有的一级指标中的“产品价格”保留下来，并重新命名为一级指标“价格”，其他四项一级指标更换和补充为“广告”“便利”“口味”和“保质”。

其次，在问卷设计环节中分解和完善一级指标。例如，现有的第一项一级指标“产品营销”，可考虑对应分解为“广告”和“便利”两个新的一级指标；现有的第二项一级指标“产品品质”需要分解到 4 个新的一级指标中，并给以充实和完善。

最后，在问卷设计环节中修改并重构横跨两个主因子的二级指标。在本例中，有问题 *Q*1、*Q*10 和 *Q*12 存在着两个旋转之后的因子负荷数值均很大，形成横跨两个主因子的问题。对于这类二级指标要进行调查问卷的重新设计，应通过专门的量表分析和测试检验，改用更加直观的概念，更加通俗的语言，将两类不同的概念明确地区分开来，提高社会调查过程及其资料的有效性。

11.3.4 主因子得分

在 SPSS 20 中，通过选择计算主因子得分，可以计算出每项主因子的具体得分数值，并将主因子得分作为新的变量储存在 SPSS 20 的数据编辑器中，保存在 SPSS 20 的数据文件中。如图 11.6 所示。

这时，在 SPSS 20 的“变量视图”中可以看到 5 项以 *FAC*1_1，*FAC*2_1，…，*FAC*5_1 等命名的一组新的变量，即为本例的主因子得分。其中，变量名“*FAC*1_1”是“factor score 1 for analysis 1”的缩写，表明是第一个因子得分；变量名“*FAC*2_1”是“factor score 2 for analysis 1”的缩写，表明是第二个因子得分……。同时，在“数据视图”中可以看到对应每一个因子得分的具体数值。在本例中有 5 个主因子，就会有 5 个主因子的新变量以及具体数值。

11.4 SPSS 20 的主成分分析

11.4.1 主成分系数矩阵

SPSS 20 没有把主成分分析作为一种独立的分析方法专门分列出来，也没有给出主成分分析的专门计算功能。主成分分析是因子分析的一个特例，可以借用因子分析的相关功能，利用因子分析的输出有关数据来进行主成分分析。

仍然以“A 产品问卷调查”为例，采用“A 产品问卷调查”中 15 项二级指标，即问题 $Q1, Q2, \cdots, Q15$，进行主成分分析。

由于“A 产品问卷调查”中的所有指标均为正指标，所以不需要再进行逆指标的正向化处理。

主成分分析需要标准后的数据计算主成分得分。因此，在主成分分析时需要专门对原始数据进行标准化处理，并且将标准后的数据存为新变量。采用 SPSS 20 对数据进行标准化的具体过程，可参阅“6.3 数据的标准化处理”。

采用 SPSS 20 进行主成分分析，类似因子分析。打开“因子分析”对话框，将 15 个变量 $Q1$，$Q2$，…，$Q15$ 导入“变量”框中，设置 KMO 检验和 Bartlett 检验，保留 SPSS 20 默认的“主成分”选项，保留 SPSS 20 默认的“1”数值，即将特征值大于 1 的因子抽取出来作为主成分，采用“最大方差法”对负荷矩阵进行旋转。即完成 SPSS 20 的主成分分析设置部分。

采用 SPSS 20 给出的“成分矩阵”表格中的未经旋转的因子负荷，采用式（11.2）计算出主成分系数矩阵 U。具体的计算可以采用 SPSS 20 的“转换”下拉菜单中的“计算变量”功能进行计算；也可以将“成分矩阵”表格中的未经旋转的因子负荷数据输出到 Excel 文件中，利用 Excel 进行计算。考虑到后面还要检验主成分系数矩阵正交性，利用 Excel 的矩阵乘函数“MMULT”，进行矩阵积的计算比较方便。因此，一般情况下应首选 Excel 计算主成分系数矩阵 U。表 11.5 给出了计算得到的“A 产品问卷调查”的主成分系数矩阵 U。如表 11.5 所示。

接下来，需要检验主成分系数矩阵的正交性，来确认所取得的主成分系数矩阵 U 的正确性。

（1）利用 Excel 的复制和粘贴功能，对主成分系数矩阵 U 进行转置，得到主成分系数矩阵转置阵 U'。选中主成分系数矩阵 U 数据所在的单元格，单击鼠标右键，在弹出的快捷菜单中用左键单击“复制”；然后，选中转置矩阵的区域，再次单击鼠标右键，在弹出的快捷菜单中用左键单击“选择性粘贴”，在导出的“选择性粘贴”对话框中的“粘贴”下选中“数值”，这样就可以将刚刚计算出来的主成分系数矩阵 U 中的数据粘贴在指定单元格中，而不会复制其计算公式；在“选择性粘贴”对话框中的“运算”下选中“无”；在“选择性粘贴”对话框的下方的“转置”前打上“√”，将其选中。这样就得到主成分系数矩阵转置阵 U'。如图 11.7 所示。

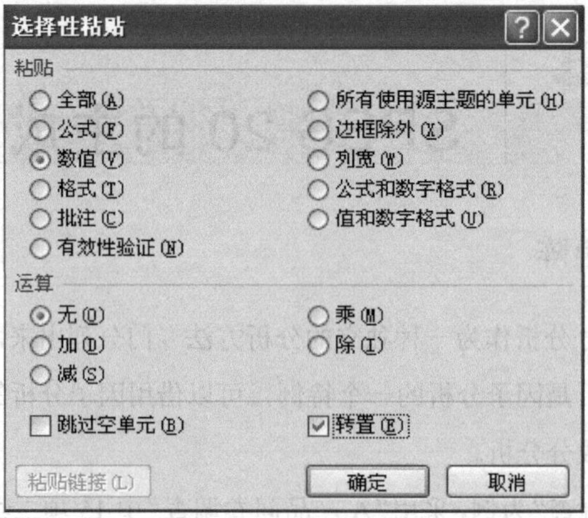

图 11.7　运用 Excel 进行矩阵的转置图

（2）在 Excel 的主菜单栏的下方，单击“*fx*（插入函数）”图标，调出“插入函数”对话框，在“或选择类别”下拉框中选中“数学与三角函数”，然后在“选择函数”框中选中矩阵乘函数“MMULT”，计算主成分系数矩阵转置阵 *U'*与主成分系数矩阵 *U* 的积。如图 11.8 所示。

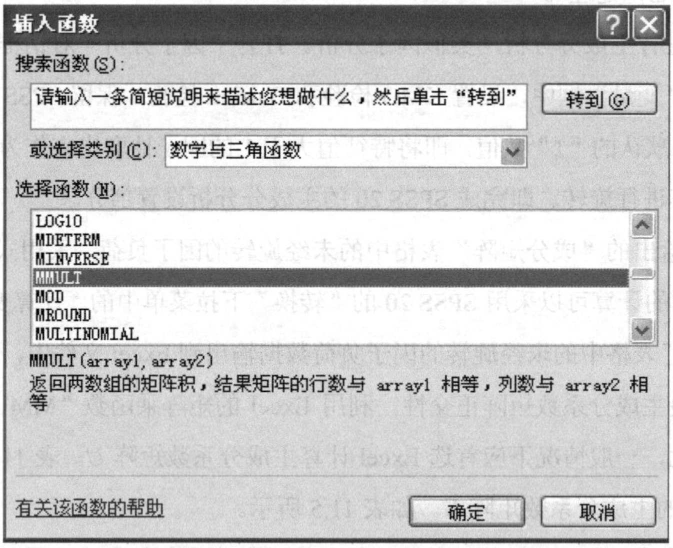

图 11.8　运用 Excel 进行矩阵的相乘

运用 Excel 的矩阵乘函数“MMULT”进行的矩阵乘法运算，需要先在 Excel 工作表上的适当位置，用鼠标选中与矩阵积的行与列相一致的单元格区域。在本例中，则需要先选定一个 5 行 5 列的单元格区域，然后调用矩阵乘函数“MMULT”，先主成分系数矩阵的转置阵 *U'*所在单元格选中输入到矩阵乘函数“MMULT”的第一个“数组（Array1）”，再将主成分系数矩阵 *U* 所在单元格选中输入到矩阵乘函数“MMULT”的第二个“数组（Array2）”中，最后左手同时按“Shift+Ctrl”组合键，右手再按下“Enter”键，完成 Excel 的矩阵乘，计算出主成分系数矩阵转置阵 *U'*与主成分系数矩阵

U 的积。若该矩阵积为一单位矩阵，则表明所计算得到的主成分系数矩阵 *U* 具有正交性。

11.4.2 主成分的命名

主成分的命名根据主成分系数矩阵各项系数数值，与对应的变量之间的数量关系，来确定其属性特征，完成对各个主成分的命名。

与因子命名相类似，主成分命名也是先进行逐行的比较和标识，在本例中即按照每一项二级指标来逐一进行，选取每一行中数值最大的数据来实现判断和确定。不同的是因子命名是根据经过旋转之后的因子负荷矩阵，而主成分命名则是依据主成分系数矩阵。

例如，在表 11.5 的“A 产品问卷调查”的主成分系数矩阵 *U* 中的第一行，即第一个二级指标问题 *Q*1 上，数值最大的权数为第一个主成分 *P*1，数值为 0.373，即可将其选中，并以深色的字符底纹标识出来。这样逐行地进行比较，就可以完成对 15 项二级指标上数值最大的系数的确定和标识。

同样，类似因子命名，每一行中除一项数值最大的主成分系数矩阵的系数数值之外，往往还有另外一项绝对数值较大，不可忽略的次大系数数值，可以称之为“横跨系数”。在因子命名中，横跨系数只是起到辅助分析的次要作用。例如，若以绝对值大于 0.4 的系数数值视为不可忽略的较大数值，在本例中的问题 *Q*8 上，就有第四项主成分 *P*4 对应的因子负荷数值为 0.454，这一项横跨系数，用稍浅的字符底纹标识出来。如表 11.5 所示。

表 11.5 “A 产品问卷调查”的主成分系数矩阵 *U* 及其因子命名分析表

问题	*P*1	*P*2	*P*3	*P*4	*P*5
*Q*1	0.373	0.182	−0.280	−0.209	−0.194
*Q*2	0.112	0.464	0.220	−0.081	−0.295
*Q*3	0.176	0.331	−0.142	0.097	0.317
*Q*4	0.289	0.359	0.060	0.189	−0.001
*Q*5	0.178	0.284	−0.451	0.023	0.021
*Q*6	0.197	0.215	0.503	0.034	−0.223
*Q*7	0.242	−0.026	−0.480	0.188	−0.047
*Q*8	0.150	−0.043	0.125	0.454	0.611
*Q*9	0.218	−0.233	−0.042	0.551	−0.340
*Q*10	0.248	0.181	0.298	−0.112	0.327
*Q*11	0.350	−0.268	0.088	−0.034	−0.176
*Q*12	0.252	−0.091	−0.064	−0.519	0.215
*Q*13	0.336	−0.184	0.205	0.127	−0.062
*Q*14	0.259	−0.308	0.050	−0.154	0.203
*Q*15	0.329	−0.297	0.017	−0.186	−0.065

由表 11.5 可知，在本例中，除横跨系数之外，确定进入主成分命名的权数系数最大数值为 0.551，

最小数值为 0.298；与表 11.4 中的因子命名相比较，除横跨负荷之外，确定进入因子命名的因子负荷最大数值为 0.858，最小数值为 0.450。

与主因子命名相比较，主成分命名依据的数值水平明显偏小，并且偏于散乱，作为对社会属性特征分析的作用偏弱。例如本例中的第三项一级指标“产品价格”的 5 项二级指标，在因子分析中全部归属第一主因子 *F*1，属性特征鲜明；而在主成分命名中，只有问题 *Q*11、*Q*13、*Q*15 共三项落在第一主成分 *P*1 上，问题 *Q*12 和 *Q*14 散落到其他主成分上。并且，在主因子命名中只是作为第一主因子 *F*1 的横跨负荷的问题 *Q*1，在主成分命名中直接进入到第一主成分 *P*1。因此，在社会调查实务中，主成分分析往往结合因子分析进行，尤其是对研究对象基本成因的分析还是需要依据因子分析的主因子命名。

根据主成分命名的基本原理，可知主成分命名真实地描述了主成分得分的构成，体现了原始变量与主成分得分之间的数量关系和具体意义，是正确采用主成分得分进行深入分析的前提。而且，主成分分析的主要作用与主成分得分紧密相连，采用主成分系数矩阵各项系数数值进行的主成分命名符合进行主成分得分研究的要求，这是进行主成分命名分析的价值所在。因此，在社会调查实务中，当运用主成分得分进行相关研究时，例如构建基于主成分的回归模型时，还是需要进行主成分命名，并根据主成分命名对各项主成分属性特征的定义，进行相关分析。

11.4.3 主成分的得分

主成分得分的计算，根据式（11.1），利用 Excel 的矩阵乘函数“MMULT”，通过计算标准化原始数据矩阵 *Z* 与主成分系数矩阵 *U* 的积，即可得到主成分得分矩阵 *F*。

接下来，通过计算各项主成分得分之间的相关系数，来检验主成分分析是否满足线性无关的特征。在本例中，可采用 SPSS 20 的 Pearson 矩相关系数进行该项线性无关的检验。若得出的 Pearson 矩相关系数矩阵为单位矩阵，则表明本例的主成分分析满足各项主成分得分之间线性无关的要求，具有典型的消除多重共线性的功能。

最后，计算主成分总分。主成分总分也称为总主成分得分，它是主成分分析中的一个最具综合性的测度。采用各主成分的方差贡献率作为权数，记为得分权数矩阵 *W*，对主成分得分矩阵 *F* 进行加权，即可计算出总主成分总分。在本例中，仍然利用 Excel 的矩阵乘函数“MMULT”，用主成分得分矩阵 *F* 乘以得分权数矩阵 *W*，计算出总主成分得分矩阵 *FF* 。

关键术语

因子分析	主成分分析	主因子	主成分	因子命名
因子负荷矩阵	旋转后的因子负荷矩阵	主成分系数矩阵	KMO检验	

Bartlett检验　　累积方差贡献率　　主因子得分　　主成分得分

思考与练习

1. 简述因子分析和主成分分析的基本概念。
2. 分析因子分析和主成分分析的异同。
3. 论述因子命名与因子分析的关系。
4. 简述主因子得分和主成分得分的异同。
5. 运用SPSS 20进行因子分析。
6. 采用实例进行因子命名。
7. 运用SPSS 20和Excel进行主成分分析。
8. 采用实例计算主因子得分和主成分得分。

第12章 聚类分析

【学习目标】

掌握聚类分析的基本特点。

掌握K-均值聚类方法和系统聚类方法。

熟练运用SPSS 20进行K-均值聚类和系统聚类。

运用K-均值聚类方法和系统聚类方法进行社会调查分析。

12.1 聚类分析的特点

12.1.1 聚类分析的提出

社会调查研究面对的是错综复杂的社会现象之间盘根错节的各种表象及其相互影响，需要将社会事物按照其属性特征，梳理归纳出内在的共同性质，进而依据某种规则或尺度进行分类归队，划分为相关的类别或群体，在此基础之上进行深入的社会分析研究，达到对研究对象的正确认识。在社会调查研究中，这种分门别类、划类分群的观点反映了聚类分析的基本思想。

由于社会调查研究对象的复杂性，决定了社会调查认识活动的复杂性，往往需要采用高维的多指标体系来观测和度量社会调查研究对象的具体表现和外部特征。面对繁杂的高维指标体系，一般的统计分析方法难以完成对社会调查研究对象的分类任务，聚类分析方法应运而生。

聚类分析（Clustering）是基于数据自身信息来对高维数据进行分类的一种多元统计分析方法。聚类分析可以将研究目的、专业理论和数据特征相结合，遵照同类变量或现象之间的内部差异最小化，不同类别变量或现象之间的相互差异最大化的原则，来进行社会调查研究中的类别划分。

一般而言，聚类分析是依据调查变量或社会现象之间在高维空间的某种距离来进行的类别划分。一方面，聚类分析可以从不同的视角采用不同的距离尺度进行聚类，即在进行聚类分析时需要凭借研究人员的经验和偏好来选择具体的距离尺度，而不同的距离尺度往往会导致不同的聚类结果；另一方面，聚类分析方法缺乏统计假设检验环节，似乎“偏离”了现代统计理论的轨道，无法对聚类分析的结果进行客观的分析和判断。研究人员个人的专业素养和从业经验在聚类分析中依然扮演着重要的角色。

12.1.2 凝聚性聚类和分割性聚类

凝聚性聚类和分割性聚类所区分的是聚类分析过程的方向。

所谓凝聚性聚类是由众多小类，逐一向上汇聚，最终聚合为一个大类，是按照自下而上的方式进行的聚类；分割性聚类是将一个大类，逐一向下划分，直到不能再分割的单一原始样本为止，属于按照由上至下的方式进行的聚类。

凝聚性聚类为常用的聚类方法。

在凝聚性聚类的聚类过程中，以单个数据点为初始簇，采用最近簇相聚合的方法融合，直至得到期望的聚类数为止。一般采用树形图来刻画凝聚性聚类的聚合过程，树形图的根结点为一个包含全部成员的簇，树形图的叶结点为包含单个成员的簇，中间结点表示由其子结点合并而成的新簇。在树的每一层都采用某一距离测度来合并相邻的下层簇。在某一层的所有的簇是并列的，因为该层某个簇的子簇之间的距离要小于该簇与其他簇之间的距离。通过选择不同的距离测度作为分割类别的具体度量，就可以依照这一平行的距离测度，将样本聚合为若干层。

显然，树形图形象地刻画了凝聚性聚类的思想和特点，反映了聚类对象逐步聚合的过程，树形图是进行凝聚性聚类分析的基本工具。在 SPSS 20 的聚类分析中树形图并不是系统的默认选项，需要专门选择。

12.1.3 Q型聚类与R型聚类

在 SPSS 20 中，根据聚类的具体对象不同，将聚类分析分为 Q 型聚类与 R 型聚类两种形式。

Q 型聚类是指对个案进行的聚类。也有称 Q 型聚类是对样本单位，对具体观测对象的聚类，在社会调查实务中指的还是对个案，即调查对象中的个体——被调查者进行的聚类。R 型聚类是指对变量进行的聚类，即对调查指标进行的聚类。

在 SPSS 20 中，系统聚类中就有关于聚类对象的“个案”和“变量”的选项，即以“个案”选项对应 Q 型聚类，以“变量”选项对应 R 型聚类，方便分析人员在 Q 型聚类与 R 型聚类之间的选择；在非系统聚类的 K-均值聚类中，没有设置 Q 型聚类与 R 型聚类的选择项，只能进行 R 型聚类。若分析人员需要进行 Q 型聚类，则需要对数据进行转置处理，将“个案”转置为“变量”，来实现基于 K-均值聚类方法的 Q 型聚类。

实际上，SPSS 20 中的 Q 型聚类与 R 型聚类，或者对“个案”和“变量”的聚类，只是建立在 SPSS 20 的数据采用“个案”作为行的标志，采用“变量”作为列的标志前提下，针对聚类分析是在行方向进行，还是在列的方向上进行所做的一种分类。Q 型聚类就是对行进行的聚类，R 型聚类就是对列进行的聚类，SPSS 20 本身并不能识别是个案还是变量，只能分清行与列。因此，从聚类方法来说，Q 型聚类与 R 型聚类并没有什么实质性差异，只是按行或者按列的不同方向来进行的聚类。

12.1.4　非系统聚类与系统聚类

（1）非系统聚类（Nonhierarchical Clustering）也称为非层次聚类法。

非系统聚类方法的基本特征是预先确定聚类的类别个数 *K*，其目标是为了快速地将变量或个案分成 *K* 个类别。非系统聚类使用迭代的方式进行聚类。首先起步于一个初始的分类，然后通过不断的迭代使数据在不同类别之间移动，直到达到预设的标准为止，整个计算过程中不需要存储基本数据或者距离矩阵，不会出现多个互相嵌套的聚类结果，因而计算速度也要快得多。

非系统聚类法中以 K-均值聚类法（K-Means Clustering）最为常用，该方法也被称为快速聚类法，SPSS 20 也提供了这种方法。

（2）系统聚类法（Hierarchical Clustering）也称为层次聚类法。系统聚类分析有凝聚性的系统聚类和分割性的系统聚类两种具体形式。

系统聚类分析是将多个个案或变量按各自的特征，将具有某种相似性的个案或变量归到同一个类或簇的一种方法。系统聚类分析的基本出发点是同一个类中的个案或变量有较大的相似性，而不同类别之间的个案或变量有较大的相异性，这与人们关于划分事物类别的概念是一致的。

系统聚类分析适用于没有先验知识情况下的分类分析。对于没有先前的经验或现有规则的个案或变量进行分类，可以使用某种有明确定义和计算公式的系统聚类分析方法，通过个案或变量之间的某些特性来进行客观的聚类分析，以获得相对合理的分类；系统聚类分析能够处理高维度研究对象的复杂分类，同时还是一种探索性的分析方法，可以在不断挖掘对象的内在规律性的基础上，根据相似性原则对社会现象进行分类。

12.1.5　数据的标准化问题

在社会调查实务进行聚类分析时，尤其是在进行 R 型聚类，即对变量进行的聚类分析中，由于不同的变量之间往往存在差异较大的数值水平，在大量使用绝对指标作为聚类距离的聚类分析中，不同数值水平的变量之间容易产生不可比问题，即形成了聚类距离数值水平差异形成的偏误，这会影响到聚类分析的有效性。

为了解决这个问题，在进行聚类分析之前，应对数据进行标准化处理，消除变量之间数值水平的不可比性，将不同数量级的数据转化成可以直接对比的标准化值。

运用 SPSS 20 对数据进行标准化处理，可参阅“6.3 数据的标准化处理”。

12.2　K-均值聚类分析

12.2.1　K-均值聚类方法的特点

K-均值聚类方法也称为快速聚类方法，是一种典型的非系统聚类方法，可用于大量数据进行快速聚类分析的场合。

K-均值聚类方法的基本步骤如下。

（1）确定需要聚类的类别数量。

首先确定需要聚类的类别数量是非系统聚类方法基本特征。这里指的是由研究人员在进行聚类之前，预先给出聚类的类别数量。

从非系统聚类方法，以及 K-均值聚类方法的实施步骤来看，此类聚类是从确定需要聚类的类别数量开始的，但并不意味着可以一次性地确定这一聚类的类别数量，往往需要经过多次不同类别数量聚类分析结果的比较，才能得出合适的类别数量。确定需要聚类的类别数量不是一次性的行为，聚类分析本身就是一种探索性的认识活动，合适的聚类类别数量需要依据对于聚类效果的反复分析才能得出。

（2）进行数据的标准化处理。

（3）确定每个类别的原始聚类中心点。

K-均值聚类的原始聚类中心点可以研究人员指定，也可以由给出的数据结构来形成原始聚类中心点，或者随机选择 K 个案例来初步确定每个类别的原始中心点。SPSS 20 系统默认的为随机确定原始聚类中心点。

（4）计算每一案例到各个类别聚类中心点的距离。

逐一计算每一案例到各个类别中心点的聚类距离，将各案例按距离最近的原则归并到相关的各个类别之中。同时，根据各个类别聚合的变化，计算并更新各个类别的新的聚类中心点。这一持续变动不断更新的聚类中心点采用平均数表示，这是 K-均值聚类方法名称的来由所在。

（5）重复迭代。

接下来，再按照新的各个类别聚类中心点位置，重新计算各案例距离新的类别中心点的距离，并重新进行归类，更新各个类别聚类中心点位置。如此不断往复，逐步迭代，直到达到一定的收敛标准，或者达到事先指定的迭代次数为止。

与系统聚类法相比，快速聚类法的计算量较小，可以有效地处理多变量、大样本数据而不占用太多的内存空间和计算时间，K-均值聚类方法又被称之为快速聚类方法。

12.2.2 SPSS 20的K-均值聚类

仍然以“A 产品问卷调查”为例，采用“A 产品问卷调查”中 15 项二级指标，即问题 $Q1$，$Q2$，…，$Q15$ 进行 K-均值聚类分析。

首先，对原始数据进行标准化处理，并且将标准后的数据存为新变量。具体过程请参阅“6.3 数据的标准化处理”。经过标准化处理，得到新的 15 项标准化的二级指标变量，即 $ZQ1$，$ZQ2$，…，$ZQ15$。

接下来，对 15 项标准化变量数据进行转置。

由于 PSS 20 的 K-均值聚类没有提供 Q 型聚类与 R 型聚类的选项，系统只能进行 Q 型聚类。为了实现 PSS 20 的 K-均值聚类方法下的 R 型聚类，则需要对数据进行转置处理，即将变量由列转置到行的位置上。在 SPSS 20 的菜单栏中选择“数据”→“转置”，调出“转置”对话框。如图 12.1 所示。

图 12.1 调出“转置”对话框

然后，将经过标准化的 15 项变量 *ZQ*1，*ZQ*2，…，*ZQ*15 全部选中，导入到弹出的“转置”对话框的“变量”框内。再用鼠标左键单击“转置”对话框下方的“确定”按键，完成对 15 项标准化变量 *ZQ*1，*ZQ*2，…，*ZQ*15 的转置。经过转置之后，将原来处在行位置上的 110 项个案，在本例中为 110 位被调查者，转置到列的位置上。在 SPSS 20 中，列的位置上属于变量，则转置后的数据有了 15 行，110 列，按照 SPSS 20 的数据格式，则形成了一个 110 项变量和 15 项个案的数据，可将该转置后的数据另存为一个新的 SPSS 20 数据文件。如图 12.2 所示。

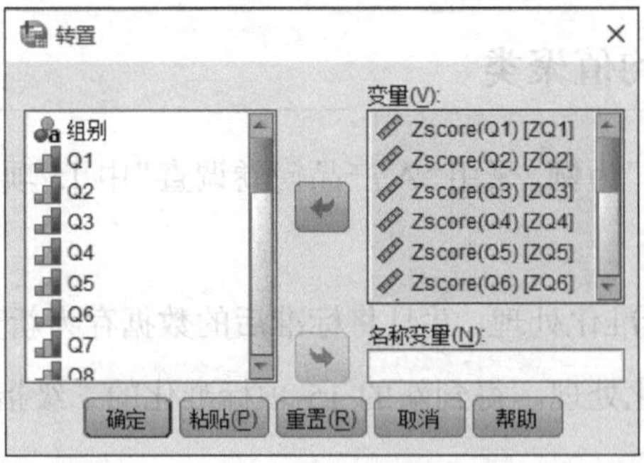

图 12.2 导入转置变量

在 SPSS 20 的主菜单栏中选择“分析”→“分类”，用鼠标左键单击“K-均值聚类”，调出“K-均值聚类分析”对话框。如图 12.3 所示。

图 12.3 调出“K-均值聚类分析”对话框

将转置之后的 110 项（被调查者）变量全部选中，导入到弹出的“K-均值聚类分析”对话框的“变量”框中。将处在“K-均值聚类分析”对话框中部的“聚类数”后的数据框中的数值改为“5”，为了便于同 11 章中的因子分析结果 5 项主因子对比分析，所以将需要聚类的类别数量选为“5”。对于处在“K-均值聚类分析”对话框下部的“聚类中心”保持不变，即选择 SPSS 20 系统默认的方式，随机确定原始聚类中心点。如图 12.4 所示。

图 12.4 导入变量和设置相关选项

用鼠标左键单击“K-均值聚类分析”对话框右上方的“迭代”按钮，在弹出的“K-均值聚类分析：迭代”框中，将“最大迭代次数”改为“999”，即最大的数值，以避免系统在计算过程有效收敛之前到达“最大迭代次数”，而影响聚类的效果。然后，用鼠标左键单击“K-均值聚类分析：迭代”框下方的“继续”按钮，确认并返回到“K-均值聚类分析”对话框。

用鼠标左键单击“K-均值聚类分析”对话框右上方的“选项”按钮，在弹出的“K-均值聚类分析：选项”框中，将“统计量”选项框中的“初始聚类中心”“ANOVA 表”和“每个个案的聚类信息”全部选中。然后，用鼠标左键单击“K-均值聚类分析：选项”框下方的“继续”按钮，确认并返回到“K-均值聚类分析”对话框。如图 12.5 所示。

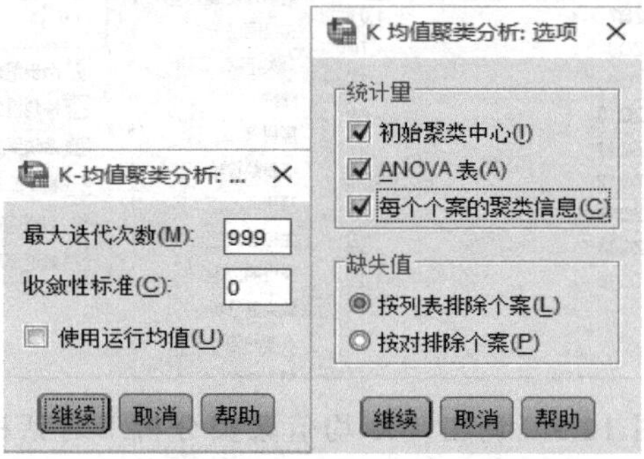

图 12.5　设置“迭代”和“选项”

在返回的“K-均值聚类分析”对话框中，单击“确定”按钮完成 SPSS 20 的 K-均值聚类分析。

12.2.3　K-均值聚类结果的分析

在 SPSS 20 K-均值聚类分析输出的“聚类成员”表中，给出了每一项二级指标的 K-均值聚类结果。在本例中是 15 项标准化的问题 *ZQ*1，*ZQ*2，…，*ZQ*15 的最终归结的类别。如表 12.1 所示。

表 12.1　“A 产品问卷调查”K-均值聚类分析结果

问题	聚类	距离
*ZQ*1	4	6.828
*ZQ*2	2	6.330
*ZQ*3	3	6.012
*ZQ*4	3	6.012
*ZQ*5	4	7.728
*ZQ*6	2	6.330
*ZQ*7	4	6.760
*ZQ*8	5	6.397
*ZQ*9	4	8.774
*ZQ*10	5	6.397
*ZQ*11	1	6.795
*ZQ*12	1	8.097

续表

问题	聚类	距离
*ZQ*13	1	7.359
*ZQ*14	1	7.896
*ZQ*15	1	6.852

由表 12.1 可知，通过 K-均值聚类分析“A 产品问卷调查”的 15 项二级指标分为 5 类。可以将 K-均值聚类分析得到的 5 类划分，与因子分析中的主因子构成进行如下对比分析。

第一类由标准化的问题 *ZQ*11、*ZQ*12、*ZQ*13、*ZQ*14、*ZQ*15 共 5 项二级指标组成，与因子分析中的第一主因子 *F*1 相一致。

第二类由标准化的问题 *ZQ*2、*ZQ*6 共 2 项二级指标组成，为因子分析中的第三主因子 *F*3（包括了问题 *Q*2、*Q*4、*Q*6、*Q*10）中的两项二级指标。

第三类由标准化的问题 *ZQ*3、*ZQ*4 共 2 项二级指标组成，包括了因子分析中的第二主因子 *F*2 中的问题 *Q*3，第三主因子 *F*3 中的问题 *Q*4。

第四类由标准化的问题 *ZQ*1、*ZQ*5、*ZQ*7、*ZQ*9 共 4 项二级指标组成，包括了因子分析中的第二主因子 *F*2 中的问题 *Q*1、*Q*5 和 *Q*7，以及第四主因子 *F*4 中的问题 *Q*9。

第五类由标准化的问题 *ZQ*8 、*ZQ*10 共 2 项二级指标组成，包括了因子分析中的第五主因子 *F*5 中的问题 *Q*8，第三主因子 *F*3 中的问题 *Q*10。

由以上分析可知，K-均值聚类分析得出的第一类与因子分析的第一主因子 *F*1 完全一致，进一步说明了“A 产品问卷调查”中第三项一级指标非常有效，在两种不同的分析方法下，得到相同的结果。其他两项一级指标的有效性就模型偏低，同一一级指标下的二级指标落在了不同的类别中。

与因子分析相比较，差别较大的为第三类和第五类，每类均为两项二级指标，都分别落在不同的主因子之中。

12.3 系统聚类分析

12.3.1 系统聚类方法的特点

系统聚类分析（Hierachical Cluster Analysis，HCA）是一种基于多变量的多元统计分析方法，是一种将多维空间中的数值点合理地组合为若干类别的聚类方法。1991 年，Ralhan 提出系统聚类的基本定义，认为系统聚类分析是一种通过逐步递进的反复迭代，进行相似个体之间的聚合，进而完成类别划分的一种聚类方法。系统聚类分析由于其广泛的适用性，在社会调查研究、经济管理分析等领域得到普遍应用，并在实践应用过程中得到不断发展和完善，形成了完整的方法体系，为在社会调查研究中科学地划分对象属性，研究不同类别之间的相互联系提供了有效手段。

系统聚类方法可以首先定义聚类距离，以及聚类距离的计算方式，随后按照所定义的距离的远近，通过把距离较近的个案或变量并入一类，距离较远的个案或变量区别为不同的类别的方式来进行聚类。这一聚类分析，实际上是从全部的个案或变量均为单独一类出发，一直到全部聚合到一类为止，将所有个案或变量逐步聚合的进程和特征全部记录下来。最后，根据聚类逐步聚合过程的特点，逐步聚合的类别个数，以及聚类距离的相对尺度来确定最终的聚类结果。这就是所谓的凝聚性的系统聚类。

系统聚类方法也可以首先定义聚类距离，以及聚类距离的计算方式，并假定所有的个案或变量都属于同一个类别，然后依次把距离远的个案或变量逐步分离开来，直到按照聚类距离的定义和计算方法，将所有的个案或变量都分割成为单独的一类为止。这样就得到了全部个案或变量从笼统地混合为一类，到一步步各自分为不能再分割为止的全部结果。最后，根据聚类分割过程的特点，被分割的类别个数，以及聚类距离的相对尺度来确定聚类的结果。这就是所谓的分割性的系统聚类。

系统聚类分析具有处理不同类型数据的能力，可以用于数字型数据和非数字型数据，离散型数据和连续型的数据及其混合数据的聚类分析，具有适应性强的特征。

12.3.2 SPSS 20的系统聚类

仍然以“A 产品问卷调查”为例，采用“A 产品问卷调查”中经过标准化处理之后的 15 项二级指标，即 *ZQ*1，*ZQ*2，…，*ZQ*15 个变量，进行系统聚类分析。

（1）在 SPSS 20 的主菜单栏中选择“分析”→“分类”，用鼠标左键单击“系统聚类”，打开“系统聚类分析”对话框。如图 12.6 所示。

图 12.6 调出“系统聚类分析”对话框

（2）将 15 项经过标准化处理后的二级指标 *ZQ*1，*ZQ*2，…，*ZQ*15 全部选中，导入到“系统聚类分析”对话框的“变量”框中。并在“系统聚类分析”对话框右侧中部的“聚类”选项框中，将默认的“个案”改为“变量”，即进行针对“变量”的 R 型聚类，即对 15 项二级指标问题的标准化值 *ZQ*1，*ZQ*2，…，*ZQ*15 的聚类。如图 12.7 所示。

（3）用鼠标左键单击“系统聚类分析”对话框的右上方的“绘制”按钮，在弹出“系统聚类分析：图”选项框的第一行的“树状图”前面的方框中打上“√”，将其选中，要求 SPSS 20 输出树状图。同时，在其下方的“冰柱”选项框内，将系统默认的“所有聚类”，改为选中“无”。与树状图相比，冰柱图的意义不大，一般不用选取。用鼠标左键单击“继续”按钮，确认所做的选择，返回到“系统聚类分析”对话框。如图 12.8 所示。

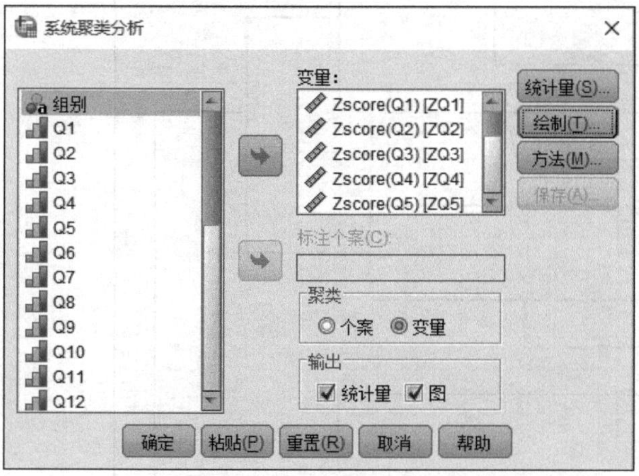

图 12.7　导入变量并设置“聚类”选项

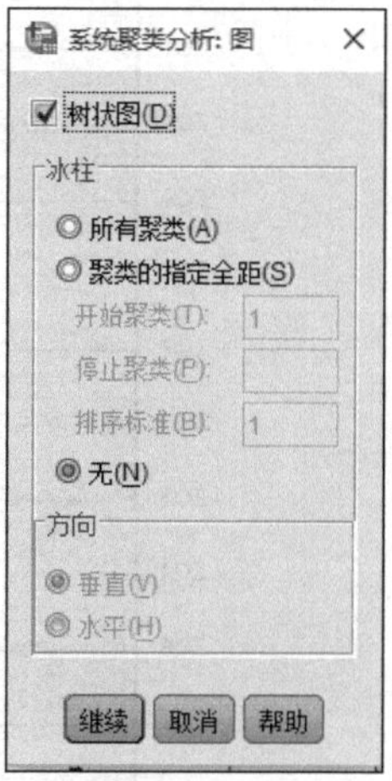

图 12.8　设置“绘制”选项框

（4）在“系统聚类分析”对话框中按下“确定”按钮，完成 SPSS 20 系统聚类的设置，进行系统聚类。

12.3.3　系统聚类树状图分析

SPSS 20 在输出的运算结果中给出了系统聚类的树状图，直观地描述了研究对象之间的聚类关系、疏密程度及其聚类过程。如图 12.9 所示。

由图 12.9 可知，取聚类评判距离为 15 时，可以将本次“A 产品问卷调查”的 15 项二级指标问题划分为 7 类。

第一类由问题 *ZQ*11、*ZQ*12、*ZQ*13、*ZQ*14、*ZQ*15 组成。这 5 项问题均为该调查第三项一级指标“产品价格”的二级指标，并且与因子分析中的第一主因子 *F*1 相一致。

第二类为问题 *ZQ*9，与因子分析中的第四项主因子 *F*4 相一致。

第三类由问题 *ZQ*1、*ZQ*5、*ZQ*7 组成，为因子分析中的第二项主因子 *F*2 中的 3 项（缺少问题 *Q*3）。

第四类由问题 ZQ3、ZQ4 组成，分别为因子分析中的第二项主因子 F2 中的 1 项（问题 Q3）和第三项主因子 F3 中的 1 项（问题 Q4）。这是与因子分析差异最大的一类。

第五类由问题 ZQ6、ZQ10 组成，为因子分析中的第三项主因子 F3 中的 2 项（缺少问题 Q2 和 Q4，问题 Q2 在第六类，问题 Q4 在第四类）。

第六类是 ZQ2，为因子分析中的第三项主因子 F3 中的 1 项。

第七类为 ZQ8 组成，与因子分析中的第五主因子 F5 相一致。

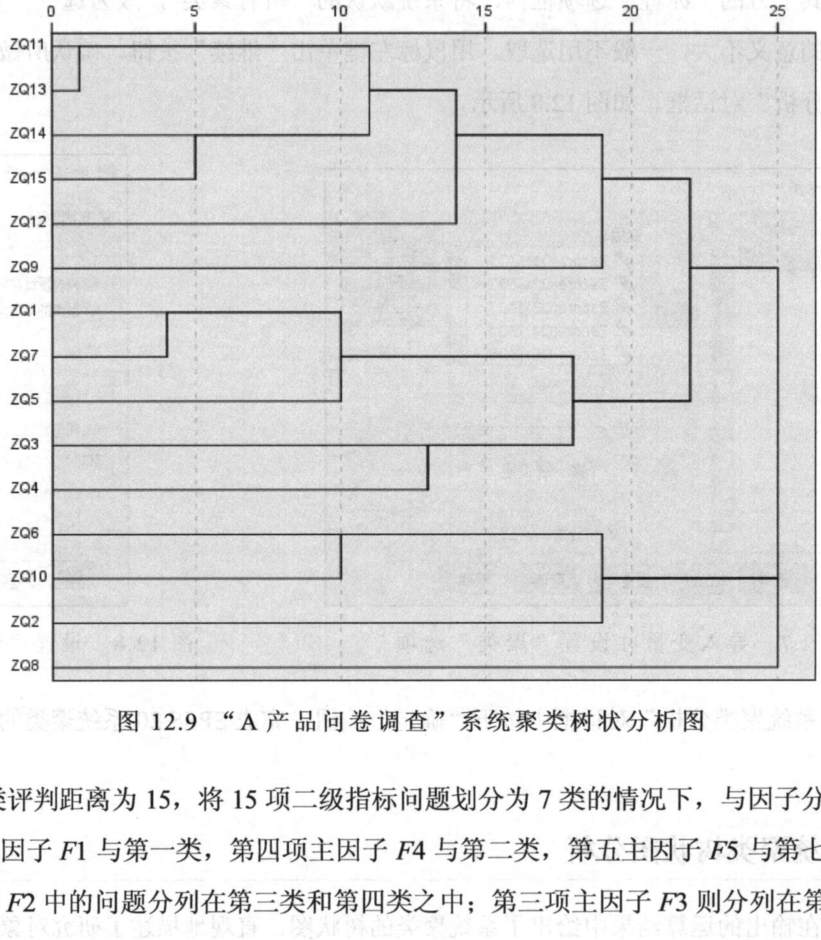

图 12.9 “A 产品问卷调查”系统聚类树状分析图

在取聚类评判距离为 15，将 15 项二级指标问题划分为 7 类的情况下，与因子分析的结果相比较，有第一主因子 F1 与第一类，第四项主因子 F4 与第二类，第五主因子 F5 与第七类完全一致；第二项主因子 F2 中的问题分列在第三类和第四类之中；第三项主因子 F3 则分列在第四类、第五类和第六类之中。

12.3.4 主因子得分的系统聚类

还可以采用系统聚类方法对主因子得分进行聚类分析，这是因子分析与聚类分析相结合的应用之一。

这里，以“A 产品问卷调查”的因子分析中得到的 5 项主因子得分 FAC1_1、FAC2_1、FAC3_1、FAC4_1、FAC5_1（参见“11.3 SPSS 20 的因子分析”）作为聚类对象，基于 SPSS 20，采用系统聚类方法，进行聚类分析，得到树状图如下。如图 12.10 所示。

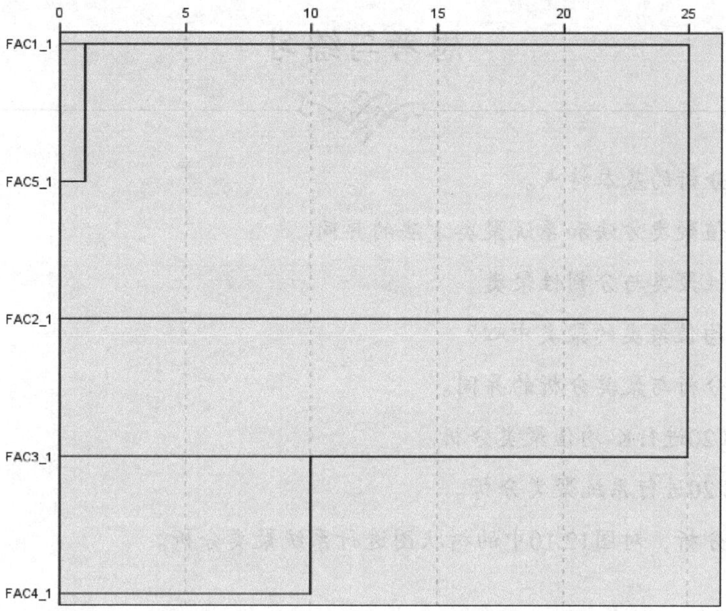

图 12.10 “A 产品问卷调查”主因子得分的系统聚类树状分析图

若取聚类评判距离为 11，可以将“A 产品问卷调查”的 5 项主因子得分分为 3 个类别。

第一类由第一主因子得分 *FAC*1_1 和第五主因子得分 *FAC*5_1 组成，对应的因子命名为“价格”和“保质”。

第二类为第二主因子得分 *FAC*2_1，对应的因子命名为“广告”。

第三类由第三主因子得分 *FAC*3_1 和第四主因子得分 FAC4_1 组成，对应的因子命名为“便利”、“口味”。

由图 12.10 可知，第一类的“价格”和“保质”非常相似，在聚类评判距离为 1 左右，即聚合在一起，成为一类，说明对于被调查者而言，“A 产品”的“价格”和“保质”具有几乎一致的评价结构。

其次，是第三类的“便利”和“口味”，在聚类评判距离为 10 时，聚合为一类，说明“便利”和“口味”的评价结构比较接近。

第二类的“广告”与其他 4 种主因子得分的差异最大，表明被调查者对于“广告”的评价与该项调查的其他内容的差别明显。

关键术语

聚类分析　K-均值聚类　系统聚类　凝聚性聚类

分割性聚类　树状图　Q型聚类　R型聚类　聚类中心

思考与练习

1. 简述聚类分析的基本特点。
2. 评述K-均值聚类方法和系统聚类方法的异同。
3. 简述凝聚性聚类与分割性聚类。
4. 什么是K-均值聚类的聚类中心?
5. 评述因子分析与聚类分析的异同。
6. 运用SPSS 20进行K-均值聚类分析。
7. 运用SPSS 20进行系统聚类分析。
8. 结合因子分析，对图12.10中的树状图进行系统聚类分析。

附录

附录A “A产品问卷调查”原始数据（1）

“A 产品问卷调查”原始数据表（1）[①]

被调查者	*Q*1	*Q*2	*Q*3	*Q*4	*Q*5	*Q*6	*Q*7	*Q*8	*Q*9
P1	4	4	4	4	4	4	4	3	3
P2	3	3	3	3	3	3	4	3	3
P3	3	3	3	3	3	4	4	3	4
P4	3	3	4	3	3	3	4	3	3
P5	3	3	3	3	3	3	3	3	3
P6	4	3	3	4	3	4	4	4	4
P7	3	3	4	3	3	3	4	3	3
P8	3	4	3	3	4	3	4	4	4
P9	4	3	4	4	4	4	4	4	4
P10	3	3	3	3	3	3	3	4	4
P11	3	4	4	4	3	4	3	4	3
P12	4	3	4	3	4	3	4	4	4
P13	3	3	4	3	3	3	3	3	4
P14	4	3	3	3	4	3	4	3	3
P15	3	3	3	3	3	4	3	3	3
P16	3	3	3	3	3	3	3	4	3
P17	3	3	4	4	3	4	3	4	3
P18	3	3	3	4	3	4	4	4	4
P19	3	4	3	3	3	3	3	3	4
P20	4	4	4	4	4	4	4	4	4
P21	4	3	4	4	3	4	4	3	4
P22	4	4	4	4	4	3	4	3	3
P23	3	3	3	3	3	4	3	3	4
P24	4	3	4	4	4	3	4	4	4
P25	4	3	4	4	4	3	4	3	3
P26	4	4	3	3	3	4	3	3	3
P27	4	3	3	4	3	4	4	3	3
P28	4	3	3	4	3	3	4	3	4
P29	3	3	4	3	3	3	3	4	3
P30	3	2	3	3	4	3	4	4	4
P31	3	3	3	3	3	3	3	3	3
P32	3	3	3	3	3	3	3	3	4
P33	4	3	4	4	3	3	4	4	4

① 在“A 产品问卷调查原始数据表”中，*Q*1、*Q*2、…、*Q*15 表示“A 产品问卷调查”（简化示例）中的 15 项主观数据，即所谓评价性数据；P1、P2、…、P110 表示 110 位被调查者。

续表

被调查者	*Q*1	*Q*2	*Q*3	*Q*4	*Q*5	*Q*6	*Q*7	*Q*8	*Q*9
P34	4	4	4	4	4	4	3	3	3
P35	3	3	3	3	3	3	3	4	3
P36	3	3	3	3	3	3	3	4	3
P37	4	3	4	3	3	3	4	3	3
P38	3	4	4	3	3	4	3	3	4
P39	3	3	4	4	3	3	4	4	4
P40	3	3	4	3	3	3	4	4	3
P41	3	4	3	4	3	4	3	4	3
P42	4	4	3	3	3	3	3	3	3
P43	4	3	3	3	3	3	4	3	3
P44	3	3	4	3	3	3	4	3	4
P45	4	4	4	3	4	3	4	4	4
P46	3	3	3	3	3	3	4	3	3
P47	3	3	4	4	3	3	3	3	3
P48	3	3	3	3	4	3	4	3	4
P49	3	3	4	3	3	4	3	3	4
P50	3	3	3	3	4	3	4	3	3
P51	3	3	4	4	3	3	3	3	3
P52	3	3	4	3	4	3	3	3	3
P53	3	3	3	3	3	3	3	3	3
P54	3	3	4	3	3	3	3	3	3
P55	3	3	4	4	3	4	3	3	3
P56	3	3	4	4	4	3	3	3	3
P57	3	4	3	4	3	3	3	5	3
P58	3	4	3	4	3	3	4	2	3
P59	3	3	3	4	4	3	3	3	3
P60	4	4	4	4	4	3	3	3	3
P61	3	3	4	3	3	3	4	3	3
P62	3	3	3	4	3	3	3	3	4
P63	4	3	4	4	3	4	4	3	4
P64	3	3	4	3	3	3	3	3	3
P65	3	3	4	3	3	3	3	4	3
P66	3	3	4	3	3	3	4	3	3
P67	3	3	3	3	3	3	4	3	3
P68	3	3	3	3	4	3	3	3	3
P69	3	3	3	3	3	3	3	3	3
P70	4	4	4	4	4	4	4	4	4
P71	4	4	4	4	4	3	4	4	4
P72	3	3	3	3	3	4	3	3	3
P73	3	3	3	3	3	3	3	3	2
P74	3	3	3	3	3	3	4	3	4
P75	4	3	3	3	4	3	4	3	3
P76	3	3	4	3	3	3	3	4	3
P77	3	3	3	3	3	3	3	3	3
P78	3	4	3	3	3	3	3	3	4

续表

被调查者	$Q1$	$Q2$	$Q3$	$Q4$	$Q5$	$Q6$	$Q7$	$Q8$	$Q9$
P79	3	3	4	3	3	3	4	3	3
P80	3	4	3	3	4	3	3	4	3
P81	3	4	4	4	3	4	3	4	3
P82	4	3	4	3	4	3	4	4	4
P83	3	3	4	3	3	3	3	3	4
P84	4	3	3	3	4	3	4	3	3
P85	3	3	3	3	3	4	3	3	3
P86	3	3	3	3	3	3	3	4	3
P87	3	3	4	4	3	4	3	4	3
P88	3	3	3	4	3	4	4	4	4
P89	3	4	3	3	3	3	3	3	4
P90	4	4	4	4	4	4	4	4	4
P91	4	3	4	4	3	4	4	3	4
P92	4	4	4	4	4	3	4	3	3
P93	3	3	3	3	3	4	3	3	4
P94	4	3	4	4	4	3	4	4	4
P95	4	3	4	4	4	3	4	3	3
P96	4	4	3	3	3	4	3	3	3
P97	4	3	3	4	3	4	4	3	3
P98	4	3	3	4	3	3	4	3	4
P99	3	3	4	3	3	3	3	4	3
P100	3	2	3	3	4	3	4	4	4
P101	3	3	3	3	3	3	3	3	3
P102	3	3	3	3	3	3	3	3	4
P103	4	3	4	4	3	3	4	4	4
P104	4	4	4	4	4	4	3	3	3
P105	3	3	3	3	3	3	3	4	3
P106	3	3	3	3	3	3	3	4	3
P107	4	3	4	3	3	3	4	3	3
P108	3	4	4	3	3	4	3	3	4
P109	3	3	4	4	3	3	4	4	4
P110	3	3	4	3	3	3	4	4	3

附录B “A产品问卷调查”原始数据（2）

“A 产品问卷调查”原始数据表（2）①

被调查者	$Q10$	$Q11$	$Q12$	$Q13$	$Q14$	$Q15$	S	D	E
P1	3	4	4	5	4	4	1	1	2
P2	3	4	4	4	4	4	1	1	2
P3	4	5	4	5	4	5	1	1	2
P4	3	4	4	4	5	4	1	1	2
P5	3	5	4	5	5	5	1	1	3
P6	4	5	5	5	5	5	1	2	3
P7	3	4	4	4	5	4	1	2	3
P8	4	5	4	5	4	5	1	2	3
P9	4	5	4	5	5	5	1	3	3
P10	3	5	5	4	4	4	1	3	3
P11	4	4	4	5	4	4	1	3	3
P12	3	5	5	4	5	5	1	3	3
P13	4	5	4	5	5	5	1	2	2
P14	5	5	5	4	5	5	1	1	2
P15	4	4	4	4	5	4	1	4	2
P16	3	4	4	5	4	4	1	4	2
P17	5	5	5	5	5	5	1	4	3
P18	4	4	4	5	5	5	1	2	3
P19	3	5	4	5	4	4	1	2	3
P20	4	5	4	5	5	5	1	3	3
P21	4	5	5	5	5	5	1	3	1
P22	4	5	5	5	5	5	1	1	1
P23	3	5	4	5	5	5	1	1	1
P24	4	5	4	5	5	5	1	1	1
P25	3	4	5	5	5	5	1	1	1
P26	4	5	5	5	4	5	1	1	1
P27	4	5	4	5	5	5	1	1	1
P28	3	5	5	5	5	5	1	1	2
P29	4	4	5	5	4	5	1	1	2
P30	3	4	4	5	5	4	1	2	1
P31	3	5	4	5	5	5	1	2	1
P32	2	5	5	5	5	5	1	3	3
P33	3	5	4	5	4	5	1	4	3
P34	4	5	5	5	4	4	1	3	1
P35	3	4	4	4	5	5	1	4	1
P36	5	5	5	5	5	5	1	4	1
P38	4	4	4	4	5	5	1	3	2
P39	4	5	4	5	4	4	1	3	2
P40	4	5	5	5	5	4	1	3	2
P41	4	4	4	4	5	4	0	1	3

① S、D、E 为“A 产品问卷调查”中的“个人特征”的客观数据，即所谓事实性数据。其中，S 表示性别，D 表示居住地区，E 表示个人学历。

续表

被调查者	$Q10$	$Q11$	$Q12$	$Q13$	$Q14$	$Q15$	S	D	E
P42	4	4	4	4	4	4	0	1	3
P43	4	4	4	4	4	4	0	1	3
P44	4	4	4	4	4	5	0	1	3
P45	3	5	5	5	5	5	0	1	3
P46	3	5	4	4	4	4	0	1	2
P47	3	4	4	4	4	4	0	2	2
P48	4	4	4	4	4	4	0	2	2
P49	3	4	4	5	4	4	0	2	2
P50	3	4	4	5	4	4	0	1	2
P51	3	4	4	4	4	4	0	3	3
P52	3	4	4	3	3	4	0	3	3
P53	3	4	4	5	4	4	0	4	3
P54	3	4	4	4	4	5	0	4	3
P55	4	4	5	5	4	4	0	3	3
P56	3	4	5	4	4	4	0	4	2
P57	4	4	4	4	5	4	0	4	3
P58	3	4	4	4	4	5	0	4	3
P59	3	4	4	4	4	4	0	3	3
P60	4	4	4	4	5	4	0	3	3
P61	3	4	5	4	4	4	0	2	2
P62	3	4	4	4	5	4	0	1	1
P63	4	5	5	5	4	5	0	2	1
P64	3	4	4	4	4	4	0	1	2
P65	3	4	4	4	4	4	0	1	1
P66	4	4	4	4	4	4	0	1	1
P67	4	4	4	4	5	4	0	2	1
P68	3	4	4	4	4	4	0	1	2
P69	3	4	5	4	5	5	0	1	2
P70	4	4	5	5	5	5	0	2	2
P71	4	5	4	5	5	5	0	3	1
P72	3	4	4	4	4	4	0	3	1
P73	3	4	4	4	5	4	0	4	1
P74	3	4	4	4	3	4	0	4	1
P75	4	4	4	4	4	5	0	4	1
P76	3	4	4	4	4	5	0	4	1
P77	3	4	4	4	4	4	0	3	1
P78	3	4	4	4	4	4	0	4	1
P79	3	4	4	4	4	4	0	3	1
P80	3	4	4	4	4	5	0	3	1
P81	4	4	4	5	4	4	1	3	3
P82	3	5	5	4	5	5	1	3	3
P83	4	5	4	5	5	5	1	3	3
P84	5	5	5	4	5	5	1	4	3
P85	4	4	4	4	5	4	1	4	3
P86	3	4	4	5	4	4	1	4	2
P87	5	5	5	5	5	5	1	3	2

续表

被调查者	$Q10$	$Q11$	$Q12$	$Q13$	$Q14$	$Q15$	S	D	E
P88	4	4	4	5	5	5	1	3	3
P89	3	5	4	5	4	4	1	3	3
P90	4	5	4	5	5	5	1	3	3
P91	4	5	5	5	5	5	1	1	1
P92	4	5	5	5	5	5	1	1	1
P93	3	5	4	5	5	5	1	2	1
P94	4	5	4	5	5	5	1	1	1
P95	3	4	5	5	5	5	1	1	1
P96	4	5	5	5	4	5	1	2	1
P97	4	5	4	5	5	5	1	2	1
P98	3	5	5	5	5	5	1	2	1
P99	4	4	5	5	4	5	1	1	1
P100	3	4	4	5	5	4	1	1	1
P101	3	5	4	5	5	5	1	3	1
P102	2	5	5	5	5	5	1	3	1
P103	3	5	4	5	4	5	1	3	1
P104	4	5	5	5	4	4	1	3	1
P105	3	4	4	4	5	5	1	4	1
P106	5	5	5	5	5	5	1	4	1
P107	3	4	5	5	5	5	1	4	1
P108	4	4	4	4	5	5	1	3	1
P109	4	5	4	5	4	4	1	3	1
P110	4	5	5	5	5	4	1	4	1

附录C “A产品问卷调查”的部分加工数据

“A 产品问卷调查”的部分加工数据表①

被调查者	$T1$	$T2$	$T3$	TT	$ZT1$	$ZT2$	$ZT3$
P1	4.0	3.4	4.2	3.87	2.148 8	-0.037 1	-0.802 4
P2	3.0	3.2	4.0	3.40	-1.125 0	-0.717 2	-1.364 5
P3	3.0	3.8	4.6	3.80	-1.125 0	1.323 1	0.322 0
P4	3.2	3.2	4.2	3.53	-0.470 2	-0.717 2	-0.802 4
P5	3.0	3.0	4.8	3.60	-1.125 0	-1.397 3	0.884 1
P6	3.4	4.0	5.0	4.13	0.184 5	2.003 1	1.446 3
P7	3.2	3.2	4.2	3.53	-0.470 2	-0.717 2	-0.802 4
P8	3.4	3.8	4.6	3.93	0.184 5	1.323 1	0.322 0
P9	3.8	4.0	4.8	4.20	1.494 0	2.003 1	0.884 1
P10	3.0	3.4	4.4	3.60	-1.125 0	-0.037 1	-0.240 2
P11	3.6	3.6	4.2	3.80	0.839 3	0.643 0	-0.802 4
P12	3.6	3.6	4.8	4.00	0.839 3	0.643 0	0.884 1
P13	3.2	3.4	4.8	3.80	-0.470 2	-0.037 1	0.884 1
P14	3.4	3.6	4.8	3.93	0.184 5	0.643 0	0.884 1
P15	3.0	3.4	4.2	3.53	-1.125 0	-0.037 1	-0.802 4
P16	3.0	3.2	4.2	3.47	-1.125 0	-0.717 2	-0.802 4
P17	3.4	3.8	5.0	4.07	0.184 5	1.323 1	1.446 3
P18	3.2	4.0	4.6	3.93	-0.470 2	2.003 1	0.322 0
P19	3.2	3.2	4.4	3.60	-0.470 2	-0.717 2	-0.240 2
P20	4.0	4.0	4.8	4.27	2.148 8	2.003 1	0.884 1
P21	3.6	3.8	5.0	4.13	0.839 3	1.323 1	1.446 3
P22	4.0	3.4	5.0	4.13	2.148 8	-0.037 1	1.446 3
P23	3.0	3.4	4.8	3.73	-1.125 0	-0.037 1	0.884 1
P24	3.8	3.8	4.8	4.13	1.494 0	1.323 1	0.884 1
P25	3.8	3.2	4.8	3.93	1.494 0	-0.717 2	0.884 1
P26	3.4	3.4	4.8	3.87	0.184 5	-0.037 1	0.884 1
P27	3.4	3.6	4.8	3.93	0.184 5	0.643 0	0.884 1
P28	3.4	3.4	5.0	3.93	0.184 5	-0.037 1	1.446 3
P29	3.2	3.4	4.6	3.73	-0.470 2	-0.037 1	0.322 0
P30	3.0	3.6	4.4	3.67	-1.125 0	0.643 0	-0.240 2
P31	3.0	3.0	4.8	3.60	-1.125 0	-1.397 3	0.884 1
P32	3.0	3.0	5.0	3.67	-1.125 0	-1.397 3	1.446 3
P33	3.6	3.6	4.6	3.93	0.839 3	0.643 0	0.322 0
P34	4.0	3.4	4.6	4.00	2.148 8	-0.037 1	0.322 0
P35	3.0	3.2	4.4	3.53	-1.125 0	-0.717 2	-0.240 2
P36	3.0	3.6	5.0	3.87	-1.125 0	0.643 0	1.446 3
P37	3.4	3.2	4.8	3.80	0.184 5	-0.717 2	0.884 1

① 在“A 产品问卷调查主要的加工数据”中，$T1$、$T2$、$T3$ 是该调查主观数据的三项一级指标均值，TT 是该调查主观数据的总均值，$ZT1$、$ZT2$、$ZT3$ 是 $T1$、$T2$、$T3$ 的标准化数值。

续表

被调查者	*T*1	*T*2	*T*3	*TT*	*ZT*1	*ZT*2	*ZT*3
P38	3.4	3.6	4.4	3.80	0.184 5	0.643 0	-0.240 2
P39	3.4	3.8	4.4	3.87	0.184 5	1.323 1	-0.240 2
P40	3.2	3.6	4.8	3.87	-0.470 2	0.643 0	0.884 1
P41	3.4	3.6	4.2	3.73	0.184 5	0.643 0	-0.802 4
P42	3.4	3.2	4.0	3.53	0.184 5	-0.717 2	-1.364 5
P43	3.2	3.4	4.0	3.53	-0.470 2	-0.037 1	-1.364 5
P44	3.2	3.6	4.2	3.67	-0.470 2	0.643 0	-0.802 4
P45	3.8	3.6	5.0	4.13	1.494 0	0.643 0	1.446 3
P46	3.0	3.2	4.2	3.47	-1.125 0	-0.717 2	-0.802 4
P47	3.4	3.0	4.0	3.47	0.184 5	-1.397 3	-1.364 5
P48	3.2	3.6	4.0	3.60	-0.470 2	0.643 0	-1.364 5
P49	3.2	3.4	4.2	3.60	-0.470 2	-0.037 1	-0.802 4
P50	3.2	3.2	4.2	3.53	-0.470 2	-0.717 2	-0.802 4
P51	3.4	3.0	4.0	3.47	0.184 5	-1.397 3	-1.364 5
P52	3.4	3.0	3.6	3.33	0.184 5	-1.397 3	-2.488 8
P53	3.0	3.0	4.2	3.40	-1.125 0	-1.397 3	-0.802 4
P54	3.2	3.0	4.2	3.47	-0.470 2	-1.397 3	-0.802 4
P55	3.4	3.4	4.4	3.73	0.184 5	-0.037 1	-0.240 2
P56	3.6	3.0	4.2	3.60	0.839 3	-1.397 3	-0.802 4
P57	3.4	3.6	4.2	3.73	0.184 5	0.643 0	-0.802 4
P58	3.4	3.0	4.2	3.53	0.184 5	-1.397 3	-0.802 4
P59	3.4	3.0	4.0	3.47	0.184 5	-1.397 3	-1.364 5
P60	4.0	3.2	4.2	3.80	2.148 8	-0.717 2	-0.802 4
P61	3.2	3.2	4.2	3.53	-0.470 2	-0.717 2	-0.802 4
P62	3.2	3.2	4.2	3.53	-0.470 2	-0.717 2	-0.802 4
P63	3.6	3.8	4.8	4.07	0.839 3	1.323 1	0.884 1
P64	3.2	3.0	4.0	3.40	-0.470 2	-1.397 3	-1.364 5
P65	3.2	3.2	4.0	3.47	-0.470 2	-0.717 2	-1.364 5
P66	3.2	3.4	4.0	3.53	-0.470 2	-0.037 1	-1.364 5
P67	3.0	3.4	4.2	3.53	-1.125 0	-0.037 1	-0.802 4
P68	3.2	3.0	4.0	3.40	-0.470 2	-1.397 3	-1.364 5
P69	3.0	3.0	4.6	3.53	-1.125 0	-1.397 3	0.322 0
P70	4.0	4.0	4.8	4.27	2.148 8	2.003 1	0.884 1
P71	4.0	3.8	4.8	4.20	2.148 8	1.323 1	0.884 1
P72	3.0	3.2	4.0	3.40	-1.125 0	-0.717 2	-1.364 5
P73	3.0	2.8	4.2	3.33	-1.125 0	-2.077 3	-0.802 4
P74	3.0	3.4	3.8	3.40	-1.125 0	-0.037 1	-1.926 7
P75	3.4	3.4	4.2	3.67	0.184 5	-0.037 1	-0.802 4
P76	3.2	3.2	4.2	3.53	-0.470 2	-0.717 2	-0.802 4
P77	3.0	3.0	4.0	3.33	-1.125 0	-1.397 3	-1.364 5
P78	3.2	3.2	4.0	3.47	-0.470 2	-0.717 2	-1.364 5
P79	3.2	3.2	4.0	3.47	-0.470 2	-0.717 2	-1.364 5

续表

被调查者	$T1$	$T2$	$T3$	TT	$ZT1$	$ZT2$	$ZT3$
P80	3.4	3.2	4.2	3.60	0.184 5	−0.717 2	−0.802 4
P81	3.6	3.6	4.2	3.80	0.839 3	0.643 0	−0.802 4
P82	3.6	3.6	4.8	4.00	0.839 3	0.643 0	0.884 1
P83	3.2	3.4	4.8	3.80	−0.470 2	−0.037 1	0.884 1
P84	3.4	3.6	4.8	3.93	0.184 5	0.643 0	0.884 1
P85	3.0	3.4	4.2	3.53	−1.125 0	−0.037 1	−0.802 4
P86	3.0	3.2	4.2	3.47	−1.125 0	−0.717 2	−0.802 4
P87	3.4	3.8	5.0	4.07	0.184 5	1.323 1	1.446 3
P88	3.2	4.0	4.6	3.93	−0.470 2	2.003 1	0.322 0
P89	3.2	3.2	4.4	3.60	−0.470 2	−0.717 2	−0.240 2
P90	4.0	4.0	4.8	4.27	2.148 8	2.003 1	0.884 1
P91	3.6	3.8	5.0	4.13	0.839 3	1.323 1	1.446 3
P92	4.0	3.4	5.0	4.13	2.148 8	−0.037 1	1.446 3
P93	3.0	3.4	4.8	3.73	−1.125 0	−0.037 1	0.884 1
P94	3.8	3.8	4.8	4.13	1.494 0	1.323 1	0.884 1
P95	3.8	3.2	4.8	3.93	1.494 0	−0.717 2	0.884 1
P96	3.4	3.4	4.8	3.87	0.184 5	−0.037 1	0.884 1
P97	3.4	3.6	4.8	3.93	0.184 5	0.643 0	0.884 1
P98	3.4	3.4	5.0	3.93	0.184 5	−0.037 1	1.446 3
P99	3.2	3.4	4.6	3.73	−0.470 2	−0.037 1	0.322 0
P100	3.0	3.6	4.4	3.67	−1.125 0	0.643 0	−0.240 2
P101	3.0	3.0	4.8	3.60	−1.125 0	−1.397 3	0.884 1
P102	3.0	3.0	5.0	3.67	−1.125 0	−1.397 3	1.446 3
P103	3.6	3.6	4.6	3.93	0.839 3	0.643 0	0.322 0
P104	4.0	3.4	4.6	4.00	2.148 8	−0.037 1	0.322 0
P105	3.0	3.2	4.4	3.53	−1.125 0	−0.717 2	−0.240 2
P106	3.0	3.6	5.0	3.87	−1.125 0	0.643 0	1.446 3
P107	3.4	3.2	4.8	3.80	0.184 5	−0.717 2	0.884 1
P108	3.4	3.6	4.4	3.80	0.184 5	0.643 0	−0.240 2
P109	3.4	3.8	4.4	3.87	0.184 5	1.323 1	−0.240 2
P110	3.2	3.6	4.8	3.87	−0.470 2	0.643 0	0.884 1

附录D　对A产品对消费者的调查问卷（简化示例）

亲爱的用户朋友，您好！

为了更好地满足您的需求，特邀请您参加此项调查。您宝贵的意见将帮助我们进一步提高A产品品质，完善A产品服务。

本问卷的题目均为单选题，在您认为合适的选项位置上打上“√”即可。

本调查不记名，您不要有任何顾虑，请按照您心中的评价填写。

谢谢您的大力支持！

A产品提供商

某社会调查机构

	很不满意				非常满意
（1）您对A产品的产品包装的评价	(1)	(2)	(3)	(4)	(5)
（2）您对A产品的货架摆放的评价	(1)	(2)	(3)	(4)	(5)
（3）您对A产品的产品广告的评价	(1)	(2)	(3)	(4)	(5)
（4）您对A产品的导购服务的评价	(1)	(2)	(3)	(4)	(5)
（5）您对A产品的系列设计的评价	(1)	(2)	(3)	(4)	(5)
（6）您对A产品的分切方式的评价	(1)	(2)	(3)	(4)	(5)
（7）您对A产品的营养成分的评价	(1)	(2)	(3)	(4)	(5)
（8）您对A产品的保质时间的评价	(1)	(2)	(3)	(4)	(5)
（9）您对A产品的产品口味的评价	(1)	(2)	(3)	(4)	(5)
（10）您对A产品的清洁卫生的评价	(1)	(2)	(3)	(4)	(5)
（11）您对A产品价格水平的评价	(1)	(2)	(3)	(4)	(5)
（12）您对A产品的组合优惠的评价	(1)	(2)	(3)	(4)	(5)

	很不满意				非常满意
	(1)	(2)	(3)	(4)	(5)
(13)您对 A 产品的节日优惠的评价	(1)	(2)	(3)	(4)	(5)
(14)您对 A 产品的会员优惠的评价	(1)	(2)	(3)	(4)	(5)
(15)您对 A 产品的限时打折的评价					

(16)您是　　男士(　　)　女士(　　)

(17)您居住在　　甲区(　　)　乙区(　　)　丙区(　　)　丁区(　　)

(18)您学历是　　高中及以下(　　)　中专和大专(　　)　本科及以上(　　)

参 考 文 献

[1] Douglas C. Montgomery．实验设计与分析[M]. 北京：中国统计出版社，1998.

[2] David C. Hoaglin 等．探索性数据分析[M]. 北京：中国统计出版社，1998.

[3] IBM Corp. IBM SPSS Statistics for Windows， Version 20.0. Armonk，NY: IBM Corp，2011.

[4] SPSS Inc. IBM SPSS Bootstrapping 20[M]. Chicago，Illinois: 2011.

[5] SPSS Inc. IBM SPSS Data Preparation 20[M]. Chicago: Illinois: 2011.

[6] SPSS Inc. IBM SPSS Presenting Data with SPSS Table™; Advanced 20[M]. Chicago，Illinois: 2003.

[7] SPSS Inc. IBM SPSS Regression 20[M]. Chicago, Illinois: 2011.

[8] SPSS Inc. IBM SPSS Statistics Base 20[M]. Chicago, Illinois: 2011.

[9] SPSS Inc. IBM SPSS Statistics Custom Table 20[M]. Chicago, Illinois: 2011.

[10] SPSS Inc. IBM SPSS Statistics 20 Command Syntax Reference [M]. Chicago, Illinois: 2011.

[11] SPSS Inc. IBM SPSS Statistics 20 Core System 用户手册 [M]. Chicago, Illinois: 2011.

[12] SPSS Inc. IBM SPSS Statistics 20 简明指南 [M]. Chicago, Illinois: 2011.

[13] 戴世光. 戴世光文集[M]. 北京：中国人民大学出版社，2008.

[14] 邓恩远，于莉. 社会调查方法与实务[M]. 北京：北京大学出版社，2009.

[15] 杜智敏. 社会调查方法与实践[M]. 北京：电子工业出版社，2014.

[16] 杜智敏，樊文强. SPSS 在社会调查中的应用[M]. 北京：电子工业出版社，2015.

[17] 风笑天. 现代社会调查方法（第 5 版）[M]. 武汉：华中理工大学出版社，2014.

[18] 何晓群. 现代统计分析方法与应用[M]. 北京：中国人民大学出版社，1998.

[19] 卢小广. SPSS 20 与经济管理实务教程[M]. 北京：清华大学出版社，2015.

[20] 卢小广，刘元欣，潘海英. 统计学[M]. 北京：机械工业出版社，2013.

[21] 寺島拓幸，廣瀨毅士. SPSS によるデータ分析[M]. 东京：東京図書株式会社，2015.

[22] 袁卫，刘超. 统计学：思想、方法与应用[M]. 北京：中国人民大学出版社，2011.

[23] 张小山. 社会统计学与 SPSS 应用[M]. 武汉：华中理工大学出版社，2010.

[24] 张文彤. SPSS 统计分析基础教程（第 2 版）[M]. 北京：高等教育出版社，2013.